家の文化学

今関敏子 編

青簡舎

家の文化学・目次

はじめに ——《対談》家と人・文化と家

《対談》家と人・文化と家

安井 信子
今関 敏子

家にはストーリーがある

安井　都会の一戸建てやマンションはお洒落だったり、洗練されてすっきりしてますね。新しいし。昔の田舎の家はトイレが外にあって水洗ではないし、土間や納戸があり、中二階があってものがごちゃごちゃ置いてあったりして複雑でした。完結で分かり切った空間を重ねたのではなかった。

今関　古い家には、開かずの間というほどではないけれど謎の空間があったりしてミステリアスでしたね。

安井　そういう空間がどんどん失われていきますね。ちょっとわからないような空間が家にいろいろある、そうすると物語が出来るんです。

今関　家の魅力は必ずしも機能や便利さだけではないんですよね。岐阜の古い商家出身の友人が言ってましたね。子どもの頃、京の町屋のような家に住んでいて、長い土間があって中庭があって冬は特に寒くて不便なんだけど、古くて薄暗い家で中二階があったり、廊下ではないのに通り抜けの畳の部屋があったり、複雑で魅力ある家だったって。特に子ども部屋はないのだけれど古い箪笥が置いてある部屋を勉強部屋にしていて、そこからから見える木蓮の木が好きだったって。ところが、子ども部屋のある新しい家に引っ越すことになって、そこは便利かもしれないけれど、当時流行の二段ベッドで、本箱の両側に机を置くというのが、とてもちゃちに見えて抵抗したって。

安井　そう聞きましたね。それは美しいものがわかる深い感性ですね。

昔は三世代一緒に住んでいるのが当然で、出入りする人の中には「身を持ち崩した」などと言われてる、子どもにとって不可解な、でも好感のもてる大人がいた話もしてましたね。中心的な存在ではない、アウトサイダーなんだけど、でも中に入れる。そういう大人が遊んでくれたりお菓子をくれるなんていう交流があったって。アウトサイダーの大人は子どもと共通点がありますよね。どちらも中心にはなれないでしょう。だから子どもと話が合うんじゃないかしら。

今関　人間関係が密だったように思いますね。昭和三〇年代頃まで、都会でも子どもたちは同じ部屋に寝ているのが普通だったと思います。うちもそうでしたよ。小学校低学年くらいまでかな。広さ狭さの問題ではなく、個室の子ども部屋という発想そのものがなかったんですよ。勉強部屋は別で、それでも個室ではなくて、きょうだいが一緒だったり、食卓で宿題やったり、あっちに行ったり、こっちに来たりで家の中が流動的でした。机や本棚も、親が使っていたものとか親戚や親しい知り合いが使わなくなったのを譲り受けたりしてました。ちょっとした歴史を感じさせるどっしり感があったりして。何でも新しいものを手に入れるのがいいという価値観ではなかったんです。

明治時代に建てられた古い日本家屋に住んでたことがあるんですが、昼間は、ずれてしまう瓦を直しながら屋根に登ったり、夜布団に入ってから天井の木目を見て空想したり。木目って、いろんなふうに見える、人や、動物や、お化けや……。そんな子ども時代が懐かしい。

安井　自然木の木目だからいろいろに見えるんですね。今の合成のものは、同じ木目が同じとわからないようにしてありますが、パターンは同じなんです。

今関　あ、そうなの（笑）？　お人形遊びも変わってきましたね。私たちの世代は、まずお人形に名前つけて、新しい服を母親が縫ってくれたのを着せ替えたり、父親が人形用のベッド作ってくれたりするプロセスでストーリーが出来ていったでしょう。ところが、リカちゃん人形の遊び方って、全然違うんですね（身崎「「リカちゃんハウス」という表象」）。すでに香山リカって名前がついてて、親やボーイフレンドまで設定されてる。既成のストーリーが最初から与えられているんですね。子ども自身がどんなストーリー紡ぎ出すのかなあと思います。

安井　いろいろな人が、既成の背景を持った香山リカと遊ぶわけですね。妊娠した人形にはびっくりしますが、でもお父さんはそばにいない、しかもお父さんはフランス人という設定なんですね。

今関　リカちゃんの顔って日本人じゃないですね。

安井　今、広告写真も映像も西洋人使ってるのが多いですねえ。

今関　戦後十年位のミルクのみ人形は西洋の赤ちゃん、カール人形からリカちゃんに至るまで、市販されてきた人形は西洋の女の子でしたね。でも子どもの時に影響されると違和感ないってリカちゃん世代が言ってました。リカちゃんハウスも夢のような西洋的な家ですね。

安井　普通の日本の家庭とは程遠いと思いますが、大人にまですごい影響与えてるんですね。

今関　家には大人も子どもも、夢を託すでしょう。家に夢を持つというのは、無意識かも知れませんが、そこでこれから展開されていくストーリーに期待しているのではないかしらと思うんです。バシュラールは、家というものが「人の思想や思い出や夢にとって、もっとも大きな統合力の一つ」であると言ってるんですね。家は個人の文化、感性を育てる土壌でもあるでしょう。人の成長にとって、家にまつわるストーリーは大切なことですよね。

安井　心の奥深いところ、魂にとっても大事だと思いますよ。たとえば、サンテクジュペリの子ども時代は彼にとってそれは豊かなもので、後になって人生の苦難に直面したとき彼を支えたのは家の思い出なんです。人生に与える影響も家によって大きく違いますね。

今関　人それぞれに、自分だけのストーリーが生まれていくと思いますね。家の匂いや、しつらい、窓から見える光景などが、暮らし、出来事、ちょっとした事件、それらにまつわる喜怒哀楽と重なってストーリーが育まれていく。家って単なる建物ではないでしょう。様々なストーリーを生み出す可能性の空間だと思います。

文化を継ぐ家と人

今関　歌の家（岩佐「歌の家」）や書の家（別府「能書の家」）のように続いていく家はアメリカではあり得ないでしょうね。書の世尊寺家は途絶えますが、冷泉家は存続してますよね。

安井　あり得ない、あり得ない。続く前に個人の方が出てしまうから。

冷泉家が京都を離れず連綿と続いた、保持してきたってすごいことですね。続けて生かしていくことが使命と思っていたんでしょうね。アメリカ人にとっては信じがたいことでしょうね。

今関　ヨーロッパはどうなんですか？　文学を伝えてきた家なんていうのがあるんでしょうか、この家は代々詩人であるとか。

安井　ないです。詩人は個人ですから。家で一つのものを受け継いでいくというのはないんです。

今関　欧米は究極的に個人になるわけですね。日本では、家が文化を継いでいく伝統が今も生きてますよね。

安井　ある地域や街がそこの伝統文化を意識的に引き継いでいくケースはヨーロッパでもあります。

今関　イタリア・クレモナのヴァイオリン工房とか？

安井　そうですね。でも、一つの家が十何代と引き継ぐのは日本特有ではないでしょうか。文化的にはこれは強みですね。

今関　能・狂言・歌舞伎・舞踊といった伝統芸能は基本的に世襲制ですが、柳家花緑さん（「芸能の伝統を継ぐ」）にうかがうと、落語はそうではなく、集まる噺家のところには自然に弟子が集まって――人望がおありなのだと思いますが――受け継がれていくということでした。家族ではないけれど家族以上に密な師弟関係って現代では珍しい人間関係ですね。社会が不安定で先が見えにくい今、かえって好きなことをしたいと、落語家志望の若い人が増えているともおっしゃってました。伝統を受け継ぐ方は、芸を磨き、後進を育てながら、新しいものを作り上げていくんですね。

安井　特に笑いの芸は時代とともに進んでいくものでしょうね。古いままでは面白くなくなっていきますから。

今関　江戸時代から続く造り酒屋を継がれている佐浦弘一さんのお話で、とりわけ興味深かったのは、男性が継いでいく家を、佐浦茂登さんという女性が支えていた時期があるということでした（「造酒屋の伝統を継ぐ」）。今、国内外をお忙しく飛び回られて、伝統の味を守りつつも新しさを追求なさってますね。

安井　インタビューを読むと、社会的な大きな組織を担う立場に生まれた人はスケールも考え方も違うと痛感します。佐浦さんのように二百年以上も続く何かを扱う組織は継続発展が第一。長期的な視点からすべてを見るようになるということを感じますね。花緑さんも未来に大きな展望をお持ちですね。

個人的、あるいは小さい役目の人間は視野も行動範囲も小さい。それは一個人ですからね、小さいですよ。ミーイズムの今は皆分断され、矮小化されているけれど、人間て本当は、過去未来を貫く長い目で人生を生きる存在だろうと思います。

それなのに、プチプチと切られちゃって、大きなものとのつながりを失い、自然農の寺口正人さんの言葉を借りると、「今だけ、金だけ、自分だけになり果てている」。小さい存在に今慣らされてしまっていると思いますね。

ライフスタイルと家

今関　一般に、家という建物、間取りに対する関心が、今とても強いですね。家を取り上げたテレビ番組、多いでしょう。だいぶ前には『建物探訪』『ビフォーアフター』、ほかにもあるようですが、建てた家や改築した家にテレビカメラが入り、細かに見せるという。

豪邸志向も一方ではあるのかも知れませんが、今、広い家に住まない、部屋に物を置かないというミニマリズムもブームで、これは日本だけではないようですね。ぜひ、自分の家を持ちたい、それが人生の目的という生き方にも変化が出てきましたね。物質主義の反動なのかも知れませんね。こういう試行錯誤は当然出てくるでしょうね。

安井　一種プリンシプルを定めてたんですね。世の中から外された人だから。組み込まれていたらなかなかそうはいかない。

鎌倉期の隠遁者、鴨長明の『方丈記』に書かれているのはまさにミニマリストの家ですね。

アメリカのソローは、個人の家の原型を作った人だと思うんです。カーテンもマットもなくて、なるべく外界と遮断するものを持たない。ない方が豊かだという発想で。四十八歳で胸を病んで亡くなります。個人といっても彼は一人で勝手なことをしたわけではなくて、父親の鉛筆製造を改良して売れるようにするとか、村の文化協会（ライシーアム）で活発な講演活動を行うなどしてるんです。きちっとした職業につかないで、食べられるだけ働いたら後は思索に耽るとか、ものを書くとかね。周辺的な仕事をしてちゃんとコミュニティーに居た人です。だから亡くなる時も人が訪ねて来たり、静かに穏やかに大往生したらしいです、家族に看取られて。

今関　みごとですね。私の知り合いにもミニマリストいますが、ミニマルに暮せるかどうかはライフスタイルによりますね。人生の目的が明確でないとそうなれないでしょう。

安井　そう思います。それに今はスマホとかインターネットがあるでしょう。だからよけいミニマルが可能になるんだと思います。

家とは何かっていうと、住んでる人が本当にやりたいことをやれる場所だと思うんです。ソローもサートンも一人で住んで、本当にやりたいことをしたんですね。それでなおかつ家族を持ちたい場合、どうやってそれが出来るかが問題だと思いますね。

今関　家の空間、間取りというものは、生き方や背景に密接にしかも入り組んで関連していますね。たとえば、日本の家には玄関があって履物を脱ぎますね。トイレや浴室・寝室が入り口のそばにある間取りも珍しくないでしょう。欧米ではドアを開けると居間で、靴を履いたまま入る、奥の方にプライベートゾーンがあるという間取りになってますね。

安井　日本では欧米のような意味での個室はなくて、家屋の内部は全部プライベート。玄関入ったら私的空間ですね。玄関が外と内の仕切りになってるんですね。欧米では居間がパブリックと接する場所なんです。

今関　それぞれの地域・文化で異なる住居観、ライフスタイルが家に反映されますね。時代を遡っても違いが出てきます。

日本の王朝時代、貴族の住んだ寝殿造（今関「恋のかたちと住居」）は、管理されて整備された空間で、広大だからたくさんの人手がいります。財力がないと維持できない。今の核家族では住めない。女性の一人暮らしなんて到底不可能です。『源氏物語』の末摘花と侍女の住む家は、絵巻ではこれで雨風凌げるんだろうかというくらい、ボロボロに描かれていますが、女性が庇護者を失うと実際ああなっていたかも知れない。没落、破滅への道ですね。物語だから、末摘花は源氏に守られて生涯過ごすという設定になってますけど。

社会の上層部の生活は、文献もあって比較的わかりやすいのですが、下の階層、庶民はわかりにくいんですね。室町期以降の太郎冠者の家の追跡（藤岡「太郎冠者の家」）、面白いですねえ、家を探すプロセスが。

安井　そういえば太郎冠者がどんな家に住んでいるか、どんな生活してるかなんて考えたことなかったですよね。太郎冠者にも階層があっていろんな場合があるんですね。立派な家に住んでいたり、部屋住みだったり。

今関　能・狂言の登場人物には女性がいますが、作者はいずれも男性ですね。日本文学史では南北朝以降、女性文学者が消えてしまいますが、再び出てくるのが江戸中期です。内田桃仙をはじめとする女性漢詩人の登場となるわけですが、彼女たちはいずれも書斎を持っていたんですね（福島「女性詩人の書斎」）。

安井　それはまれなケースでしょうね。父親に理解があって娘を保護してるわけでしょ。ヴァージニア・ウルフの言葉を福島さん引いてますが、確かに女性がものを書こうと思ったらお金と自分の部屋が必須条件ですよね。

今関　南北朝期で途絶えてしまった女性の王朝文学の伝統は仮名文学ですが、長い空白の後、漢詩人が出てくるというのが面白いと思います。娘の才能を見出して父親が指導したり。

安井　女性としての文化ではないですね。家がしっかりしていて、男性が担う文化に参入出来た。

今関　こういう人たちが出て来たのでまた、明治の樋口一葉に繋がる仮名文学が復活する。そこまでの橋渡しという役割も含めて女性漢詩人の出現は必然だったと思います。

江戸期の女性の旅も家がしっかりしてるから可能なんですね（山本「旅する女たち」）。出発点があって戻ってくるところがあるから旅なんであって、そうでなければ流浪になってしまう。王朝の貴族女性の旅は父親や夫の転勤と物詣、目的とコースが決まっていて、歌枕を必ず訪問するという類型がありましたが、江戸時代になると女性の旅がさらに自由になりました、物見遊山（今の観光）の要素が出てきている。ところで、徹底的に日本にない旅って開拓ですね。

安井　開拓はアメリカ独特なんですよ。日本ではどこかに家を建てて周辺を開拓して定着する。旅しながら開拓というのはない。アメリカ人はヨーロッパから全然知らないところに来てしまって、そこから地図のないところにどんどん入って行く、動いて地図を作っていく。しかもインデアンと闘いながら、殺しながら殺されながらでしょ。日本とは全然違う。

今関　考え方の違いを生み出す要素ですよね。

安井　思考も感性も全く違いますね。

今関　近年は植村直己さんのような方もいらしたけれど、もともと日本には冒険、探険の旅もありませんでしたね。日本の風土は風光明媚であまり激しい起伏はないですし。

近代以前には女の一人旅はまず無理で、従者がいます。王朝の旅の記には、特に書かれていないですが、必ずいたと思いますね。「信貴山縁起絵巻」の尼公の旅の巻には尼のそばに縞のズボンのようなものを履いている男性が描かれています。男性のガードがないと旅は出来ない。ちなみに出家もやはり女性一人では無理なんですね（今関コラム「出家遁世と文学表現」）。草庵で暮らすにしてもたった一人ではなくやはり同居人・使用人が必要です。鴨長明は男性だからミニマルに一人で暮らせたと思いますね。

安井　女性の場合、詩を書くのも旅ができるのも家があって、男性の庇護があるからですね。

家と女性

今関　家を根本的に動かしているのは、どの時代も男性ですね。歌の家も男の家ですしね。『無名草子』という、女性が作者と思われる、評論にジャンル分けされる作品に、「優れた女性の歌詠みはたくさんいるのに、勅撰集の撰者になれるわけではない」というちょっと批判的な言辞があります。

安井　昔から男社会だったのね。日本は母性社会と言われてるけど……。

今関　社会システムの特徴として母性性が強いのだと思います。男性であっても母性的な指導者、母性的な教師の方が日本社会に馴染みやすいということですね。でも政治的、社会的、文化的には父権ですよね。家の名を継いでいくのは男性ですからね。寝殿造も空間的には女性の家と言えるけれど、政治的に男の家なんですね。日本の家は、歴史を通して男性社会の中の家でしょうね。

安井　洋館が女の家（若山コラム「近代文学にみる家の変遷」）っていうのは、文学的に夏目漱石が女性の背景に洋館を置いたってことで、制度的にはやはり、男性が所有しているんですね。

女性が家を所有し得るって現代じゃないですか。アメリカでも開拓時代には出来なかった。キャザーの作品でも女性は自分の家を持っていない。時代が少し下って、メイ・サートンは自分の家を持ちます。それでも女性が家を手に入れるのは大変だったと思います。

アメリカの開拓時代、女性の居場所は家の中なんですよ。開拓なんて暴力に晒されてるでしょう。野獣が来るかもしれない、インデアンが襲ってくるかもしれない、女性は家にいないと危険、という男女の差を感じますね。

山本理顕氏が『権力の空間／空間の権力』に書かれてる古代ギリシャの家なんかは男が支配して、いかに公共の都市国家《ポリス》がそれを治めているかという構造で、パブリシティーとプライバシーがぴしっと分けられている。女はプライバシーの中にしかいないのね。女は市民なんかじゃない。そこから民主主義って出てるわけでしょう。

佐伯啓思氏の『反・民主主義論』を読むと、デモクラシーは正確には「民主主義」ではなく「民主制」なんですね。民主制というのは古代ギリシャでは結構危ういものとされたんだそうです。市民が各々身勝手にごちゃごちゃ言い出したら、都市国家としてはとんでもない方に行っちゃうでしょ。賢人が治めるのならいいけど。で、民主制は危なっかしいとギリシャで思われていたのか、本家本元でそうだったのかとびっくりして。現代だってすぐ衆愚政治になるケースが少なくないでしょう。

今関　民主主義っていいことのように教育されてきましたね。確かに、組織というものは衆愚政治か専制政治になりがちですね。

安井　古代ギリシャの民主制でも、女性の居場所はプライベートゾーンに限定されていましたが、現代でも女性はパブリックゾーンに進出しにくい。女は家に縛られますね。

今関　「リカちゃんハウス」も女の子だけの家なんですね。ボーイフレンドが設定されても彼の家はないんですね。人形遊びにも男は外、女は内というジェンダーがありますね。これは結構根深いかも知れない。

ひところ、御所付きの雛人形が流行ったことがありましたが、五月人形が家にいるってあり得ないんですよ。金太郎は外で熊に乗り、熊とお相撲を取る。桃太郎は外に鬼退治に出ていく。外で戦うわけですね、男の子は。家の中にとどまる金太郎とか桃太郎なんて考えられない。

外で働く男と、家を守る女という図式は根強いですね。女優・原節子が演じたのは、そういう価値観の背景で翻弄される女性と言ってもいいかもしれませんね。戦前、戦中、戦後のさまざまな家に住んださまざまな階層、環境の女性（池川「女優原節子の住んだ家」）。

安井　小津安二郎をこういうふうにみてなかったので、驚きました。小津の世界ってひたすら静かで穏やかで、カメラ視点も低いので安定してるっていうイメージでしたが、世相を鋭く抉ってますね。

今関　女性のいる場所が家というのは前提ですね。

専業主婦という存在は当たり前のように思われがちですが、実は歴史上の点でしかないんですね。

安井　日本でも西洋でもそうですね。バブルのはじけた後は特に、専業主婦でいられるってことは、よほど裕福だということになりますね。

身崎論文に『暮らしの手帖』は結局女性を主婦にしたって書いてありますね。多方面で生活改善の役には立ったと思うけれど、それを読んでもっと素敵な暮らしを工夫するための主婦性が強化されちゃったということなんですね。花森さんのせいだけでもないんだけど。

共働きでも家事の負担が女性にかかってくるのが現状ですね。特に日本は女性の負担がダントツ高い。根強いですよ。どうしようもない時は男性がやったりするけどね、必要に迫られて。当然のことだとはまだ思われていないようですね。

今関　家事が出来るということは生活力ですね。経済力はあっても妻に先立たれて、食事や身の回りのことに不自由して困っている男性、六十代にけっこういます。

一方で、趣味的なレベルではなく、日常的に料理する男性、少しずつではありますが増えてると思いますよ。家のことをするのが案外楽しいという発見が、男性側に出てきてるように思いますが。この楽しさを知らないなんてもったいないですよ（笑）。

安井　時代の大きな変遷とともに、男性女性の意識も変っていくでしょうね。

家と個人

今関　家が周りの風景と調和してないことが多くないですか？　東京でも、サンフランシスコならぴったりのような家があるかと思うとスペイン風の家にイングリッシュガーデンのような庭があったり、色彩が浮いていたり。なぜ、ここにこんなものがというような建物が突如出現しますね。

安井　住宅の様式には、人生・生活が反映するでしょう。雑多で不調和というのは残念ですね。コミュニティーとしてのまとまりが問題でしょうね。

今関　たとえば、ヨーロッパでは、この地域だったら屋根や壁は皆同じ色にするとか、逆に同じ格好の家を建てない、色も変えましょう、ただし隣近所との調和を考えてという申し合わせがあって町全体が美しかったりしますよね。それは日本では無理なんでしょうか。

安井　個人というものがちゃんとあれば、個人によるコミュニティーが出来るでしょう。話し合ってこの街並みをこうするかってことになるけれど、そういう個人がない気がしますね。

今関　そもそも個人とは何でしょうね。日本と欧米では個人の質が違いますよね（安井「個人と家」）。

ヨーロッパではキリスト教を背景に、都市化が進んだのと相俟って、他者と異なる個人が意識されていく、次第に個人主義が形成されたというふうに理解されてると思いますが、そういういわゆる近代的自我が日本に当てはまるのかなあと思います。長年日本の古典文学と向き合ってきて実感するんですが、日本の「近代」と「前近代」の自我の違いより、「日本人の自我」と「欧米人の自我」の違いの方がはるかに大きいのではないでしょうか。日本でいう近代的自我は幻想ではないかとすら思うんです。

欧米の個人主義の強烈さに初めて出会った日本人はたじたじとなると思います。

まず、言語表現。日本だったらこれで人間関係壊れますよというくらい、はっきりものを言いますね。でも論理なんですよ。そこでめげていたら終わりなんですね、論理で返さないと。強烈なカルチャーショックですが。

それから、公共のルール。ソルボンヌに留学していた私たちの友人の体験談ですが、食事の時ワインを開けようとして手を切って血を流した学生がいた。日本人だったら、あら大変とティッシュや絆創膏渡したり、手当するでしょう。ところがフランス人学生たちは、こういうところで粗相をするとは、という表情で黙ったまま揃って顔を背けた。本人は「ごめんなさい」と席を立って手当してきて、まるで何事もなかったかのように、食事が進んだ。それがパブリックな規則なんだとわかったたって。

安井　それはとても印象的な話でよく覚えてます。その話を学生にしたら、皆眼を見開いてびっくりしていました。それは冷淡とかいうのではなく、そういう破れ目を人に見せてはいけない、自分のことは自分で処置できるという個人主義が徹底してるからだと説明しましたが。

今関　日本人はとてもついていけないでしょう。道で倒れても年取っても自分で責任持たなければならない、ある種ぞっとするほど冷たい、苛酷なことを至上命令としているようだと友人は言ってましたね。
フランスの長い歴史を通してそういう個人主義が作られてきたんですね。ヨーロッパに通底するものはあるでしょうが、国や文化で背景が違いますから、個人主義にも微妙な差異はあるでしょうね。

安井　欧米と日本は、風土・歴史・文化が違うし、それぞれの意味と役割があると思うんです。それなのに「日本人は個人が確立していない」、「主体性がない」という時に、欧米の個人をモデルにしがちでしょう。でも欧米の個人主義が優れているというわけではないし、日本の集団志向が劣等なわけでもない。どちらも長短がある。まず、この認識は大切だと思います。

今関　日本の家に関して言えば、長い間、家は社会の基本単位とされ、近代では個の自立を阻むものとして捉えられる場合が多かったでしょう。

今関　日本の近代小説のテーマでもありましたね。まさしく旧式の家と近代的自我の対立という図式で。
近代以前より、西洋が輸入された近・現代の方が混乱してますね。それに、現代とは違いますが、近代以前にも、自立という概念はありましたよ、一人前というのは、責任を背負うということですから。

安井　ただ単純に個が確立すればいいってものではないんですね。欧米の個人主義も民主主義も行き詰まりの様相を呈しているじゃないですか。これまでの個人という概念が変わっていくでしょうね。日本人は付和雷同することなく、自己の中心となるものを涵養すべきだし、欧米人も個人主義を超えるものをもっと探っていくべきでしょう。

今関　今、そこに行きつくまでのプロセスだ、と捉えることも出来ますね。

現代では、個性を伸ばす、自立精神を養うということで、日本の家庭に子ども部屋があるのが一般的ですが、意外にも、欧米の子ども部屋は子どものものではないんですね。ここは親の家であるという認識が双方にあります。自立した大人とそうでない子ども、という区別がありますね。子どもの持ち物でも、親として、そういうのは危険だとか、趣味が悪いとかはっきり言います。

でも日本だと、「みんなが持ってるから」と子どもに言われると親は何も言えなくなってしまう、という話をよく耳にします。

安井　そうですねえ。日本の場合はよく「共依存」とか「家族依存症」などと言われるでしょう。自立した個人になりにくい、親がなかなか自信を持てないのではないでしょうか。無意識に互いに依存し合っているので「みんなが〜だから」に左右されがちになるんでしょうね。

今関　「みんな〜だから」は、個人の主体性とか社会性で行動を決めるのではないということですね。「みんな」って世間でしょう。世間が許さない、世間に顔向けできない、世間体が悪い、世間様とまでいいますが、世間そのものが正体不明、曖昧模糊としてるでしょう。世間イコール社会ではない。若い学生たちは社会と世間を混同してるようなので、「世間は後ろ指さすかもしれないけど、社会は後ろ指なんかささない、筋通して制裁するんです」って言ってきましたが。

安井　日本の若いカップルには、信者ではないのに教会で結婚式挙げたりする人が多いでしょう。中には本物の牧師さんじゃなくて、単に外国人を雇ってる場合もあるらしいんだけど。もし、仏壇に十字架があったり教会に鳥居があったりしたら（笑）、とても居心地が悪いと思うのだけれど、それほどの違和感もつ人はほとんどいないですね。西洋人には理解出来ないでしょう。

今関　神様ではなくて世間様が許してるんですよ、きっと（笑）。教会の雰囲気がすてきという表面的な憧れや、西洋コンプレックスもありそうですね。でも何より、「みんなもそうしてるから」なんですね。
　帰依していない宗教で人生門出のセレモニーって、そんなことが出来るのは日本人くらいじゃないかなあ。対照的な例ですけど、もうだいぶ前、アメリカとカナダから来た留学生が伊勢神宮で売ってるお守りをみて「きれい、きれい」って感動してたの。珍しかったんでしょうね。でも「私がプレゼントしましょうか」と言った途端に断固拒否。「信者ではないから」って。

安井　それはそうでしょうね。当然だと思います。日本人なら抵抗ないけど。

今関　何でも表層的に雑多に取り込めるのは、やはりひとつには、選択の基準が個人の主体性ではなく世間だからでしょう。もし、信者ではない人の教会の結婚式がおかしいとなれば、今度は皆どっとそちらへ流れるのではありませんか。

安井　家について言えば、家の住人も世間に流されて、家が単なる入れ物、箱になってしまってはいないでしょうか。個室はあっても個人がいるのかしらと思うのです。同じ一つの家に住んでいても、父親は企業に囲われ、母親は家庭に囲われ、子どもは母親と学校に囲われて個人としての居場所がない。どの家族メンバーも、世間に後ろ指をさされないよう、周囲にバッシングされないよう、家の中で息をひそめているとも言える状況ではないでしょうか。

今関　今おっしゃったことに関連するのですが、まさしく現代の病理に繋がる状況として、家という建物そのものも家族関係も閉ざされている、と言えるかと思います。
　学校や職場のいじめというのは、異質なものを排除するという構造でしょう。いじめる側は、自分たちは同じ考え方感じ方を共有するグループであって正しい――実は心の奥底では悪意や矛盾があるのに気づいていて、それを認めたくないんだと思いますが――と合理化して排除・攻撃するわけでしょう。同じ構造が家族の中に出てきても不思議はないと思います。家族内の人間関係は外にはなかなかわからないんですね。虐待、家庭内暴力があってもわかったときは悲惨な状況になってたりするでしょう。そういう意味では、家って危険な空間、家族って危険な人間関係でもありますね。

安井　昔の家にあったような縁側とか裏玄関とか、コミュニティーとのパブリックでないつながりをシャットアウトして、しかも中の中心がないから家が崩壊していくという人もいます。人を家に招くというのはハレでしょう。ハレがなくなって家がプライバシーだけのスペースになって崩壊していくって。そうかも知れないですね。

今関　「家族の個人化」（清水「イエと家族の現代的景色」）って言葉、実に現代的かも知れないですね。元来家族は個人を内包するもの、両者は時には対立するものだったでしょう。それが変ってきた、変っていくんですね。

生老病死と家のこれから

今関　一組のカップルが結婚して、家族が形成されていきますね。でも単身世帯も増えてるでしょう。従来の結婚形態が少しずつ変わってきているのではないかと感じますね。

安井　実態が変ったら制度が変っていくでしょうね。

今関　変わってきたなあと思うのは、今や両家の親族・友人が揃って、来賓に恩師を呼ぶという披露宴の形態は少なくなってるんですね。若い人に「結婚しました」って報告されることもありますが、「籍を入れました」「入籍しました」って言われることが多くなりました。それまで同棲か事実婚か、法的には内縁関係だったということなんでしょうね。戦後二十年くらいだったら「ふしだら」ということになるでしょうが、出来ちゃった結婚もそう恥ずかしいことではなくなったでしょう。原節子のキャッチフレーズ「永遠の処女」にはまさに時代の価値観が反映されてますね。

安井　私と同世代の友人ですが、十年ほど前に会ったとき、「娘が同棲したので、家系の恥と感じて娘を憎み、娘が死ねばいいとまで思った」という話をしていました。古い家柄の人でね。齟齬を感じたり動揺するのはわかるけど、死ねばと思うほどかとショックを受けましたね。

今関　少し前までの価値観、モラル観に生きていたんでしょうね、堅固な。

安井　それで社会秩序が保たれていたんですよね。

今関　格差社会、階級社会で、赤線が公認されていた制度の秩序とも言えるでしょう。売春防止法が公布されたのが一九五六年、たかだか六十年前です。結婚前の純潔は女性にのみ期待されたものだったでしょう。むしろ男性は経験豊富な方がいいというような。キリスト教的な純潔観とはまったく違いますね。女性は二極分化されていたんですね。いわゆる素人と玄人に。玄人の女性が家庭の奥様・お嬢様の貞操を守ってるっていう構造。そういう玄人と素人の差も曖昧になりましたね。女子高生の援助交際がひところ問題になりましたし。

安井　若い人だけが変ったんじゃなくて、家自体、社会の仕組み自体が変ってるんですよね。

フランスでは同棲が当たり前になってて、結婚するのでもパックスという契約結婚が多いそうです。カトリックでは離婚が大変になるけれど、パックスは離婚するのも簡単なんです。それにパックスだと結婚したのと同じような法律上の恩恵が受けられるんです。だから、まずパックスにしておく。親の世代には受け入れられなかったけど、もうみんな理解してきている。あれはあれでフランス的個人主義で個人というのがきちっとあるから可能なんですね。主体的に個人が選んでいく。

今関　スウェーデンもフランス同様、非婚率が高くて出生率も高いんですね。自立した大人同士が選ぶ生活形態として、うまく社会で機能してるように感じますね。

安井　個人個人が主体的に選ぶんですね、呼吸するがごとくに、最後の最後まで。

今関　個人の選択を支える社会保障があっての実現ですね。それを作り上げてきたという意味では、成熟度の高い社会と言えるでしょうね。

誰もがいずれ最後の最後を迎えますね。社会の変化の中で、人は必ず老いていくでしょう。日本では、大家族で暮らしていた時代が疾うに去り、高齢者と子ども世代の同居は減っている（直井「高齢者と家意識」）。社会も家も激しく変動していくので、老いにもまたモデルがない。切り開いていかなければならない、というのが現状ですね。

安井　ペットが家族になったっていうのはごく最近ですね。特に高齢者は、子どもたちが遠くにばらばらになって一人になったら、ペットは必要かもしれない。人間はひとつの生物として単体で生きるというのは不自然なのではないでしょうか。何かの生き物が同居する方が自然かも知れない。ペットが欲しくなるのも無理はないと思います。

今関　命の交流なんですね。ただ、犬や猫をシェルターから譲り受けようとすると、六十歳以下に限る、一人暮らしは不可という条件多いですよ。そういう人こそ、ペットが必要なのに。飼い主に何かあって放り出されては大変という動物愛護の立場なので、わかりますけどね。一方、数はまだ少ないですが、ペットと入居できる老人ホームも出てきましたね。最後はおひとり様で家族が支えにならなくなるでしょう。

安井　家族の人数が少ないと家のキャパシティーが落ちますね。メンバーが多人数だった頃に比べて、家の力が落ちたと痛感します。

今関　本来、家は人の生老病死を受容する場であったのですが、核家族化して、またさらに変わっていく現代では無理になりましたね。寿命が延びてライフサイクルが変ってきて、家族の形態も変わる中、介護は深刻な現実問題です。自宅介護はなかなかまっとう出来ません、行き詰まりますね。子ども世代が四十代五十代で介護退職すると、次には老いた子どもの将来が悲惨になる。施設に入るのも容易ではない。財力があれば何とかなるということもありますが。

安井　施設に入ると、何かあったら困るから、とても慎重に扱われます。人情でという意味ではなく、制度として組織として手を尽くしてくれるので、普通の生活するより長生きするわけです。それで家族の財布が底をついてしまうというような問題もこれからあると思いますね。

今関　これからは地域コミュニティーだと言われてますが、まだまだ非力ですね。近所のお子さんのいない老夫婦と長い間親しくしていて、夫君が倒れたとき、私が救急車に同乗したんですが、「娘さんじゃないんですね」って念押されました。家族、血のつながりが重視される、法的な意味で。まだまだ制度の壁がありますよ。

安井　今、墓じまい増えてるでしょう。墓は継続する家の象徴だった。だから家も変わると思いますよ。

今関　そうですね。骨を残すこと、お墓の意味を考える時期でもありますね。インド・ネパールのように、川に散骨してお墓のない文化もありますし。日本人でも散骨を希望する人いますよね。当たり前とされてきたことの捉え直しを余儀なくされる。生命観も微妙に変る気がします。

安井　昔は何とかして家というものを存続させていた。でも止められないでしょ、この流れ。時代の激動の奥に必然性があるのでしょう。今は混乱していますが、これから家も家族も大きく変っていくと思いますね。

Ⅰ　王朝文化と家

歌の家

岩佐　美代子

はじめに

「歌の家」――この、古風な呼称なり概念なりが、一つの具体的な形をもって浮かび上り、必ずしも国文学や短歌などには関心のない一般社会にも通用する知識となったのは、年号が平成と改まって以降のことである。

早く昭和五十六年（一九八一）、京都在住の冷泉家二十四代当主、故冷泉為任《れいぜいためとう》氏が、「財団法人冷泉家時雨亭文庫」を設立、約七百年来伝存所蔵して来られた、貴重な和歌文学関係文書類を、国文学研究者の為に公開されたが、更に現二十五代当主、為人《ためひと》・貴実子夫妻により、平成六～十二年（一九九四～二〇〇〇）、現存唯一の江戸時代公家住宅（寛政二年〈一七九〇〉建築）である、京都市上京区今出川通烏丸東入ル所在、「冷泉邸」の解体修理が行われて、建築史上大いに注目された。また、平成四年（一九九二）以降現在に至るまで、『冷泉家時雨亭叢書』というシリーズの形で、国文学史上比類ない価値を持つ、その豊富な蔵書・資料の影印・解説書を、朝日新聞社から継続刊行中であり、これを底本（土台とする正しい本文）とする新しい研究書が、続々と刊行されつつある。

平成九～十一年（一九九七～九九）、東京ほか六都市で「冷泉家の至宝展」、十一～十四年（一九九九～二〇〇二）、東

京ほか八都市で「近世公家の生活と伝統文化　冷泉家展」、二十一～二十二年（二〇〇九～一〇）、東京・京都で「冷泉家　王朝の和歌守《うた》展」と、三回にわたり、所蔵和歌資料のみならず、服飾や、儀式・生活諸道具の盛大な展覧会を開催、多くの観覧者を集めると共に、催しのそれぞれにつき、後々まで活用し得る、詳細な図録が編纂頒布された。

更に一般向けには、冷泉為人監修、諸研究者分担執筆『冷泉家　時の絵巻』（二〇〇一、書肆フローラ）『冷泉家　歌の家の人々』（二〇〇四、同上）の二書も、手に取りやすい小型本として刊行されている。

これらはすべて、冷泉家ならびに関係諸機関の非常な御努力の成果であって、文学のみならず、日本文化史上特筆すべき大事業であった。

邸宅は重要文化財、文書類は国宝五件、重要文化財四十八件。家祖藤原俊成以来八百年の「歌の家」として、世界に誇るべき名家であり、国文学研究のメッカであるのみならず、今日なお当主の方々が一般愛好者に向け、古式作法に則《のっと》った作歌指導を行っておられる。まさに現代に生きる「歌の家」が、ここに存在するのである。

一、「歌の家」の成立と勅撰集歴代

延暦十三年（七九四）平安京に都が定着、宮廷制度も中国のそれにならいつつ、日本的に整備されて行った。政官界においては、公家社会の家格に従って官職の種類・昇進の限度が定着し、破格の昇進は望めぬ制度となったが、文化的方面ではそれとは別途に、各分野に専門の家々が成立して、文章道《もんじょうどう》（漢文）・和歌・雅楽・装束・陰陽道《おんようどう》など、天皇・上皇の好みと必要に応じて親近、また一般廷臣を指導して名望を得るという形が生じた。現代でもなお、雅楽の家東儀《とうぎ》家、装束の家高倉家等が存続し、皇室御用や研究・文化活動に当っているが、何といっても「歌の家」——

和歌指導者家系がその代表であろう。

古来の宮廷和歌は、題材も表現も個人の自由が当然な現代短歌とは異なり、基本的には四季・恋・雑の部立《ぶだて》それぞれに題を設定されての「題詠」であり、題材も用語も古来用い慣れて来たものに限られ、その制限内での「百首歌《うた》」「歌合」というような公的催しにおける詠歌であった。私的交流・独詠の場においても、その範疇から踏み出す事は困難であり、またむしろ不必要でもあった。格別な歌才のない廷臣らにとって、型通りであっても無難な歌を、要求時間内に詠み揃え得る、という技能は必須のものであり、恒例となった勅撰集の企画、その前提としての百首歌や歌合の開催に当り、指導者――「歌の家」の存在は無くてはならぬものであった。

勿論、それ以上の上達を望む者もある。式子内親王や将軍源実朝のような、本来優秀な才を持つ貴人も、より高度な修練のための指導を求める。これら、各種各方面の要求に長期にわたり応じ得、更にその事により、ますます家の権威を高めたのが、俊成以来、現代冷泉家にまで続く、「御子左《みこひだり》家」と総称される家柄であった。家祖、御堂関白藤原道長六男長家が、醍醐天皇皇子、左大臣兼明親王の邸を伝領していたので、「御子左」（皇子にして左大臣）の家と呼ばれ、それが通称の家名となったのである。

俊成以前、平安中末期においては、源経信・俊頼父子の「六条源家《げんけ》」、藤原顕季・顕輔父子の「六条藤家《とうけ》」が「歌の家」であり、俊頼は第六代『金葉集』、顕輔は第七代『詞花集』と、それぞれ勅撰集選者となったが、必ずしも後継者に恵まれずに終った。新古今撰者の一人として台頭した飛鳥井《あすかい》雅経の家は、後代足利幕府に親近、雅経七代の孫、雅世は、当時冷泉家当主為尹《ためまさ(ただ)》没により声威を失っていた御子左一門に代って、最後の勅撰集『新続古今集』を撰び、以後近代まで「歌の家」として存続してはいるが、御子左家――冷泉家ほどの声威・実力は持たなかったと言ってよかろう。

その状況を一覧すべく、『千載集』以降の勅撰撰者の代々を表示する。行頭の算用数字は、御子左家出身者が単撰又は共撰者である事を示し、次にあげる御子左家系図人名の右肩に付した数字と対応するので参照されたい。

	代数	集名	成立年	下命者	撰者
1	七	千載集	文治四（一一八八）	後白河院	俊成
2	八	新古今集	元久二（一二〇五）	後鳥羽院	定家・家隆・雅経・有家・寂蓮
3	九	新勅撰集	嘉禎元（一二三五）	後堀河天皇	定家
4	一〇	続後撰集	建長三（一二五一）	後嵯峨院	為家
5	一一	続古今集	文永二（一二六五）	後嵯峨院	為家・基家・家良・行家・光俊
6	一二	続拾遺集	弘安元（一二七五）	亀山院	為氏
7	一三	新後撰集	嘉元元（一三〇三）	後宇多院	為世
8	一四	玉葉集	正和元（一三一二）	伏見院	為兼
9	一五	続千載集	元応二（一三二〇）	後宇多院	為世
10	一六	続後拾遺集	嘉暦元（一三二六）	後醍醐天皇	為藤・為定
	一七	風雅集	貞和五（一三四九）	光厳院	光厳院
11	一八	新千載集	延文四（一三五七）	後光厳天皇	為定
12	一九	新拾遺集	貞治三（一三六四）	後光厳天皇	為明・頓阿
13	二〇	新後拾遺集	至徳元（一三八四）	後円融院	為遠・為重
	二一	新続古今集	永亨十一（一四三九）	後花園天皇	飛鳥井雅世

御子左家系図

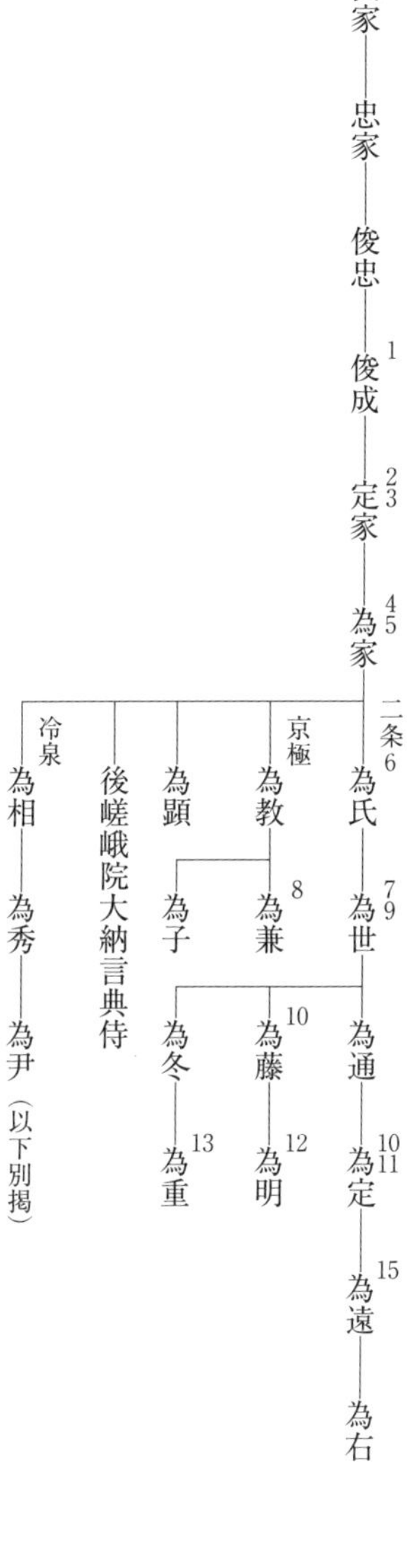

為家男の為氏・為教は、その住所によりそれぞれ家号を二条・京極と称し、はるか末弟の為相は冷泉と号した。一四『玉葉集』一七『風雅集』は、為氏・為世の二条家古典的歌風にあきたらなかった京極為兼と、これに傾倒した伏見・花園・光厳《こうごん》院（大覚寺統→南朝後醍醐天皇と対立した、持明院統→北朝の諸天皇）による、いわゆる「京極派」の革新歌風の集であり、また二一『新続古今集』は、南北朝戦乱後衰退し切った宮廷に代った、将軍足利義教の奏請による成立で、当時、当主の早世等で声威を失っていた二条家に代り、公式歌壇の第一人者となった飛鳥井雅縁《まさより》、法名栄雅の男である、飛鳥井雅世が撰者となった。以後、宮廷文化の衰退により、勅撰集の企ては絶える。

二、歌の家の葛藤と冷泉家の歴史

二条為氏と京極為教は、為家が、正妻なる鎌倉幕府有力御家人宇都宮頼綱女との間にもうけた、五歳違いの兄弟であるが、常々不和、かつ為教は歌才において兄に及ばず、為氏撰の『続拾遺集』に、自らの歌は減じてもよいから子等の歌のより多数撰入を、と願ったにもかかわらず、為兼一首、為子三首にとどまった事により、兄を恨んで没した。以後、二条・京極両家は反目し、あたかも持明院・大覚寺両皇統の対立時に当って、為兼は、

更《ふ》けゆけば千里《ちさと》の外《ほか》もしづまりて月に澄みぬる夜のけしきかな　（弘安八年四月歌合、八番左勝、為兼）

というような、実感的で新鮮率直な歌風を好む、持明院統伏見院の愛顧を受けて、目に見るような叙景歌・恋する心の動きを写実的に描破する抒情歌に新生面を開く『玉葉集』を撰進した。一方為世は伝統歌風を堅持して大覚寺統後宇多院の支持を仰ぎ、両家はますます対立を深めて行った。前掲勅撰集中、『風雅集』のみが、為兼没後いずれの歌道家の撰にもよらず、伏見院孫、後伏見院皇子、北朝天皇として後醍醐天皇と対立した、光厳院の親撰であるのはこのためである。この二集が歴代勅撰中異例の『玉葉』『風雅』という集名を持つ事も、このような歌道家内葛藤の様相を提示している。

為家は晩年に至って阿仏尼（安嘉門院四条）を愛し、弘長三年（一二六三）六六歳の時その腹に末子為相をもうけた。彼はこの幼児に、所領、播磨国細川庄（現、兵庫県三木市）を譲ると遺言して、建治元年（一二七五）七八歳で没した。時に為相一三歳。その相続をめぐり、為氏との間に訴訟問題が起り、京都朝廷では裁決できず、阿仏は弘安二年（一二七九）鎌倉に下って幕府に解決を訴えた。その東下紀行文が有名な『十六夜日記』である。この問題は弘安六年（一二八三）阿仏が没してもなお解決せず、以後三十年、正和二年（一三一三）に至ってようやく為相の勝訴に帰した。為相、五一歳。

このような因縁から、為相は京都公家歌壇よりも鎌倉と往還して東国武家歌人の指導者となる道を選んだ。第四代に至り、上冷泉・下冷泉に分れ、現冷泉家は上冷泉である。

冷泉家系図

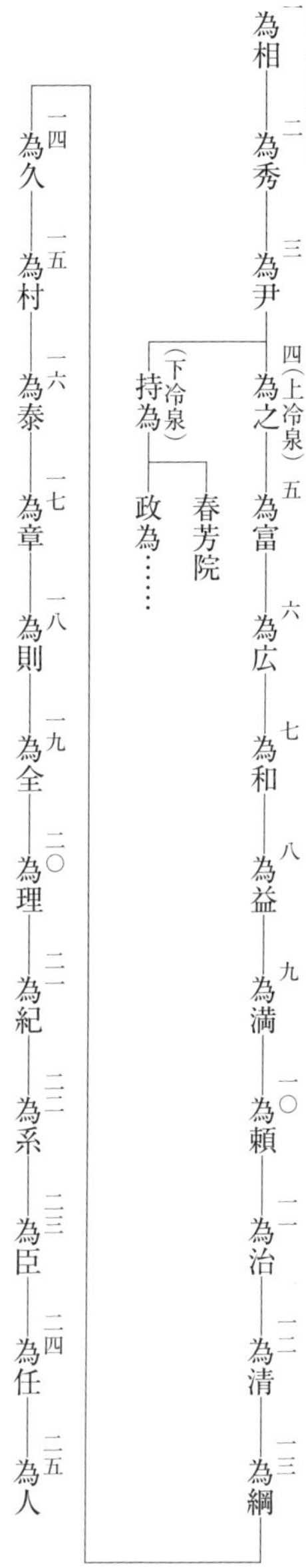

応仁の乱（一四六七~七七）もようやくおさまり、当時歌壇の第一人者、飛鳥井雅親（新続古今撰者雅世男）の延応二年（一四九〇）没の後、文亀二年（一五〇二）為広は朝廷から歌壇宗匠の地位を許され、ここに上冷泉家は公に朝廷の歌道師範の地位に立った。翌文亀三年三十六番歌合には、当時第一流の歌人、後柏原院・三条西実隆らの晴の歌合に、為広は判者を勤め、詳密な判詞を残している。

慶長十一年（一六〇六）、為満が今出川に屋敷地を拝領。これが現在に至る冷泉家敷地である。家祖為相が父為家から伝領した貴重な典籍は、その御文庫におさめられ、寛永五年（一六二八）頃、その管理は京都所司代《しょしだい》の武家伝奏《てんそう》（江戸幕府の京都出張所に所属、武家の奏請を朝廷に取次ぐ役の公卿）にゆだねられて、当時流行した「歌切《うたぎれ》」収集（名筆を切り分けてコレクションとし、「手鑑《てかがみ》」という鑑賞美術品化して、和歌資料としては解体してしまう風潮）による散逸を防ぎ、公的文化財として保存尊重されるに至った。のち、天明八年（一七八九）、皇居をはじめ焼失家屋十八万戸にも及ぶ「天明の大火」にも、邸は焼けたが御文庫・御新文庫（明和八年〈一七六七〉為村建設）は焼け残って典籍は無事、寛政二年（一七九〇）十六代為泰が住宅を再建した。現在の冷泉邸がそれであり、ただ大正六年（一九一七）今出川通りの拡幅により、屋敷全体を北側に引いたのみである。

明治維新、東京遷都により、大多数の公家は天皇に従って東京に移住したが、二十代為理は京都にとどまった。二十一代為紀は明治十七年（一八八四）伯爵、二十一年（一八八八）宮内省御歌所参候の一人となる。二十二代為系の後、二十三代為臣は昭和十九年（一九四四）太平洋戦争に惜しくも戦死。二十四代為任・二十五代為人両氏の事業は、「はじめに」に述べた通りである。

三、歴代の歌風

1　初祖、俊成

歌の家としての初代、俊成は、永久二年～元久元年（一一一四～一二〇四）、九一歳。御子左家第三代権中納言俊忠の三男で、一〇歳の時父と死別、葉室《はむろ》顕頼の養子となり、顕広と名乗った。二五歳の時、藤原基俊に入門して歌学を学んだ。五三歳に至って御子左家に復し、俊成と改名。正三位皇太后宮大夫に進み、六三歳で出家、法名釈阿。文治四年（一一八八）七五歳にして、後白河院の下命により、第七番目の勅撰集『千載集』を撰進した。

勅撰集というものは、単に秀歌を集めるだけでなく、国家としてあるべき和歌の方向――『古今集』以来の、四季・恋・雑の各部立に一貫する、端正にして品格ある詠み口が求められるところである。ところが時代が下るにつれてその慎《つつ》しみが薄れ、第五『金葉集』（源俊頼撰）・第六『詞花集』（藤原顕輔撰）の頃ともなると、さほど秀歌でもない当代歌人の歌、また「誹諧歌《はいかいか》」と呼ばれるような、やや品格劣り不真面目な詠み方の歌も勅撰集中に混るようになって来た。この風潮を憂えた俊成は、新たな歌風をもって宮廷歌壇を導いたのである。その特色は、古典文学に描かれた世界に深く学び、その情調を我が物として幽艶にうたい出す抒情性にあった。

一二の例をあげれば、当時古典の代表とみなされていた『伊勢物語』の一二三段、深草で夫婦生活をしていた男が別れ去ろうとして、

年を経て住みこし里を出でて去《い》なばいとゞ深草野とやなりなむ　（二〇六）

（あなたと長年愛しあって暮らしたこの里を私が出て行ってしまったなら、あなたにとってここは名前の通り、いよいよ草深い淋しい野原になってしまいそうですね）と詠んだのに対し、女が

野とならば鶉《うづら》となりて鳴き居《を》らむかりにだにやは君は来《こ》ざらむ　（二〇七）

（野原になったら、私はそこに住む鶉になって鳴いていましょう。そうしたら、せめて狩をしようと思ってでも〈ほんの仮にだけでも、〉あなたが又来て下さるでしょうから）と返歌したので、男はその愛情に感じて離別を思いとどまったという話をふまえて、

夕されば野辺の秋風身にしみて鶉鳴くなり深草の里　（千載、二五九）

（夕暮が迫って来ると、野を吹く秋風が身にしみて寂しく、ああ、鶉が鳴いているよ、あれは伊勢物語に語られた、あの女だろうか）と詠んだ。また、白楽天の有名な詩の一節、「蘭省《らんせいの》花時《の》錦帳下《のもと》　廬山《のの》雨夜草庵中《のうち》」（和漢朗詠集五五五）を和歌の世界に移しかえて、

昔思ふ草の庵《いほり》の夜《よる》の雨に涙な添へそ山時鳥《やまほととぎす》　（新古今、二〇一）

（若く盛りであった昔の事をしみじみなつかしんで聞いている、草庵に降るしめやかな雨の音に加えて、更に涙を誘うように鳴いてくれるなよ、山時鳥よ）と詠んだ。このように、古典の世界を背景として鑑賞者の連想を遠く深く誘って行く、抒情的な高雅な歌風の一方にまた、「雨の降る日、女に遣《つか》はしける」と詞書《ことばがき》する、

思ひあまりそなたの空をながむれば霞を分けて春雨ぞ降る
（新古今、一一〇七）

（恋しさにほとほと思い余って、あなたのいる方角の空をじっと見つめていると、立ちこめた霞を分けるようにして、春雨が降っていますよ――あなたも同じ思いでこの春雨を見ているでしょうか――）という、柔らかな春雨そのもののような、しっとりとやさしい恋歌……『後拾遺集』に発達した、男女の恋のかけひきの面白さとは異なる、いかにも自然で上品な愛の歌に、他歌人の追随を許さぬ新境地を開拓した。

恐らくこの歌を受けた女性は、鳥羽天皇皇后美福門院の女房、加賀。はじめ藤原為隆の妻となって、有名な画家・歌人隆信（神護寺蔵頼朝等肖像作者）を生み、のち激しい恋愛により俊成と結ばれて、定家はじめ八人の子をもうけた人であろう。俊成が「歌の家」を形成すべく、無くてならぬ女性であった。建久四年（一一九三）二月没。俊成、時に八〇歳。その一周忌に墓参しての詠に、老夫は

まれに来る夜半も悲しき松風を絶えずや苔の下に聞くらん
（新古今、七九六）

（稀に墓参に来て聞いてさえ悲しい、この夜半の松風の音を、いとしい妻は、この苔の下でいつもいつも聞いているのか。生きている自分はともあれ、愛する亡き人の淋しさ、悲しさは、あゝ、いかばかりであろうか――）と嘆いた。

これら諸詠をふまえて、彼は当時随一の女流歌人、式子内親王の求めに応じ、勅撰集の歴史と各集の代表歌を示して作歌の原理・方法を説いた歌論書『古来風躰抄《ふうていしょう》』を著わした。彼の一生を貫くみずみずしい抒情性と、歴史にもとづく確固たる和歌観とが、「歌の家」御子左家の基盤となった事は疑いない。

俊成は元久元年（一二〇四）九一歳の長寿をもって没した。

2 大成者、定家

俊成の二男として御子左家を継承した定家は、応保二年（一一六二）に生れた。平治の乱の三年後、平家勃興期に当る。治承四年（一一八〇）二月、高倉天皇は僅か三歳の安徳天皇（清盛外孫）に譲位。五月、源頼政が以仁《もちひと》王を奉じて挙兵。鎮定はしたものの、清盛は六月、福原に都を遷《うつ》す。八月、頼朝が石橋山に、九月、義仲が北陸に、相次いで挙兵という物情騒然たる世相の中で、さびれ切った京都に残った一九歳の定家は、その日記『明月記』に、

世情の乱逆追討耳に満つと雖《いえど》も之を注《しる》さず。紅旗征戎《こうきせいじゅう》吾《わ》が事にあらず。　（九月某日）

（反乱やその制圧など、世間は不穏なうわさで一杯であるが、そんな事はこの日記には記さない。紅の旗をひるがえして敵を討ち従えるなどという事は、私の仕事ではない）

と記した。彼における「吾が事」とは、文官として宮廷に奉仕する事、中にも「歌の家」後継者として、宮廷和歌活性化の役割を指導完遂する事であった。

平家没落の後、寿永二年（一一八三）四歳で皇位についた後鳥羽天皇は、建久九年（一一九八）土御門天皇に譲位して院政を執った。一方、定家は建久初年以降、関白藤原兼実の男良経・兼実弟で後に天台座主《ざす》となる僧慈円・俊成の門人藤原家隆と共に、穏健な千載集からは逸脱した新奇な歌風を盛んに試み、既成歌壇からは「新儀非拠達磨歌《しんぎひきょだるまうた》」（新奇・突飛で拠《よ》りどころのない、禅問答のようなわけのわからぬ歌）と非難されつつも、後に新古今に玉成する新しい和歌の世界を開拓して行った。その歌風は、たとえば、正治二年（一二〇〇）詠、

見渡せば花も紅葉もなかりけり浦の苫屋《とまや》の秋の夕暮　（新古今、三六三）

のように、桜や紅葉を賞で、都の栄えを祝う従来の和歌常識を覆《くつがえ》して、淋しい海辺の漁夫の小屋の秋に寂《さ》びさびとした美を見出だすという、全く新しい視点に立った文学であった。

更に彼は、俊成の古典活用をより深めて、旅の困難・苦痛を詠んだ有名な万葉歌、「苦しくも降り来る雨か三輪の

崎狭野《さの》のわたりに家もあらなくに」（二六五、長忌寸奥麻呂《ながのいみきおきまろ》）を下敷きに、

駒とめて袖うちはらふ陰もなし佐野のわたりの雪の夕暮　（新古今、六七二）

と、旅中なればこそ味わえる、雪の夕暮の美そのものをうたう、絵画的な歌を創造し、背景となる古典を明確に指示しながら、その情趣を重層的に活用して鑑賞者に複雑な暗示と感銘を与える、「本歌取」の技巧を完成した。『源氏物語』の最終巻名を詠みこんだ、

春の夜の夢の浮橋とだえして峰に別るゝ横雲の空　（新古今、三八）

はその極北を示す秀歌である。

定家は将軍源実朝の求めにより『近代秀歌』を、後鳥羽院皇子尊快法親王のために『詠歌大概《えいがのたいがい》』を、不明某貴人のために『毎月抄』をと、三種の歌論を残している。彼は「詞は古きを慕ひ、心は新しきを求め、及ばぬ高き姿を願うべく（近代秀歌）、和歌の十種の姿の中でも、有心躰《うしんてい》（心深き姿）を重んじ、「詞の用捨《ようしゃ》」（選択）に注意しつつ、しかも自然に易々《やすやす》として詠み出した中にこそ、秀逸は生れるものだと教えた（毎月抄）。

3　後継者、為家

後鳥羽院はじめ、優秀歌人の輩出した新古今時代は終り、和歌は創作の熱気を失って形式化に傾いた。この時代に歌道家第三代として指導者の立場についた為家は、本歌取のような高度の技法や文学的感銘を求めず、より耳に親しい古歌（為家はこれを「証歌」という）の言葉を上手に引いて、「なるほど、うまい」と鑑賞者を微笑ませる、ウィットの利いたユーモラスな歌――たとえば

春や疾《と》き花や遅きと聞き分かむ鶯だにも鳴かずもあるかな　（古今一〇、言直）

により、「疾き—常磐《ときは》」と言いかけた、
　遅しとも見るべき花はなけれども春や常磐の森の鴬　（為家千首、三七）
また誰知らぬ者のない名歌二首、
　逢ふまでとせめて命の惜しければ恋こそ人の祈りなりけれ　（後拾遺六四二、頼宗）
　玉の緒の絶えてみじかき命もて年月長き恋もするかな　（後撰六四六、貫之）
をとり合せた、
　逢ふまでの恋ぞ祈りになりにける年月長き物思へとて　（続後撰七八五）
の如く、一見穏和に見えながら深い含意をひそめる詠風を作り出し、誰にも詠めそうな、しかしきわめて広い古歌への造詣がなければ不可能な成果を示している。
　彼の歌論『詠歌一体《えいがいってい》』は、最晩年、七〇台半ばに至って、まだ一〇歳になるやならずの末子為相のために、歌の詠み方を簡潔に具体的に説いたものである。「稽古」を最も重んじているが、稽古とは現代的な「練習」の意味ではなく、「稽古照今《しょうこん》」——「古《いにしえ》の道を考える事によって、現在の指針とする」意であり、「古歌をよく学んで、作歌の範とせよ」——すなわち上掲二例のような、「証歌」の巧みな用い方を言うのである。しかも彼は単なる言葉の用法だけでなく、一首の風韻・節調の良否を、古歌と詠じくらべて検討せよ、と言っている。為家と言えば、後世の、伝統に執して独創性のない、いわゆる御歌所《おうたどころ》派《は》和歌（明治期、宮内省に設置せられた歌道御用掛《ごようがかり》における、古典的・非個性的和歌）の元凶のように見られがちであるが、決してそうではない事を認識していただきたい。
　代々、勅撰集撰定を承わって来た御子左家には、その資料として古来諸歌人の膨大な和歌作品が集められていた。為家の「稽古」とは、それらすべてを熟読し、これを自己の血肉として、詠歌中に生かす事であった。それは作品の発表・閲覧自由な現代からは想像も及ばない、「歌の家」後継者のみの持つ特権であり、為家はそれを十二分に活用して、一見平淡・温和と見えながら実は誰も及び得ない第一人者の地位を守ると共に、歌才衰えて形式的無難な詠風を求める、当代以降の宮廷人の要求に答える詠歌のマニュアルを作り、それに従えば誰にも何とか無難な公式詠作の形は出来る、一方、その範疇を脱した新鮮な文学性は、宮廷公式歌会において求める所ではない、それは専門家、「歌の家」に任せよ、という指導方法をとり、成功したのである。

四、冷泉家の成立と代々

1　為相母、阿仏尼

この三代を受けて、老年の為家を支え、為相をもうけて、冷泉家の基を作ったのが、『十六夜日記』の作者、阿仏尼である。彼女無くしては、現代まで継続する「歌の家」の存在はあり得なかったであろう。

阿仏尼は貞応元～嘉禄二年（一二二二～一二二六）頃出生。為家より二五～二九歳の年少である。父は検非違使《けびいし》（京都の治安維持に当った武士）平度繁《のりしげ》。①安嘉門院（高倉天皇孫女）女房として仕え、四条、また越前・右衛門佐と呼ばれた。『うたたね』という、自らの若き日を語るような恋物語——上位の男性との失恋・出家・旅・帰京——がある。従来は自伝とみなされていたが、近年の研究では為家と相識ってからのフィクションとされる。②しかし相似た事情で、尼でありながら某廷臣との間に一女をもうけた彼女は、名僧慶政上人の媒介で安嘉門院の許に娘ともども引取られ、娘（後深草院の一皇女を生むか）③の乳母役として生活するうち、為家と相識ることになった。

為家の正妻は、鎌倉幕府有力御家人、宇都宮頼綱女で、為氏・為教・後嵯峨院大納言典侍の母であるが、和歌の素養は確認されない。そこに、建長四年（一二五二）、娘、大納言典侍が源氏物語書写のため阿仏を招き、その歌才によって忽ち為家と切っても切れぬ仲となったのである。二人の情交の一端を、その贈答歌によって示そう。

暁の時雨にぬれて女のもとより帰りて、朝《あした》につかはしける　為家
かへるさの東雲《しののめ》くらき村雲もわが袖よりや時雨《しぐ》れそめつる　（玉葉、一四五六）

返し　阿仏
後朝《きぬぐ》の東雲くらき別れ路《ぢ》にそへし涙はさぞ時雨れけむ　（同、一四五七）

（帰り道の、今にも泣き出しそうな暗い村雲。それに加わった私の涙で、あなたの方ではさぞやひどく時雨れたことだろうね。）
（あら、それは心ならずあなたを返す道にお伴させた、私の涙じゃないの。しみじみ時雨れかかったなんて、当り前でしょう？）

弘長三年（一二六五）七月、二人の仲を結んだ愛娘、大納言典侍が没し、為家は悲歎に沈んだが、あたかもその年秋冬の頃、阿仏は為相を生んでいる。為家が彼を愛娘の生まれかわりと観じたのは、まことに自然の感情であったであろう。かつて天福二年（一二三四）、大納言典侍が出生した時、喜んだ祖父定家はその書写した『後撰集』『拾遺集』を、「鍾愛之孫姫《しょうあいのそんき》」に与えるという奥書をつけて彼女に贈った。その思い出の貴重本を、為家は「鍾愛」云々の部分を削り消し、「此本付㆓属大夫為相㆒《このほん、たいふためすけにふぞくす》　頽齢《たいれい》六十八桑門融覚《そうもんゆうかく》」と書き直して、わずか三歳の為相に与えている。この『後撰集』は冷泉家に現存、国宝に指定されている。

文永四年（一二六七）三月二日以前に、為家は正妻宇都宮頼綱女と離別していると見られる。以後、阿仏は為家室の地位を襲う事となるのである。

文永十年（一二七三）四月、七六歳の為家は、老年、これが最後と思い定めて、かねて信仰する日吉大社に百日の参籠をした。ところが、当然その世話をすべき為氏は満足な対応をせず、為家は、

ふるさとに千代もとまでは思はずととみの命をとふ人もがな

（伊勢物語によれば、業平は母に千年も長命してほしいと祈ったそうだが、それ程までに思わずとも、今にも失いそうな私の命を気づかってくれる人があればいいのに、我が子は、そんな気持は全く持ってくれないのだ）

と歎いて、為氏との仲を決裂、一旦は為氏に譲った貴重な荘園《しょうえん》（領地）、播磨国細川庄と、定家自筆明月記や伝来和歌資料等の重要文献すべてを為相に譲る事を、同年七月十三日付書状をもって為氏に通告し、翌建治元年五月一日、七八歳をもって没した。阿仏はその五七日忌にあたる六月五日、その追善供養を僧に願う諷誦文《ふじゅもん》「阿仏仮名《かな》諷誦《ふじゅ》」を作って、切々と成仏を祈っている。

この荘園の領有権をめぐっての訴訟問題により、阿仏は為家の遺言を守って鎌倉に下り、幕府に訴えた。有名な『十六夜日記』の旅である。この作品は母性愛の記として知られているが、冷泉家蔵「為家譲状一巻」（文永十年七月二十四日付、阿仏御房宛融覚譲状、重文）に見る、阿仏への懇切な遺言によれば、阿仏は子のためよりはむしろ、夫の深い愛情と信頼にこたえる為に、この訴訟の旅に赴いたのだという感を深くする。阿仏は訴訟の決着を見ず、弘安六年（一二八三）没。六十余歳か。これが冷泉家の勝訴に帰したのは正和二年（一三一三）、実に三十年後の事であり、為相は五一歳に達していた。

阿仏の献身的努力によって、冷泉家は経済的に安定確立した。また、為家までの三代に収集された膨大な和歌資料も、散逸する事なく同家に伝領された。阿仏の存在なくして冷泉家はなく、今日に存続する「歌の家」の存在もあり得なかったであろう。彼女は前述「仮名諷誦」の末尾に、

とまる身はありて甲斐《かひ》なき別れ路になど先立たぬ命なりけん

と述懐しているが、その残る「命」をもって見事に為家の愛に報いたのである。

2　為相

為家没の時、為相は一三歳であった。『十六夜日記』当時一八歳。鎌倉の母の許に五十首を詠み送った。

心のみ隔てずとても旅衣山路重なる遠《をち》の白雲

かりそめの草の枕の夜な〳〵を思ひやるにも袖ぞ露けき

阿仏はその出来栄えにいたく喜び、

恋ひしのぶ心やたぐふ朝夕に行きては帰るをちの白雲

秋深き草の枕に我ぞ泣くふりすてて来《こ》し鈴虫の音《ね》を

と返歌した上、亡き為家があらばと思って、

これを見ばいかばかりとか思ひ出づる人にかはりて音《ね》こそ泣かるれ

と詠んでいる。母子の情、察するに十分であろう。

彼は二条為世撰の『新後撰集』に、四一歳に達して三首初入集、

なれ来つる山の嵐を聞き捨てて浦路にかゝる旅衣かな　（五九二）

のような伝統的で無難な歌風を示しているが、やがて為世と対立する京極為兼の歌風に親しみ、

花かをり月かすむ夜の手枕にみじかき夢ぞなほ別れゆく　（玉葉、二一二）

里としもよそには見えぬ遠島の松にまじりて立つ煙かな　（同、二一一〇）

のようにやや新しい傾向の歌を詠むようになった。しかし為世・為兼の激しい歌風対立に巻きこまれるのを避けて、母の縁で親しい関東武家歌壇の指導者となる道を選び、以後すべての勅撰集に、作品計六四首入集している。

梢には残る色なき冬枯の庭にのみ聞く風の音かな　（新後撰、四五七）

小倉山松の梢の初時雨今幾日《いまいくか》ありて色に出でなん
（続後拾遺、二九三）

など、総じては伝統的歌風を示す。その家集（個人歌集）「藤谷集《ふぢがやつ》」には、

いかにしてこの一本《ひともと》に時雨《しぐ》れけむ山に先立つ庭の紅葉葉
（一五三）

の詠があり、「題しらず」でどこの紅葉を詠んだともわからないが、現在、横浜市金沢区の称名寺（金沢文庫所在地）の庭の楓《かえで》がそれであるとされ、この歌以後、この楓は冬まで紅葉せず、青葉を保つようになったと伝えられている。

3　為成

為相長男為成は、元徳二年（一三三〇）没。三十歳余か。弟為秀があとを嗣いだ。玉葉・風雅・新千載集、計九首入集。

東路《あづまぢ》の秋の空にぞ思ひ出づる都にて見し春夏の月
（玉葉、一九七九）

に知られるように、父の縁で鎌倉に過す事が多かったのであろうか。嘉暦三年（一三二八）七月、父為相没に当っては、

跡したふ袖の涙の紅《くれなゐ》にあらそひ落つる峰の紅葉葉
（新千載、二二三五）

と詠んでいる。

4　為秀

為秀は生年未詳、嘉元・徳治（一三〇三～六）頃か。やはり鎌倉武家との縁が深く、足利尊氏の「金剛三昧院奉納和歌」（康永三年〈一三四四〉）等に加わっている。風雅集撰集の時は寄人《よりうど》（和歌所職員）を勤めた。

別るらん名残ならでも春の雁あはれなるべき曙の声
（風雅、一三五）

はじめ、以下の勅撰集に計二六首入集している。足利義詮・今川了俊ら武家の門人が多く、その一人佐々木高秀は応

安五年（一三七二）為秀の死後、前年出家していた男為邦に代り、幼少の孫為尹を庇護して家を嗣がせたという。為秀は多くの歌書の書写・伝存につとめ、彼が書写し、また奥書を付した歌書はきわめて多い。

5　為尹《まさ(ただ)》

康安元〜応永二十四年（一三六一〜一四一七）、五七歳。将軍足利義持・今川了俊の庇護により冷泉家を復興し、応永以降宮廷歌壇の中心として活躍した。新後拾遺二首・新続古今六首入集。

遠近《をちこち》にはや鳴きふるす時鳥今は聞きても誰に語らん　（新後拾遺、二一二）
しほれ伏す籬《まがき》の霜の下荻《したをぎ》や音せし風の秋のふるさと　（新続古今、六四七）

等、従来の和歌常識を上手にちょっとひねった形で、新味を見せた詠を残している。

五、和歌資料の伝存

四章3・4に示した如く、御子左家三代に収集せられた膨大な和歌資料は、為家を経て為相に伝えられた。為氏の不満は言うまでもないが、細川庄とともにこれは「歌の家」冷泉家の生命線であり、阿仏・為相はこれを守り通した。もしこれが嫡流二条家に存していたなら、その没落と共に四散し、多くは失われてしまったであろう。冷泉家資料死守の成果を、現代の我々は『時雨亭叢書』ならびに各展覧会図録にまざまざと見ることが出来る。

これらの中には平安時代古写本も多々あるが、また定家自筆本、側近に書かせ定家が加筆した本等も多い。更に中世、勅撰集編纂に当り、各人が詠進した百首歌や、『俊頼髄脳《ずいのう》』・顕昭編『袖中抄《しゅうちゅうしょう》』等の歌学書も多数存し、いずれも重要文化財に指定されている。定家自筆日記『明月記』は三一歳~七二歳分、六十余巻、すべて国宝指定。このような超貴重書を、散逸させる事なく、自然・人口等の種々の災害から守り通して八百余年、現代に至るまで伝存させたという事は、まことに奇跡的な文学史上の成果であり、それには近世公武当局の篤い庇護もあずかって力あった事、第二章末に述べた通りである。

しかし何といっても、その奇跡の根源は、宮廷文化の根本を支える「歌の家」の自覚と誇りを俊成以来九百年にわたって持ち続け、相続争い、所領争いにも耐えて現在に至った冷泉家、累代の、当主のみならず家族全員の献身と努力によるものであった。同家の存在そのものに、深い敬意と感謝とを捧げる。

六、「歌の家」の終焉

明治三十一年(一八九八)、正岡子規が雑誌『日本』の誌上に、「歌よみに与ふる書」を十回にわたり連載して、

貫之は下手な歌よみにて『古今集』はくだらぬ集に有之《これあり》候。

と、平安以降の和歌を痛罵した事は余りにも有名である。これによって旧来の「御歌所《おうたどころ》派和歌」は姿を消し、新鮮、個性的で表現一切自由な、新しい「短歌」という近代文学に生れ変った。かくて劇的に「近代短歌」が勃興、現代に至っている事は文学史上余りにも明らかな事実である。歌材・表現一切自由な「短歌」は、平安以降の宮廷和歌とは性格が全く異なる。「歌枕」「雅語」「古典引用」等一切不要、自らの思い・感銘した風景等を、自由な言葉で如実に三十一字に表現すればよい。短歌は身分社会の中の和歌とは性格を異にし、個人による文学表現の一となった。一人の指導者による「結社」はあっても、その指導者は個人であり、その子孫が「歌の家」として指導を続けるわけでは

ない。わずかに今日まで「歌の家」の面目を保ち得たのは、佐佐木弘綱―信綱―治綱と続いた竹柏園であろう。

七、「歌の家」の女性達

阿仏以前の御子左家女性として、最も顕著な活躍を示しているのは、歌人「俊成卿女」である。俊成女八条院三条が、中御門中納言家成の男、尾張守盛頼に嫁してもうけた彼女は、父が平家追討謀議「鹿の谷《しし》」事件に参加した廉《かど》で失脚したため、祖父俊成の女《むすめ》という形で、内大臣土御門通親の男、通具の妻となって一男一女をあげたが、通具が権勢を求めて他の女性と婚したので、去って後鳥羽院歌壇に活躍する。作風は艶麗、

風通ふ寝覚《ねざめ》の袖の花の香にかをる枕の春の夜の夢　（新古今、一一二）

下燃えに思ひ消えなん煙《けぶり》だにあとなき雲のはてぞ悲しき　（同、一〇八一）

後の歌は後鳥羽院の指名で新古今巻十二、恋二の巻頭に据えられ、彼女の異名「下燃えの少将」の起りとなったという。個性的な物語評論『無名草子《むみょうぞうし》』の作者とされる。為家撰、続古今集への見解を書き送った「越部禅尼消息」に、定家とも異なる見識が示されている。

為教女、為兼姉為子は伏見朝の大納言典侍、のち従三位、従二位として、弟の京極派歌風樹立に大いに貢献した。一方二条家では、為世女、権大納言典侍が二条派女流歌人として活躍すると共に、後醍醐帝皇子尊良および新葉集代表歌人宗良の両親王を生んだ。また為道女・為明女も勅撰入集歌人である。中での異色は為定女、芳徳庵で、新続古今集一首入集、応永十四年（一四〇七）内裏九十番歌合出詠をはじめ、八〇余歳に至るまで諸歌会に顕著な活躍を示している。

歌人としての成果だけではない。上冷泉為之女は、一人が将軍足利義政の女房となり、一人が一條兼良男教房室、政房母となるなど、家格の向上に寄与した。下冷泉家では持為が死に際して、男政為幼少により、歌道家秘事口伝を女子、義政女房藤大納言局、のち出家して春芳院に伝えた。彼女は幕府の信任を得て政為をよく助け、下冷泉家の復興に尽くした。

御子左家の女性達は、中古女流のような華やかな恋の世界に生き、艶麗な愛の歌を残したわけではない。「歌の家」が公家家職として固定して行く中で、歌道師範家の女性達は慎重に修練を積んで古典主義的な歌風を守り、また権勢家女房として主家に力を持つ事により自家を支えた。記録に名を残す女性達は時代が下るにつれ減少するが、彼女らの献身無くして現在の冷泉家はあり得なかったであろう。

中にも再々述べて来た歌書の書写・保存と、和歌のかかわる各種年中行事の伝存・遂行、それに必要な諸道具類の整備等々、女性の手によらねばならぬ作業は質量ともになみなみならぬものであったはずである。七十年前の戦災をはじめ、今日なお続発する各種天災・人災を思う時、「歌の家」冷泉家の八百年余にわたる存続と、伝存歌書資料の価値とに深く思いを及ぼし、感銘を深くするものである。今後とも、同家とその諸資料の無事永続され、ますます有意義に活用されん事を祈る。

注

①② 田淵句美子『阿仏尼とその時代』（平一二、臨川書店）参照。

③ 岩佐美代子「『乳母のふみ』考」（平一一、『宮廷女流文学読解考』、笠間書院）参照。

恋のかたちと住居

——王朝時代の〈色好み〉が消えるとき

今関　敏子

はじめに

住空間である家とは何か。バシュラールは「われわれの最初の宇宙」①であり、「人間の思想や思い出や夢にとって、もっとも大きな統合力の一つ」であると述べている。「夥しい思い出は家のおかげで保存されている。そしてもし家がやや複雑になり、地下室や屋根裏部屋、片隅や廊下をもつと、われわれの思い出はますます表情ゆたかな隠れ家をもつことになる」ことに言及し、「空間は時間を凝縮している」と言う。すなわち、家とは日常の生活空間であると同時に、過ごした時間と思索や思い出に纏わる詩的空間でもあり得る、ということになろう。従って、火事や災害などで突然家を失うということは、単に物質的な損失に留まらず、深い喪失感をもたらす。それは内面の危機と言っても過言ではない。

言うまでもなく、家の構造・形態は古今東西様々であり、住む人の生活様式を反映し、時の流れと共に変遷を経る。近代以降の日本を例に取ってもその変容は顕著である。

核家族化が進む以前は、子どもから老人まで、親族のみならず幅のある年代の家族構成員が共に暮らしていた。昭和三〇年頃までは自宅出産が通常であった。結婚式や葬式が自宅で執り行われることも珍しくはなかった。家は通過儀礼、冠婚葬祭の場としても機能したのである。住居とは住む人の生老病死の過程を自然に受容する器であり、広さと構造もそれに見合うものであった。

しかし、現代の一般的なライフサイクルは、おおよそ次のごとくであろう。――病院で生まれる。核家族の一員として養育され成人する。結婚すれば別の核家族を形成する。近年は単身世帯も増えつつある。老いを迎えると、老人ホームに入り、そのままそこで、または病院で生涯を終える。――家で生まれ、家で死ぬことが稀なこの過程では、住居の役割も限られたものになる。冠婚葬祭の礼式は家の外の式場で行われ、それが世間的な慣例にもなっている。現代の住居は、生老病死という身体性と無縁になりつつあると言い得よう。

家のあり方はまさしく、社会や制度及び文化を反映し、また問題を孕んでいる。山本理顕は「「都市」という概念と「住む」という概念は矛盾する。」「閉じた空間のユニットが住宅であり、家族という関係を拘束し、補強する。」②と指摘する。そして、現代の住宅は「現実の家族ではなく期待される家族像に応じて出来上がっている」管理された空間であるとも述べている。③このような住居のあり方は社会と個人の関わりの危うさをも示唆していよう。家のあり方は歪みも含めて、その時代に生きる人間の状況を映し出すのである。

先に述べた身体性の忌避は、平安鎌倉期の貴族社会の住宅にもみられるが、無論、現代と同質ではない。まず、内裏では、出産・病気・死は禁忌であった。天皇の御子も母方の里邸で生まれる。后も廷臣も宮廷女房も病を得れば退出しなければならない。宮中で生を全う出来るのは、天皇をはじめとしたごく限られた皇族のみである。『源氏物語』桐壺巻で病身（しかも死が想定される）の桐壺更衣が宮中に留められていることに対する廷臣たちの憂慮は、宮中が穢れに触れることに他ならなかった。当時の価値観では身体の属性そのものである生老病死は、すべて穢れであった。宮廷という聖なる場は当然それを忌避する。

貴族の住居のあり方も内裏に準ずる。基本的に住居内は穢れに纏わる身体性を排除する空間であった。住居内で生を全う出来るのは身内のみで、使用人が病気になると穢れた存在として主人の家から追い出される。主人の家で病み、死を迎えることは許されない。使用人の家の使用人もまた同様である。最下層の家のない者は行き倒れ、そのまま放置される。その死体を犬や烏が食べ、それが都市の浄化になったともいう。[④] 内裏や貴族の邸宅の外は別世界であった。王朝時代の都市と住居の関係にはこのような側面もあった。

都市と住居、及び住居の構造と形態の変遷は、婚姻制度の変容と密接な相関性がある。現代では恋愛と結婚を当然のように繋げる傾向があるが、歴史上常にそうだったわけではない。本稿では、王朝（平安～鎌倉期）の美的理念である〈色好み〉の真髄とその変容という面から、住居と制度を考えてみたい。

一、寝殿造の構造と特質

Ⅰ　寝殿造の構造

王朝時代の住居と言えば、当然寝殿造が想起されよう。しかし、忘れられて久しい空間である。寝殿造については、近年、建築学方面からの研究が成果を上げている。[⑤]

寝殿造の基本は一町四方、すなわち、一二〇メートル四方の道に囲まれた正方形の空間であるが、里内裏（臨時の皇居）となる摂政関白の邸宅には二町（東三条殿・京極土御門殿・鴨院・閑院・堀川殿等）、四町（高陽院・冷泉院）と広大

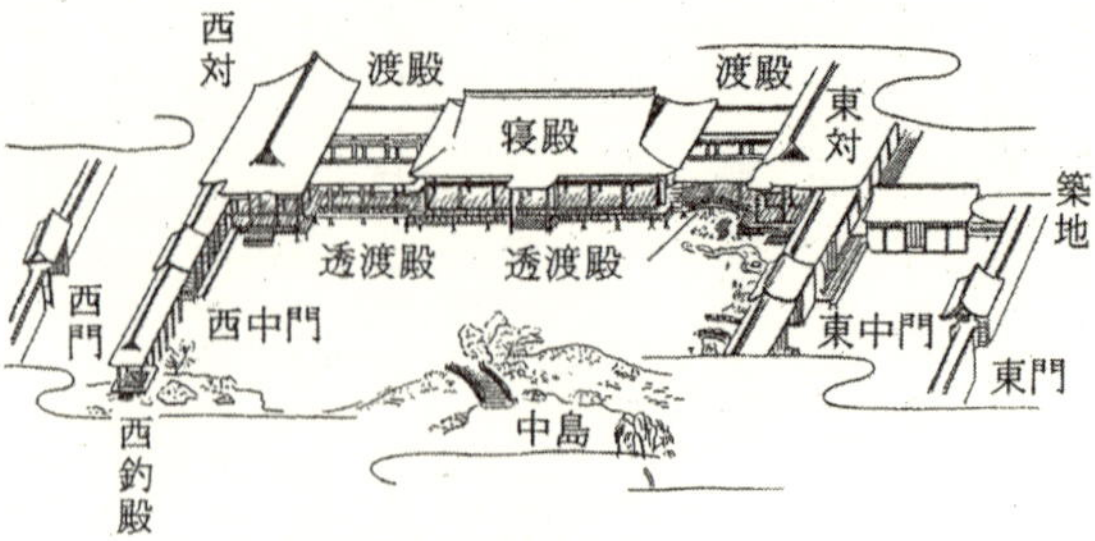

図Ⅰ　寝殿造（『日本国語大辞典』小学館）

なものもあった。太田博太郎は「貴族住宅の発展は、もちろん藤原氏のもつ経済力の増大によるものではあるが、里内裏がその一因となったことはいなめない」と述べている。⑥ 貴族はその身分が高ければ高いほど、内裏の形態・文化に自ずと学んだ。

西洋の家には、バシュラールが言うような地下室や屋根裏部屋があり、またバルコニーがあり、縦にも横にも広がるが、寝殿造は平屋である。縦にではなく、横に広がる住居、「同じ目の高さで移り変わる空間のシークエンス」⑦ であった。ドールハウスのように上下左右の立体ではなく、俯瞰視点で全体を捉え得る。吹抜屋台と呼ばれる絵巻の表現法は実にふさわしいと言える。

寝殿造は母屋と対屋と渡殿に独立・分節されている。大きな空間を区切って固定した部屋を作るのではなく、ひとつの建物として独立した部屋（母屋・対屋）が渡り廊下（渡殿）で連結されている構造である。渡殿も空間として活用された。南側の庭には大きな池があり、遣水が流れていた（図Ⅰ）。

また、内部の調度に固定した家具はなく、可動性のある置き畳、几帳、屏風、衝立障子などの仕切りが機能的に使われた。

Ⅱ　寝殿造の内

《渡殿と庭の交流》

中宮彰子は御産の為、父・藤原道長の土御門殿（図Ⅱ・里内裏にも使われる広大な邸宅である）に退出した。紫式部も女房として伺候している。『紫式部日記』は、風情ある庭の描写に始まり、夜を通して安産を祈る読経の声が遣水の音に重なって聞こえる情景を記す。次に引用するのはその翌朝の描写である。

渡殿の戸口の局に見出だせば、ほのうち霧りたる朝の露もまだ落ちぬに、殿ありかせたまひて、御随身召して、遣水はらはせたまふ。橋の南なる女郎花のいみじうさかりなるを、一枝折らせたまひて、几帳の上よりさしのぞかせたまへる御さまの、いとはづかしげなるに、わが朝顔の思ひ知らるれば、「これおそくてはわろからむ」とのたまはするにことつけて、硯のもとに寄りぬ。（新潮日本古典集成・山本利達校注）

式部が渡殿の局から見やると、微かに霧の立つ朝の庭を道長が歩いている。随身に遣水の塵を除かせ、次に見事な女郎花を折らせた。女郎花は丈が一メートル程ある植物である。それを式部の居る几帳の上から差し覗かせた。心憎い振舞である。道長の優雅さに比べ、式部は寝起きの自分の顔（朝顔）が恥ずかしい。「この返事が遅くてはまずいでしょう」とおっしゃるのをよいことに、硯のあるところに寄った。

寝殿造内の移動に履物は不要であり、女性たちが履物を履いて庭に降り立つことはまずなかった。端近くにすら出ず、姿を見せないのが嗜みとされていた。女性が建物の中に居て、男性が外にいる構図は寝殿造の人物配置の基本であると言ってよい。

右に引用した『紫式部日記』の場面では、土御門邸の渡殿が女房の局に使われている。

そこから式部は几帳越しに道長の姿を見ているが、庭に立つ道長からは、気配は感じ取れても式部の姿は見えない。道長は見られているであろうことは知っているが、式部が恥じる朝顔に直接対面しているわけではない。局の内と外の、女郎花を媒介にした交流である。

《女性の局》

女郎花は謎かけのような洒落た仕掛けである。右の引用部の続きは次のように展開する。硯のもとによった式部が

女郎花さかりの色を見るからに露のわきける身こそしらるれ

（見事な花盛りの女郎花を見るにつけても、露に避けられた我が身の見苦しさが思い知らされます）

と詠むと「あな、と（おや、早いね）」と微笑んだ道長は

白露はわきてもおかじ女郎花心からにや色の染むらむ

（露は分け隔てなどしますまい、女郎花は露のせいではなく自ら望んで美しく咲くのでしょうよ）

と返した。女郎花を仲立ちにした才気煥発な和歌の贈答は、局と庭、すなわち、建物の内と外にいる人物の心を結ぶ洗練された伝達手段である。

女郎花のエピソードはすぐ後の叙述にも見出せる。道長の息・頼通が、女房の局にやって来て和やかに談話する。きりのよいところで「おほかる野辺に（＝女郎花おほかる野辺に宿りせばあやなくあだの名をや立ちなむ）」――女性の多いところに長居すると不本意な浮名が立ってしまうからね――と言って立ち上がる。

寝殿造には頼通が女郎花の野辺に譬えた女性の居場所があった。この場合は女房たちの局であるが、男性が自由には立ち入れるわけではない。そこにいる女性より地位身分が低ければ御法度である。中宮・女御・更衣となると天皇・上皇以外の男性は局に入れない。幼い光源氏は自由に女性の空間に出入りしていたが、元服してはもう父帝の愛する藤壺に近づくことが難しくなる。逢えぬからこそ恋心は募るという展開になる。

局では男性の無遠慮・不作法は論外である。頼通の優美な気遣いを式部は忘れず、後年書き留めたのである。

《女性の空間と垣間見》

局だけではない。寝殿造の構造は女の空間そのものであると安原盛彦は指摘している。⑧ 安原の論を要約すると、次

のようになる。

女性は母屋―建物の中心に居るのである。中心は闇であり、女は闇の中に身を隠す。女性が逃げ込む方向が寝殿の中心である。闇の空間が女性たちを男の視線から守っていた。女性たちはいくつかの仕切りのある建物内から庭を眺める。女性の身体は仕切によって守られる。建築的仕切（庭→簀子→庇→母屋）、室内的仕切（几帳・障子等）、身体的仕切（着物・香・扇等）は男の侵入に対する遮りであり、男にとっては女に対する奥が深まっていく。男が女に会うときは、廊、簀子、庇を選びながら近づいた。

以上のような安原の見解は実に示唆的である。先に触れた『紫式部日記』の一場面のように、女性は自身の姿を見られることなく、暗い室内から御簾越し・几帳越しに明るい外を見る（車に乗っている時も同様である）。

一方、男性は外から内を見る。先の場面では道長が内を見る必然はまったくないのだが、明るい外から閉鎖的な暗い内を見ようとすれば、それは「垣間見」にならざるを得ないのである。「垣間見」は奨励すべき行為ではないが、暗黙のうちに容認されていた。

寝殿造という建物の構造上、男女の視線の方向が異なり、それが当時の社会システムの要素にもなっていたのである。このような時代背景を無視して「垣間見」は語れない。「垣間見」は、現代の「覗き見」と同じではない。

Ⅲ　恋の舞台として住居形態

《寝殿造と書院造》

時代が下り、室町期にはその様式が確立していたと考え得る書院造は、寝殿造とは構造の異なる建物であった。寝殿造は建物が一つ一つの部屋として独立している（図Ⅱ）。対して、書院造は、ひとつの大きな建物空間の内部を区

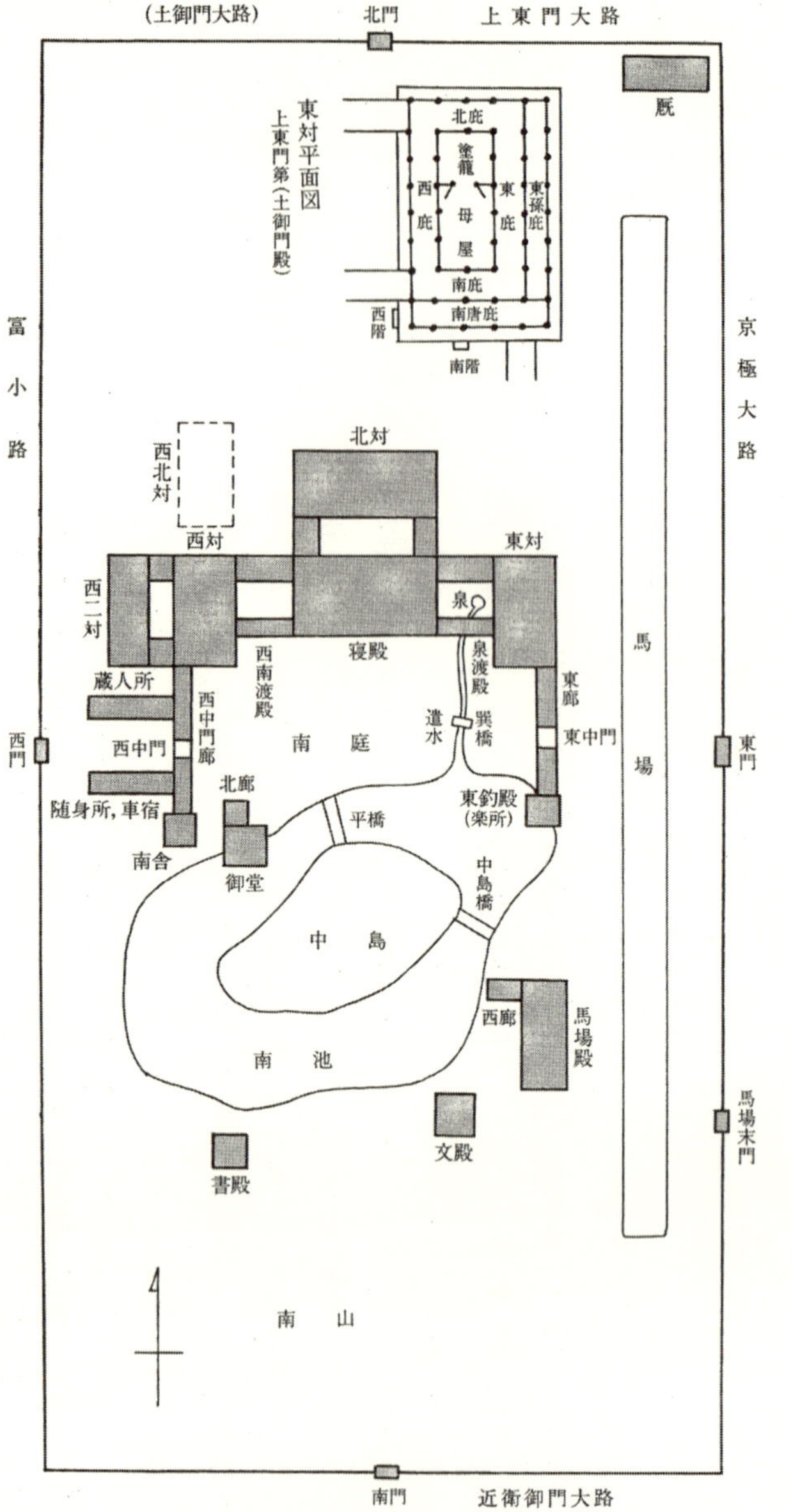

図Ⅱ　藤原道長の第一期土御門殿復原図
(太田静六『寝殿造の研究』)

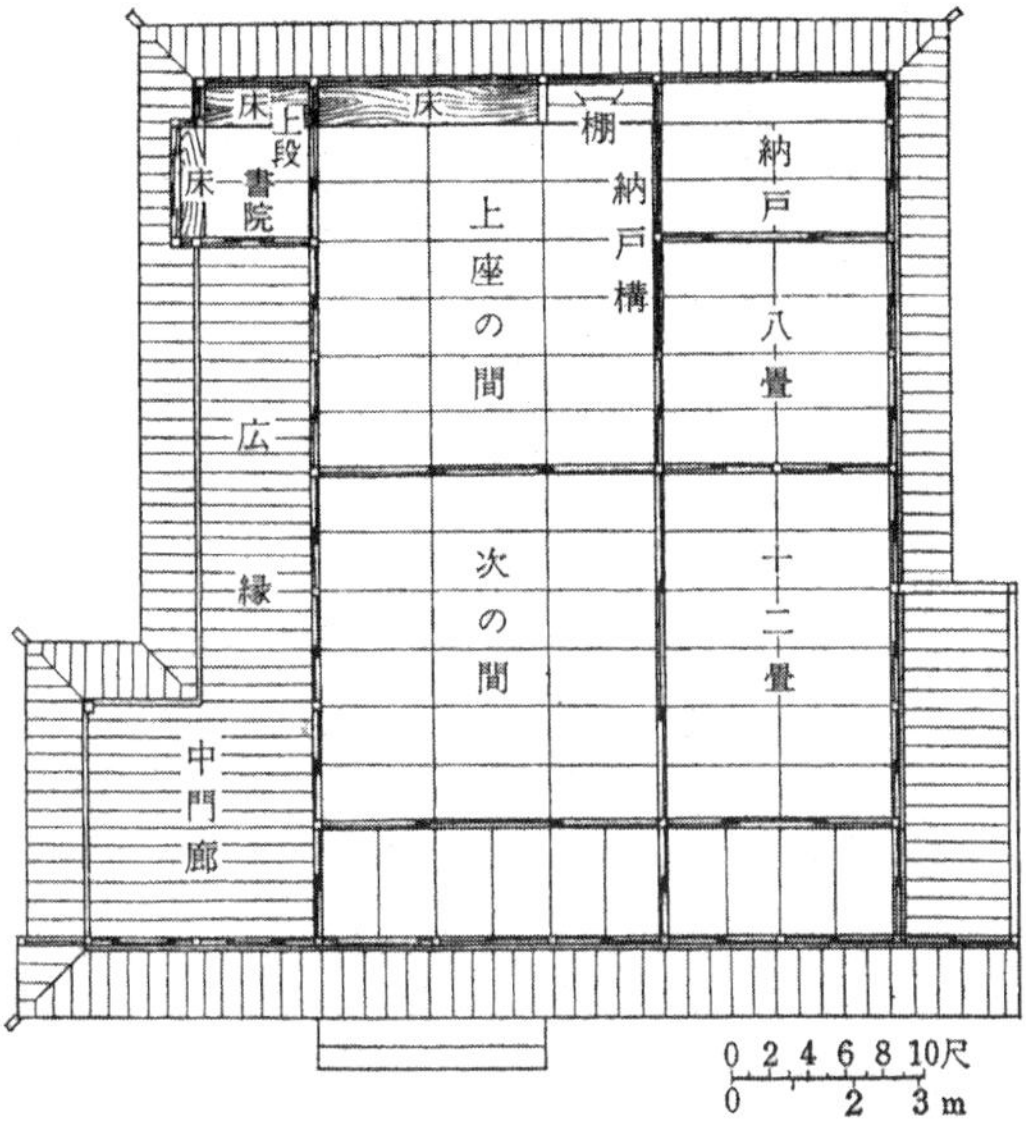

図Ⅲ　園城寺光浄院客殿平面図
書院造（太田博太郎『日本の建築—歴史と伝統』）

切る構造である（図Ⅲ）。可動的な仕切は、固定的な襖や障子になり、定位置に家具が置かれるようになって行く。

書院造は、寝殿造とは対照的に自分より位が上の人を招く空間であった。[9]「対面や接客の場を日常の場から独立させ、その場が重視された」[10]、武士の時代の男の空間であった。

両者の相違を表にすれば次のようになる。

寝殿造	書院造
貴族の空間	武士の空間
位が下の人を招く	位が上の人を招く
女の空間	男の空間
建物として独立した部屋	大きな空間を区切る部屋（玄関がある）
可動的な仕切と畳	固定的な仕切と畳

住居の構造と社会制度は相関する。王朝時代、天皇・上皇が身分の低い者を訪ねる等の外出は「行幸」、他の皇族の場合は「行啓」であり、特別な事であった。廷臣たちが自分より身分の低い者の家を訪問することは基本的になかった。位の低い者が高いものを訪ねる社会組織では、寝殿造という住居もまた、そのように作られていた。

このような寝殿造から書院造への変遷の背景には、王朝期から南北朝動乱を経て室町期へという社会制度の激変がある。とりわけ婚姻形態の変化を看過できない。

《恋のかたち・家のかたち》

寝殿造は、男を招く「女の空間」であった。このことは重要である。

王朝時代の婚姻には同居婚もある。この場合、妻は対の屋に住み、「北の方」「対の方」等と呼ばれる。ただし、通常、まずは通婚という形式をとる。婚姻関係であろうと恋愛関係であろうと女性は動かず、男性の訪れを待つ。男女関係に限り、身分の高い者（男）が低い者（女）を訪ねることは珍しくはない。それは部屋の独立した寝殿造の構造に見合うあり方であった。玄関があり部屋が区切られている家の構造では不都合であろう。

建物の構造により空間認識も変化する。それは恋のあり方をも決定する。秘密の恋、障害の多い恋であればなおのことである。『伊勢物語』第五段の主人公（業平がモデルとおぼしい）が築地の崩れから西の対の屋に居る女（藤原高子がモデルとおぼしい）のもとに通い、ロミオがジュリエットにバルコニー越しに愛を語るのは、いかにもそれぞれの時代と建物の構造に見合った恋の表象である。建物と男女のあり方は相互に方向づけられる。

二、〈色好み〉——王朝文化としての理念

Ⅰ　〈色好み〉の背景

《反制度》

鎌倉期の遁世者・吉田兼好は『徒然草』第三段において、「よろづにいみじくとも、色好まざらん男は、いとさうざうしく、玉の巵（さかづき）の当（そこ）なき心地ぞすべき（あらゆる方面に優れていても、恋に興味のない男は何とも面白味がなくて、せっかくのすばらしい盃に底がないような気分になるというものだ）」と述べている。〈色好み〉であることは、理想の男のあり方であった。⑪

人生の彩り、豊かな経験として、恋に身を焼くことは、結婚という継続すべき現実とはまた別のものである——このような通念が王朝時代の貴族たちにはあった。これが〈色好み〉という理念を成り立たせる素地であった。秘密の恋、障害の多い間柄こそ情熱的に惹かれ合い、束の間と知りつつ燃える。王朝時代の〈色好み〉とは、反制度的な恋、恋人たちである。ゆえに、多かれ少なかれ悲劇的な要素を孕んでいる。⑫

結婚とは家に関わる制度である。制約がある。階層社会においては、きわめて少数の例外を除き、同階層内で成り立ち、親が決める現実である。結果的に破局を迎えることはあっても、その始まりにおいては持続すべき日常的関係である。

一方、恋は制度的制約から自由である。

《恋と結婚》

制度的な結婚と自由な恋はいかに相関するのか。
恋愛の延長線上に結婚がある、というのが、現代の一般的な捉え方であろうが、王朝時代、恋の相手と結婚相手は同一線上に置かれてはいなかった。後藤祥子は、『更級日記』の作者・孝標女の結婚観について、夙に次のように述べている。⑬

貴顕との恋がまずあって、後半生は東宮・帝王の乳母として権勢を誇る。この順序は重要である。しかるに孝標女の場合、貴顕と巡り合ういとまもないまま、「親たちもいと心得ず、ほどもなく篭め据えつ」ということになった。源氏「空蝉」のいわゆる「身のほどの定まる」悲哀を味わったのである。無論ここで、上達部の女に生れた空蝉が受領の妻になるのと、もともと受領の女である孝標女が受領の妻になるのと、その絶望の度合いが同じだといっては不用意であろう。しかし、受領の娘たちが、最初から身分相応に父兄と同身分の受領との平穏な縁組を至上のものとしたかといえば、そうは思えない材料が多すぎるのである。あえて思い切った言い方をするなら、女たちは束の間の貴顕との恋を夢見、その夢を支える後楯として同階層の男たちを迎えた節がある。決して長続きしない犠牲の大きな恋に身を焼くのは、現代の価値観からすれば誇りや意地がないとの批判があり得ようが、古代の心性として頻出する「思い上がる」「心高さ」などの語彙に思い合せる時、それが最大多数の支持を得る価値観であったことを否定するわけにはいかない。むしろそれこそが中流女性の誇りであり到達目標であったと読むべきではないか。孝標女の不遇感と悲哀は、彼女にとって俊通一人が最初で最後の人であった点に尽きるのではあるまいか。

卓越した見解であろう。「貞女は二夫にまみえず」「貞女は二夫をならべず」という、古代中国に学ぶ貞操観念が定着するのは近世以降であり、王朝時代には見出し難い価値観である。

受領階級の娘としては、結婚相手とはなり得ぬ貴顕との恋を経験したい。恋は一対一の人間関係であり、非日常であり、身分の壁を越えられる。そのような時を経て、親の承認した同じ階層の受領の夫を迎え、落ち着いた現実生活を送るのが望ましい。

無論、貴顕の男性側にも当然受け入れ態勢があったのである。未知の魅力をもつ女を思いがけぬところに発見する醍醐味は、『源氏物語』「帚木」の巻の雨夜の品定めとして知られる箇所の、中の品・下の品の女へ示す男たちの興味に表象されよう。『和泉式部日記』に展開される「宮（帥宮敦道親王）」と「女（和泉式部）」の関係はその体現であろう。男たちも身分違いの恋を心秘かに歓迎したのである。

暗黙のうちに双方の合意があってこそ〈色好み〉の世界は展開される。

Ⅱ　〈色好み〉の構図

《通う男・行動する男》

言葉の意味は時代とともに変わる。江戸期には遊里で洒脱に遊ぶ男を〈色好み〉と呼んだりもした。〈色好み〉という語は現代ではあまり使われず、好ましい響きを持たないであろう。

『伊勢物語』には〈色好み〉の男女が登場するが、〈色好み〉という語そのものは、表立って頻繁には使われなくなる。しかし、和歌をはじめ文学の背景に脈々と流れる美的理念である。

なりたくともなかなかなれないのが〈色好み〉という存在であった。その条件が厳しいのは、その代表的存在・業平や光源氏の人物造型からも明らかであろう。まず、美貌と才覚（とりわけ歌詠みの才は必須条件である）が備わっていなければならない。そして、どこかで皇統とつながっている。ここまでは天性の資質であり、この条件を満たす人物はかなり絞られてこよう。

先に掲げた『紫式部日記』における道長・頼通には〈色好み〉の素地がみてとれる。中宮彰子は身内であり、皇統に連なる。和歌を当意即妙に詠み、古歌を引用して洒脱に女性たちの場を辞する優雅で洗練された振舞は、まさに〈色好み〉的である。

〈色好み〉の貴公子は、「行動する男」「通う男」である。恋の成就には状況判断が確かでなければならない。禁断の恋・障害の多い恋では秘密を守る能力が試される。〈色好み〉の男は、魅力ある女性を得るべく、果敢に挑むのである。

《待つ女・選ぶ女・拒む女》

一方、寝殿造に守られている女は家の中で待つ。「待つ女」と「通う男」こそ、寝殿造を背景にした王朝時代の〈色好み〉の図式である。⑭

来ぬ人を待って気を揉み、孤閨を託つことがあるにしても、男を通わせる女には心強く我が意志を通す誇りがあった。「待つ女」は「選ぶ女」である。そしてその結果、当然「拒む女」になることもある。魅力ある女は手強いのである。男たちは選ばれるべく労を厭わない。

『源氏物語』に「物語の祖」と書かれる『竹取物語』の主人公・かぐや姫が〈色好み〉の女の祖であると言ったら意外だろうか。⑮

竹取を生業にしている翁はかぐや姫を発見してから富裕になっていく。月の世界からの迎えを防ぐため帝が遣わした人数が二千人という数字で、住む家も広大になっていたことがわかる。大きな家には使用人もいる。言わば貴族的な生活を竹取の翁は送っていた。かぐや姫はその家の中で大切に育てられたのである。

瞬く間に成長した姫の美しさは噂になる。「垣間見」に熱心な男たちは何とかかぐや姫に近づこうとするがうまくいかない。求婚した五人の貴公子たちも姫の与えた難題を解けず、諦めざるを得ない（一人は命まで落とす）。帝まで竹取の家に「行幸」している。身分の低い竹取の家を例外的に訪ねているのである、かぐや姫のために。しかし、姿を消して帝まで拒否する。

かぐや姫が冷酷なのではない。異界の存在にとって、この世は不可解・不可思議な場所である。人々が当然と認識していることは当然ではない。この世の結婚も理解出来ぬ事柄である。納得できぬ事柄は承認できない。月からの迎えが来るまで、かぐや姫が竹取の家を出ることはなかった。

『竹取物語』以降の物語の主人公たちは、身体性をもった人間である。かぐや姫の異界性と、貴族階級ではない竹取という、登場人物の特殊性は、無視できない。しかし、心強さを通すかぐや姫は家を離れず「選ぶ女」であり、「拒む女」であった。象徴的な意味で、〈色好み〉の女の典型とは言えまいか。

Ⅲ　〈色好み〉の女と家

《小町の零落》

かぐや姫と対照的なのが、伝説の小野小町である。小町説話はまさしく〈色好み〉の女の破滅を表象する。⑯

歌人小野小町は実在した人物であるにも関わらず、その実像はわからない。残された和歌から推測出来る範囲は限られている。わからないだけに髑髏説話、百夜通い説話、雨乞い説話等に分類し得る説話が、長い年月をかけて流布し、辻褄の合う、ひとりの女の物語を紡ぎ出す。美しい小町は、〈色好み〉の男・業平をはじめ、あまたの男たちと浮名を流した。驕慢さゆえ、言いよる男どもを手玉に取り苦しめもした。深草少将は、百夜通いの課題を果たせず、無念の死を遂げた。その報いのように、小町は落魄し、遊女となってさまよう。老いてなお物乞いをしつつ流浪して行き倒れ、野晒の髑髏となる。死してなお成仏できず、髑髏の眼から薄が生え、「あなめ、あなめ」と苦しむ。

「待つ女」「選ぶ女」「拒む女」の成れの果てである。家を離れた女には往生すら叶わぬ死が待っていた。

《旅と流浪》

家を離れることは当時の女性たちが最も恐れた生き方であった。⑰

ただし、家に帰属する女たちも旅はしたのである。古代中国に比べれば、女性たちはよく旅をし、それを書き残した。旅とは、出発点と帰着点があり、目的とコースの定まった移動である。女性の場合、物詣と父や夫の転勤のための旅が多く、⑱必ず供がいて男性に守られていた。⑲定住する住居のあること、旅に出ても帰る場所のあることは、最も安定した女性の生き方であった。⑳

「旅」と「流浪」は一線を画する。

《流浪する遊女》

「待つ女」という定位置を保てなくなり家を離れた小町を待ちうけていたのは、破滅に至る「流浪」であった。

因みに、現代とは意味合いの異なる漢語の「処女」とは家に居る女の意であって、「遊女」はその対照語とも言える。「遊」には、一定の所属がない、動くという意味もある。すなわち、王朝時代の「遊女」とは、自分の居場所を持たず、出歩く女であった。舟上にせよ陸路にせよ、移動して芸を売り、春を鬻ぐ女たちであった。従って、旅の途上で出会う存在でもあった。㉑

〈色好み〉の女・小町は家を離れて流浪し、遊女となり、物乞いの老婆として朽ち果てた、と伝承される。

三、〈色好み〉の変容――王朝文化の衰微へ

Ⅰ　時間の推移による変容――「待つ女」の退場

和泉式部もまた、小町同様〈色好み〉の才女であった。

『和泉式部日記』は、冷泉天皇の皇子、帥宮敦道親王と和泉式部という、貴顕の宮と受領階層の娘の、身分違いの恋がテーマである。皇統に連なる、魅力ある行動的な男・帥宮とその訪れを待つ和泉式部の、まさしく〈色好み〉の男と女の恋の成り行きである。


しかし、和泉式部像もまた、時代の変遷と共に揺らぎ、変容する。

鎌倉期の『宇治拾遺物語』『古今著聞集』に描かれるのは、〈待つ女〉を返上して動き始める和泉式部像である。この時期に既に男を訪ね、自ら男を招き入れる、という遊女的性格が付与されている。

南北朝期を経て、室町期に至ると、遊女的性は決定的になる。『御伽草子』の「和泉式部」では、選ばず男を受け入れる女・和泉式部が、産まれた我が子を捨て、長じて道命阿闍梨となった息子とそれとは知らずに契りを結ぶ、という筋書きになっている。

〈色好み〉の才女・美女は伝説化されやすいと言えよう。変貌して語り伝えられる小町と和泉式部の共通項は、〈色好み〉の逸脱・堕落であり、遊女化である。それは室町期に決定的になる。このような伝承の背景として、室町期に至る住居及び、女性が男性の家に入るという婚姻形態の変容を看過出来ない。

〈色好み〉とは寝殿造の住居を拠点に「待つ女」と「行動する男（通う男）」が織りなす美的理念であった。王朝の

〈色好み〉は、寝殿造と共に消えたのである。

Ⅱ　地域的な変容――「待つ男」の登場

《規範としての京》

〈色好み〉の変容を時間軸にみてきたが、一方空間的差異もある。

源平の合戦を経て鎌倉期が突然武士の世になるわけではない。鎌倉には幕府があったが、京では天皇が中心の貴族文化は続いていた。文化の中心は京であり、京が規範であった。「待つ女」と「通う男」という〈色好み〉の図式は変わらなかった。変るのは既に述べたように南北朝を経た室町期以後である。

和歌表現の恋歌もまた、「待つ女」と「行動する（通う）男」の図式で詠まれてきた。女性が男性の身になって詠む男歌も、男性が女性の身になって詠む女歌も、同様である。通う身、待つ身になって詠むのである。

三代将軍であった東国の歌人・源実朝もまた、右の伝統に沿って恋歌を詠んでいる。[22] 女歌は待つ身で詠まれているのである。

待つ恋の心を詠める

451狭筵にひとりむなしく年も経ぬ夜の衣の裾あはずして
（さびしい寝床でひとり虚しく年月を経た、夜着の裾の褄が合わないように愛しい人と逢瀬をもつこともなく。）

452狭筵に幾世の秋を忍び来ぬ今はた同じ宇治の橋姫
（さびしい寝床でどれほど多くの秋の夜を堪えてきたことか、今は宇治の橋姫と同じ身の上。）

453来ぬ人をかならず待つとなけれども暁方になりやしぬらむ

（来ない人をあてにして待っているわけではないのだけれど、眠らぬままもう明け方になってしまいそう。）

人を待つ心を詠める

457陸奥の真野の萱原かりにだに来ぬ人をのみ待つが苦しさ

（陸奥の真野の萱原のように面影に見えても、かりそめにも来てくれぬ人を待つ苦しさよ。）

458待てとしも頼めぬ人の葛の葉もあだなる風をうらみやはせぬ

（「待っていてください」と言ったってあてにもならない人を恨まないでいられましょうか、葛の葉だって移ろいやすい風に裏を見せているではありませんか。）

以上はわずかな例に過ぎないのだが、実朝が〈色好み〉のジェンダーを踏まえて詠歌している傾向が示されていよう。

詳しい事情や背景、真意はわかりかねるが、実朝は京から坊門信清の息女を妻に迎えている。歌風のみならず、『吾妻鏡』の叙述からも、治者として京の文化・伝統を規範にしている姿勢は明らかである。

《行動する女》

しかし、東国の実情はどうであったのか。同時代でも遠隔地で文化体系が異なれば、京とは異なる習俗、人間関係があって当然である。幕府の所在する鎌倉では京とは確かに様相が違っていた。

実朝の母・北条政子が親の反対を押し切って、頼朝の元へ走ったいきさつが、政子自身の言辞として『吾妻鏡』文治二四月八日の条に記載されている。

御台所被報申云。君為流人坐豆州給之比。於吾雖有芳契。北条殿怖時宜。潜被引籠之。而猶和順君。迷暗夜凌深雨。到君之所。

（流人として伊豆にいらした頃のあなたと私は契を結びましたが、父の北条時政は時勢を恐れ、私を家に閉じ込めました。それでもなおあなたを慕い、暗い夜に迷いながら、激しい雨を凌いであなたの元に辿り着いたのです。）

親の意志に反して女性が出奔するというあり方は、京の貴族階級にはみられぬ結婚の成就である。

《待つ男》

実朝の歌には王朝憧憬が色濃いのだが、家臣であった信生法師（俗名宇都宮（塩谷）朝業）となると、俄かに東国性が顕著になるのである。残された私家集『信生法師集』[23]をみていきたい。

無論、歌人としての信生も京の伝統には敬意を払っていた。たとえば女歌である。

寄雨恋

134今来むの契もいさや数ならぬ身を知る雨の夕暮の空

（「すぐに行きます」という約束も、さあ、あてになるやら。取るに足らぬ我が身の程を知っているかのように雨の降る夕暮の空だこと。）

この歌は女性の身になって待つ辛さを詠む。信生も題詠歌は王朝的伝統を踏まえているのである。

しかし、何と言っても『信生法師集』恋歌の顕著な独自性は「待つ男」の登場にある。[24]

○　未だ打ち解けず侍りし女、立ち出でて侍りし暇に詣で来寄りて帰り侍りしかば

（まだ打ち解けずにいた女が、外出している間に私を訪ねて来て帰ったので）

148かりそめの契りだになき荻の葉をいかに頼めて結び置きけむ

（荻の葉も契によって風と逢うものを、束の間の御縁さえないあなたをどのように頼みにして約束したのでしたっけ。）

○　宵の程物なんど申して帰り侍る女のもとより（宵の浅いうちに語らって帰った女のもとから）

154唐衣心は袖に留め置きて身の憂きことを思ふばかりぞ
（心はあなたと重ねた袖に留め置いたまま、身は離れて意のままにならず、辛いと思うばかり。）
○　待つにむなしく明けぬる朝、女のもとへ遣はし侍る
（待っていたのに虚しく明けてしまった朝、女のもとへ贈った）
155知るらめや待つにて明くる春の夜もいま一人の思ひ添ふとは
（ご存じないでしょうね、待っているだけで明ける春の夜も、長い秋の夜に劣らず、いっそうの物思いが添うものとは。）
○　秋の頃、女の、逢ひて立ち還り侍りし朝に遣はし侍る
（秋頃、女が逢ってすぐ帰って行った朝に贈った）
156暮待たで消えなむものか帰るさの名残の露に秋風ぞ吹く
（暮を待たずに消えてしまいそうですよ、あなたは私に飽きた様子、帰り際の名残の露に秋風が吹いている、その露が消えるように。）

以上は「待つ男」と「通う女」の図式で詠まれている。

さらに次の歌はいわゆる老いらくの恋。
老いの頃、「今宵」と申して見えず侍りし女のもとへ
（年老いて「今夜行きます」と言って現れなかった女のもとへ）
157冴え冴えて契はしもぞ結びける待つに更けぬる袖の片敷き
（冷えに冷えて、あなたとの約束がこんなふうに涙の霜となって結ばれたことだ、待っている間に更けていく独り寝の片敷きの袖の上に。）

「今夜行きます」と言って約束を違えたのは女性、待ち兼ねて嘆くのは老いた男性である。
信生の詠歌には、京の歌壇とはまったく異質の恋模様が展開されるのである。

《訪う女の様相》

女が来るばかりではない。不可解な忘れ物をする。

逢ひながらうちも解け侍らぬ女の、帯を忘れて帰り侍りし、遣はすとて

（逢瀬を持ちながら、まったく心を許さない女が、帯を忘れて帰ったので届ける折）

158夜もすがら辛さを結ぶ下紐の誰に解けてか今朝は見ゆらむ

（一晩中薄情にも結んだままだったあなたの下紐は一体誰に解けて今朝は逢っているのでしょうか。）

うちとけない女がなぜ帯を忘れていくのか。具体的な状況を想像し難い。

さらに不可解なのは、訪ねて来た女が履物を置いていく場面である。

女のうらなしを留めて帰り侍りしを、追ひて遣はすとて

（女が裏無しの草履を残して帰ったのを、追いかけて渡す折に）

145片枝挿す麻生の浦梨跡絶えば憂き身もいかにならむとすらむ

（麻生の浦梨が跡形もなく消えてしまえばその「実」も残らないように、この草履と共にあなたが来るということがなくなってしまえば、辛い私の「身」はいったいどうなってしまうのでしょう。）

履物を忘れたのではなく、わざわざ置いて行ったのか。歌の内容から推し測るに、もう来ませんよというメッセージなのであろうか。確たる決め手はない。

林悠子は、平安時代の文学作品を調査し、女性が「特に屋外を「歩く」ことは日常的なことではなかった」ことを

「沓を用意していない」ことに言及して推察している㉕。

貴族階級の女性がいかに歩かないかの証左として、『更級日記』の旅の記述の「抱かれる」移動が想起される。乳母が旅の途中で出産し、離れて上洛することになった場面に「いと恋しければ、行かましく思ふに、兄人なる人いだきて率て行きたり（とても恋しく、逢いに行きたく思っていると兄人が抱いて連れて行ってくれた）」（新潮日本古典集成・秋山虔校注）とある。もはや幼子ではない数え年一三歳の少女を「兄人なる人」が抱いて連れて行くとは、現代から見ればいささか奇妙でもある。また同じく『更級日記』に書かれる竹芝伝説には火焚屋の男に盗み出される皇女が背負われていく描写がある㉖。因みに『伊勢物語』第六段の絵巻でも、盗み出した女を男は背負っている。「抱かれる」「背負われる」は、寝殿造に守られ姿を見せない女性の、住宅の外に出た場合の移動手段であろう。旅に出れば徒歩でなければ通れぬ場所もあるはずだが、歩く描写がきわめて少ないのは『更級日記』に限らない㉗。ところが、東国の女性は、男性の家にやって来て、履物を置いて帰ってしまうのである。

《東国の男女》

既に触れたように、実朝と家臣であった信生には、恋歌に関して対照的な面がある。主君・実朝の恋歌が、「待つ女」と「通う男」の構図であるのは、あくまでも中央、京の風習を意識し、尊重し、治世者の姿勢を貫いたためだと考えられる。家臣としての信生は、表現者としてより自由だったのではあるまいか。信生の郷里は、鎌倉よりさらに草深い鄙であり、土俗的な風習が和歌にも反映されていよう。『信生法師集』ほど顕著ではないが、私撰集『新和歌集』、信生の息・時朝の『前長門守時朝入京田舎打聞き集』にも、「待つ男」と「訪う女」の関係が仄見える㉘。

東国の武士階級には、とりわけ婚姻前の男性に女性のもとに通うことを戒める傾向があったことも看過出来ない。鎌倉武家では一夫一婦制を守る方向性があり、京の貴族とは異なる、婚姻を重視した男女の男女間のモラルが生まれつつあった。北条重時（一一九八～一二六一）の『六波羅殿御家訓』『極楽寺殿御消息』について、田端泰子㉙は次のように触れている。

婚姻前の武士の男性は、あからさまに女のもとに通うな、そこに泊まったりするな、呼ぶなら若党の家に呼ぶべきで、自分の屋敷に呼んだりするな、と軽率な行動をとって、大事な婚姻を汚さないように諫めている（『六波羅殿御家訓』十三）。／また妻については、よくその心を見きわめて一人だけとすべきであるとも述べている。

（『極楽寺殿御消息』五十）

これがどこまで浸透していたのかは、武家の階層によっても変わってくるであろうし、土俗の風習をどこまで守っているかにもよるであろう。

一方では、「待つ女」「訪う男」の組み合わせの実詠歌も見出せるのであり、『新和歌集』からは共住の関係があったことも窺える。東国では男女の往来が比較的自由であり、さまざまな恋のあり方が許容されていたと推察される㉚。

《〈色好み〉の住居》

婚姻関係にせよ、恋愛関係にせよ女性のもとに男性が通うのにふさわしいのが貴族の寝殿造の構造であった。一方の鎌倉は、京とは全く異なる土地柄であった。

旅に出た後深草院二条（一二五七～？）は違和感を覚える鎌倉の地形を『とはずがたり』に記している。

（上略）化粧坂といふ山を越えて、鎌倉の方を見れば、東山にて京を見るには引き違へて、階などのやうに重々に、袋の中に物を入れたるやうに住まひたる。あな物わびしとやうやう見えて、心とどまりぬべき心地もせず。

（新潮日本古典集成・福田秀一校注）

住居の様子は「袋の中に物を入れたるやう」と譬えられる。それは「あな物わびし」と感じられる無秩序な光景で

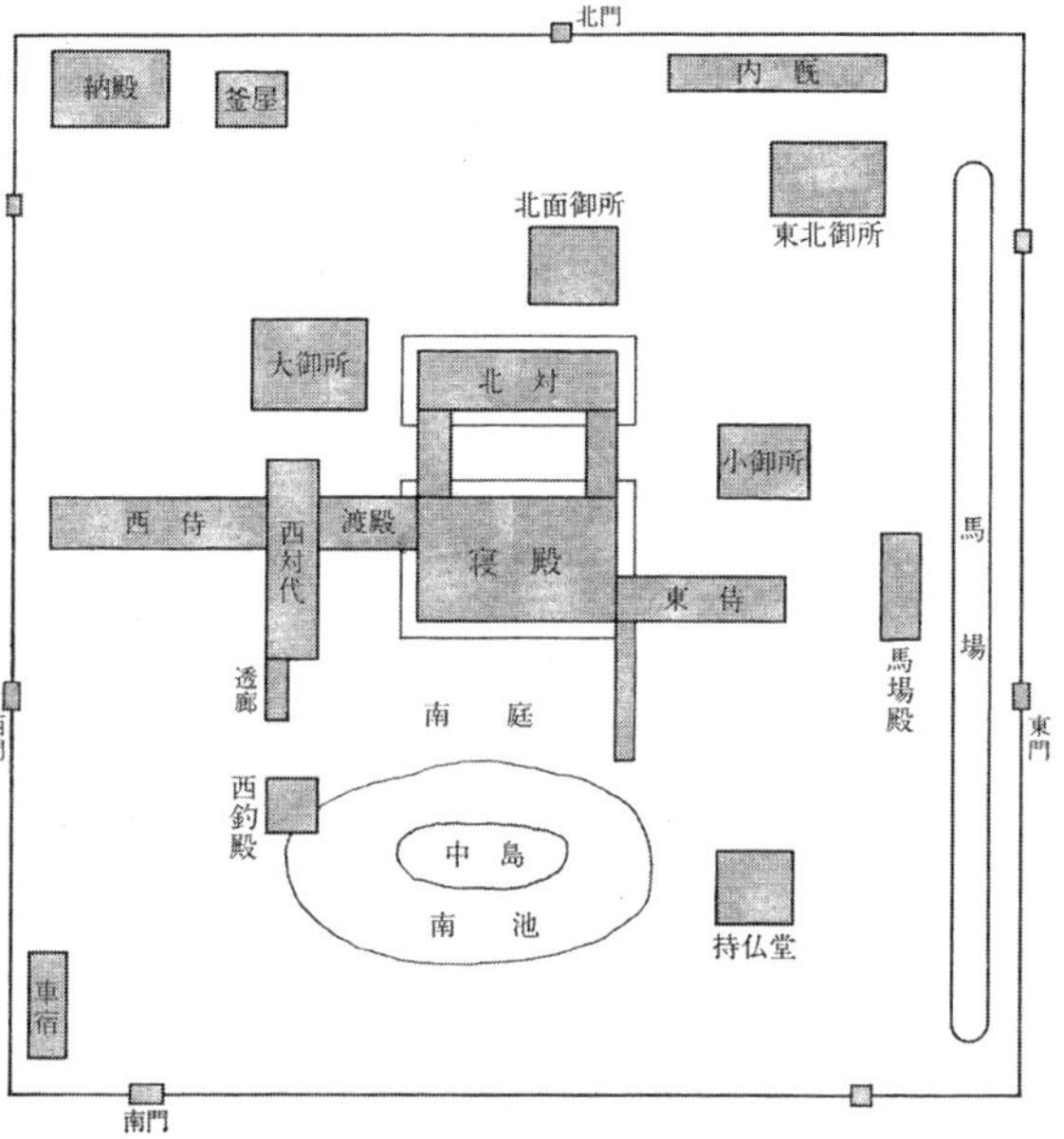

図Ⅳ　鎌倉御所概状図（太田静六『寝殿造の研究』）

あった。鎌倉は盆地の都市・京とは異なり海沿いで起伏に富んだ地形である。碁盤の目状に区画された都市づくりには向かず、さらに、正方形あるいは長方形の土地を充分にとって住居を作るなど、不可能である。

将軍御所については太田静六[31]が、頼朝の新造した御所について「京都で行われた寝殿造を基調として、これに武家的要素である侍廊とか厩などを整備したものと見られる」と述べている。この御所は罹災するが、その後に建てられた御所（図Ⅳ）に実朝は住んだ。

臣下である鎌倉武士がいかなる住居に住んでいたかについては具体像を摑み難い。「武家造」と呼ばれるような様式があるわけではない。無論書院造ではない。階級によってもおおいに異なっていたであろう。身分・地位が高ければ、やはり京の文化を範として寝殿造を模したかも知れぬが、そこはもはや「女の空間」ではない。生活に合わせた建物の使い方、建物の構造に変化していくのは当然である。

ともあれ東国では「待つ男」と「訪れる女」をはじめとした男女の往来にふさわしい環境、建築構造が整っていたはずである。鎌倉武士の家は、京の寝殿造に比べれば、はるかに開放的であったと想像される。〈色好み〉とは貴族の寝殿造という住居構造を背景に、「待つ女」と「通う男」という図式で成り立つ理念であった。同じ時代でも鎌倉には王朝的〈色好み〉は存在しなかったと言い得よう。

おわりに

住む家は、住む人の生活様式、文化レベル、価値観が大きく反映するが、さらに大きな背景として、政治社会のありようが関わってくる。女性が男性の家に入る婚姻形態へと徐々に変容していくのが南北朝期であり、室町期には女性が男性の家に入って定住する嫁取婚が定着する。家の様式も変る。空間と制度が変ると個人的な事柄である恋のあり方も変るのである。王朝の〈色好み〉の心意気は、南北朝を経て、室町期には確と終わりを告げたのであった。寝殿造と「待つ女」が消えると同時に、「書く女」も消えた。南北朝期の『竹むきが記』[33]を最後に文学史から女性作者が姿を消すのである。[32]南北朝を境に日本の制度と文化は大きく変ったと論じる網野善彦の見解は、文学史と軌を一にする。

自らが筆を執ることはなく、専ら男性側から見られ、男性視点で書かれる対象としてのみ女性は存在した。江戸期の『桃仙詩稿』まで、三五〇年の女性作家空白期を迎えることになる。[34]

王朝的〈色好み〉は、二度と出現しない。光源氏のような主人公は二度と造型されない。それは同じ生活様式、同じ住居構造が再現されることがないのと同様である。〈色好み〉とは、王朝の都市と寝殿造という失われた空間を背景にした失われた美的理念なのである。

注

① ガストン・バシュラール／岩村行雄訳『空間の詩学』ちくま学芸文庫、二〇〇二年
② 山本理顕『住居論』平凡社、二〇〇四年
③ 山本理顕『権力の空間／空間の権力』講談社選書メチエ、二〇一五年
④ 西山良平「平安京の女性・性・生命」倉地克直・沢山美果子編『「性を考える」わたしたちの講義』世界思想社、一九九七年
⑤ 太田静六の大著『寝殿造の研究』（吉川弘文館、一九八七年）には、おおいに刺激を受けた。
⑥ 太田博太郎『日本の建築―歴史と伝統』ちくま学芸文庫、二〇一三年
⑦ 安原盛彦『日本建築空間史―中心と奥』鹿島出版会、二〇一六年
⑧ ⑦に同じ。
⑨ ⑥及び⑦に同じ。
⑩ ⑦に同じ。
⑪ 今関敏子『〈色好み〉の系譜―女たちのゆくえ―』（世界思想社、一九九六年）に於いて、兼好の〈色好み〉観を論じた。
⑫ ⑪の拙著で論じた。
⑬ 後藤祥子「平安女流歌人の結婚観―私家集を切り口に―」『平安文学の視角―女性―』論集平安文学3・勉誠社、一九九五年一〇月
⑭ ⑪の拙著で論じた。
⑮ 今関敏子『旅する女たち―超越と逸脱の王朝文学―』「第一章異次元の旅人―かぐや姫」笠間書院、二〇〇四年

⑯　⑪および⑮の拙著で論じた。

⑰　本書コラム「出家遁世と文学表現」及び⑮の拙著参照。

⑱　⑮の拙著で述べたように、旅には必ず目的とコース、都回帰の姿勢があった。現代の観光旅行に相当する物見遊山的な旅が始まるのは、江戸中期以降である。本書Ⅲの山本論参照。

⑲　たとえば、『信貴山縁起絵巻』の尼公の巻では、馬に乗ったり歩いたりする尼公の傍らに、共の男がひとり描かれている。

⑳　たとえば、『更級日記』に、紙幅を費やして描かれる旅は、父の転勤（少女期）に伴う移動と物詣（中年期以降）である。鎌倉期に至ると王朝女性の旅の様相に多少の変化がみられるが、基本構造は変わらない。『うたたね』に描かれる突然の出奔は劇的だが、主人公は家に戻るのである。また、『とはずがたり』の作者・二条は、当時の女性としては大旅行家と言えるが、尼としての仏道修行という名目もあり、帰る場所もある。さらに注⑱で触れたように、旅そのものを楽しむ現代の観光旅行にあたる物見遊山は江戸中期から見出せる。

㉑　江戸期になると遊女は遊郭に囲われる。家のために売られた遊女は年季が明けるまで春を鬻ぐ。

㉒　今関敏子『実朝の歌』青簡舎、二〇一三年／『金槐和歌集論―定家所伝本と実朝―』青簡舎、二〇一六年

㉓　信生の和歌は『新編国歌大観』に拠り、私に表記する。今関敏子『信生法師集新訳註』風間書房、二〇〇二年、参照。

㉔　㉒の拙著『金槐和歌集論』「第三章第五節　恋歌の東国性とジェンダー」

㉕　林悠子「平安女性が歩くとき」瞿麦第三十号、二〇一六年三月

㉖　「負ひたてまつりて下る」と表現され、香を焚きしめた衣の皇女を背負て逃げる様子は「武蔵の国の衛士のをのこなむ、いと香ばしき物を首にひきかけて、飛ぶやうに逃げける（武蔵国の衛士の男がとても良い香りのするものを首にかぶって飛ぶように逃げた）」と語られている。

㉗　鎌倉期も中期以降になると、『うたたね』『十六夜日記』『とはずがたり』にみられるごとく、行動的な旅をする王朝女性が登場する。

㉘　㉔で論じた。

㉙　田端泰子・細川涼一『女人、老人、子ども』日本の中世4中央公論社、二〇〇二年

㉚　㉔で論じた。

㉛　⑤に同じ。

㉜　後藤祥子・平舘英子・宮川葉子・今関敏子編『はじめて学ぶ日本女性文学史』ミネルヴァ書房、二〇〇三年、年表参照。

㉝　網野善彦『無縁・公界・縁』平凡社、一九七八年／『日本中世の民衆像—平民と職人—』岩波新書、一九八〇年／『日本の歴史を読みなおす』ちくま学芸文庫、二〇〇五年

㉞　なお、戦国時代に残された『おあん物語』『おきく物語』を入れれば空白は約二五〇年になるが、文学性が問われる聞き書きの作品の位置づけについては慎重を期したい。

能書の家――世尊寺家と世尊寺流の仮名

別府　節子

平安時代の藤原行成に発して、室町時代まで続く「能書の家」に世尊寺家（図1略系図参照）がある。世尊寺家は、鎌倉時代に書の家として地位を確立したといわれ、①宮廷の書役として、大嘗会屏風（悠紀主基《ゆきすき》の屏風）の色紙型の揮毫、摂関の上表文の清書等、書道の家としての名誉ある役に歴代が任じられている。

図1　略系図

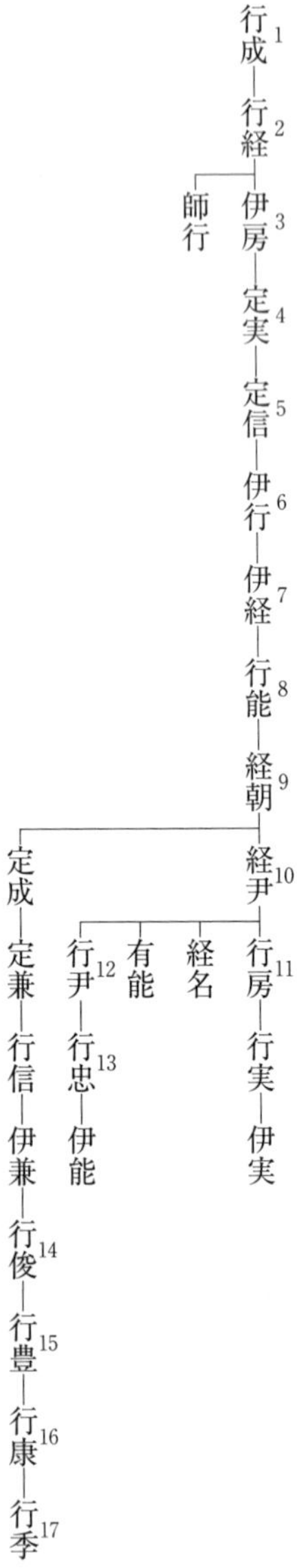

そのような世尊寺家であるが、では例えば、鎌倉時代の世尊寺流の仮名の書とは、どのようなかたち（書様）の特徴を持った書であるかと聞かれて、その仮名の書様をイメージしたり、著名な作品を具体的に思い浮かべることができるだろうか。たぶん、それができるのは、古筆にかなり詳しい人か、一部の絵巻研究者くらいであろう。書道の家

としての確立がいわれるわりには、その作品のイメージは薄い。鎌倉の仮名といえば、「寂蓮様《じゃくれんよう》」であり「後京極《ごきょうごく》様《よう》」であり、[2]頭に浮かぶのもこれらの書様で書かれた作品で（図1-1、2）、「えっ、鎌倉の世尊寺の仮名ってどんなかたち？」と思う人の方が多いだろう。

冒頭からいきなり、何々様とか、何々流ということばを使ってしまったが、両者はどのような関係にあるのだろうか。書道に限ったことではないが、ある程度体系的になった芸道には、基本的な技術（書道の場合、書法）と、それを基に生み出された特徴的なかたち（様式）とがある。書道の場合、基本的な技術の方は、単純化して言えば、直筆とか側筆（図3-1、2）といった筆の持ち方（執筆法）や、基本の結構を成すための点画（図3-3）の書き方（用筆法、運筆法）といったことになるのだろう。[3]

芸道における何々流というと、どうしてもその流に特徴的なかたちは何か、すなわち様式の方に意識が行ってしま

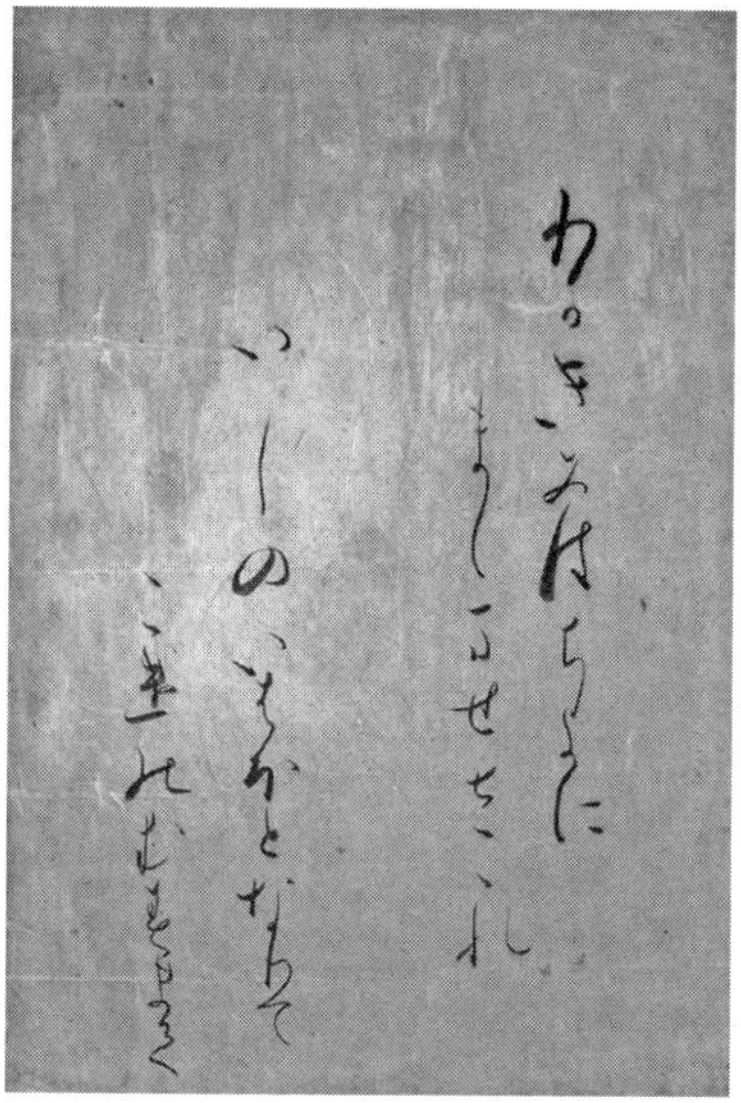
図2-1　伝寂蓮筆　大色紙

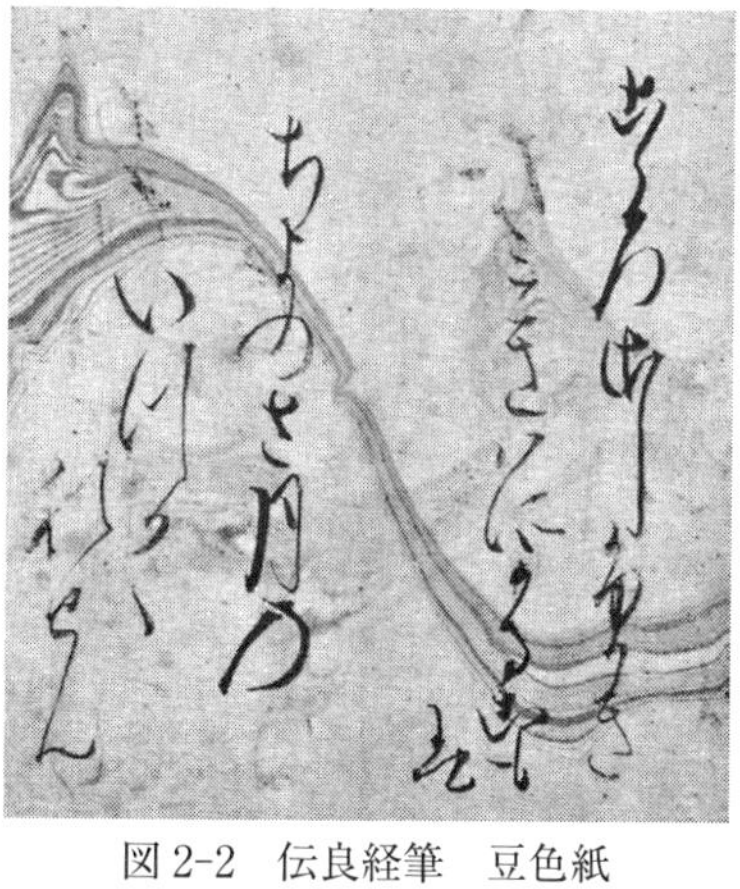
図2-2　伝良経筆　豆色紙

う。だが本当は、基本的な様式や、多様に展開する様式を生んでゆく「基本的な技術」こそが、根幹として大切なものであり、それを一つの家や何らかの組織が、時代を超えて受け継ぎ続けて、その「基本的な技術」を基に、これもまた時代を超えて、様々な様式が派生・展開して体系を成していった、その体系全体を「流」と呼ぶ、と筆者は理解している。

だからもし、(a)一つの「流」に優秀な人材が多く輩出して（あるいは時代がそれを要請して）、彼らが基本的な技術を基に、各自が様式を展開すれば、一見したところ同じ一つの流に属するとは思えないほど、様々な様式が派生することもあるだろう。またもし、(b)基本の技術を展開して新しい様式を生み出すことよりも、基本となる技術自体に

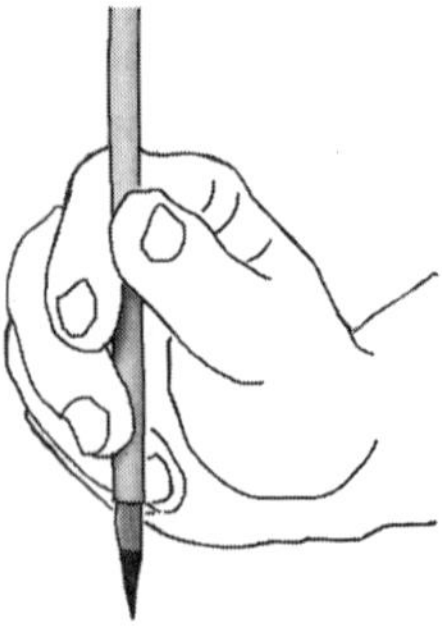

図 3-1　直筆イラスト

図 3-2　側筆イラスト

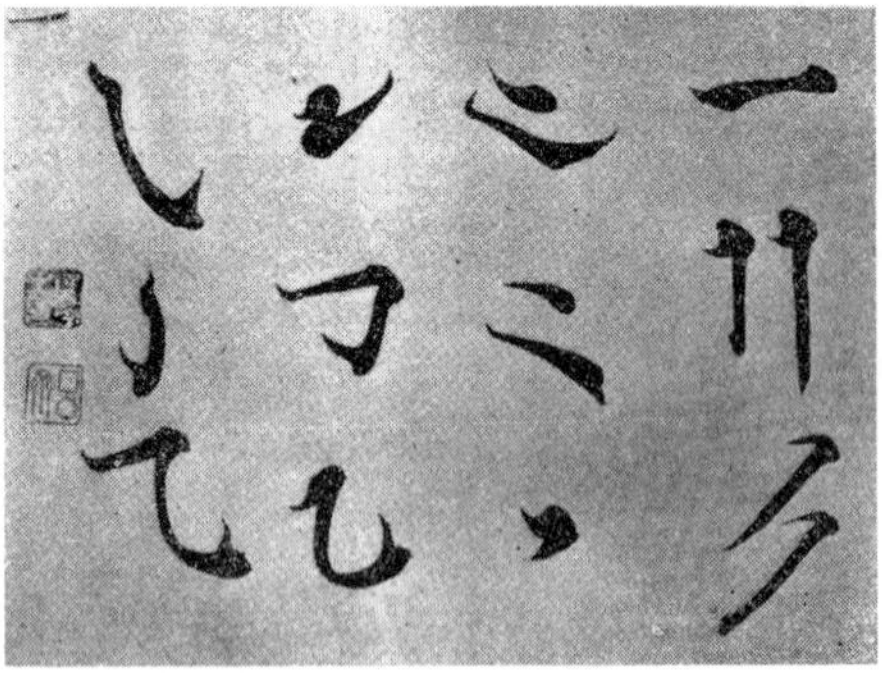

図 3-3　大師流十二点画

伝統やブランド性を恃んで、これを重視するようになると、表面的には若干の差があるように見えるが、よく見ればどれも基本の技法だけが目立つような固定化が起こり、それがその「流」のかたち、様式となるだろう。

「様」とか「流」とは以上のようなことと思われるが、「世尊寺流」は、まさにこれを説明するよい例かもしれない。「世尊寺流」とは、この家の祖である行成の書法を一家の秘伝として受け継いでゆく、行成の子孫たちの系統と、その代々が生み出した様々な様式の総体だ。そして、現在の一般的な仮名書道史の理解に沿っていえば、平安時代の行成の子孫たちによる「世尊寺流」の仮名書は、書様でいうと、行成様（これがどういうものであったが不明だが）、伊房様、定実様、定信様、伊行様と、見た目にはかなり異なった仮名の様式（図4-1～4）を生み出したとされているので、前述の（a）に当たると言えるかもしれない。それでもこれらの書様は、同じ書法を基に、一つの家の歴代が生み出したので、すべての書様が世尊寺流の仮名なのである。

一方、鎌倉時代の世尊寺流の仮名はどうかというと、これも仮名書道史の一般的な説として、「流儀化する」といわれる。あるいはまた、鎌倉時代の漢字・仮名の書様全般が、その影響下にある「法性寺様④」との区別がなくなってきたという言い方をする。すなわち、代々による書様の展開などはあまり無く、どれを見ても同じような書様であって、つまるところ、世尊寺流の書法だけが目に付くという意味であれば、鎌倉時代の世尊寺の仮名は前述の（b）ということになるのだろう。

しかし、中世の古筆に興味を向ける筆者としては、本当にこれでいいのかと考えてしまう。真筆が判明するものを含め、平安時代の世尊寺流代々の書様を現存作品によって比定することは、図4にもあるように、仮名書道研究の方でかなり明らかにされている。とはいっても、真筆の判明しない五代定実などは、定実と同時代の能書による代表作とその書様を以て、〝これを書けるのは能書の家の五代、定実以外にはない〟というようなやり方で、比定されてい

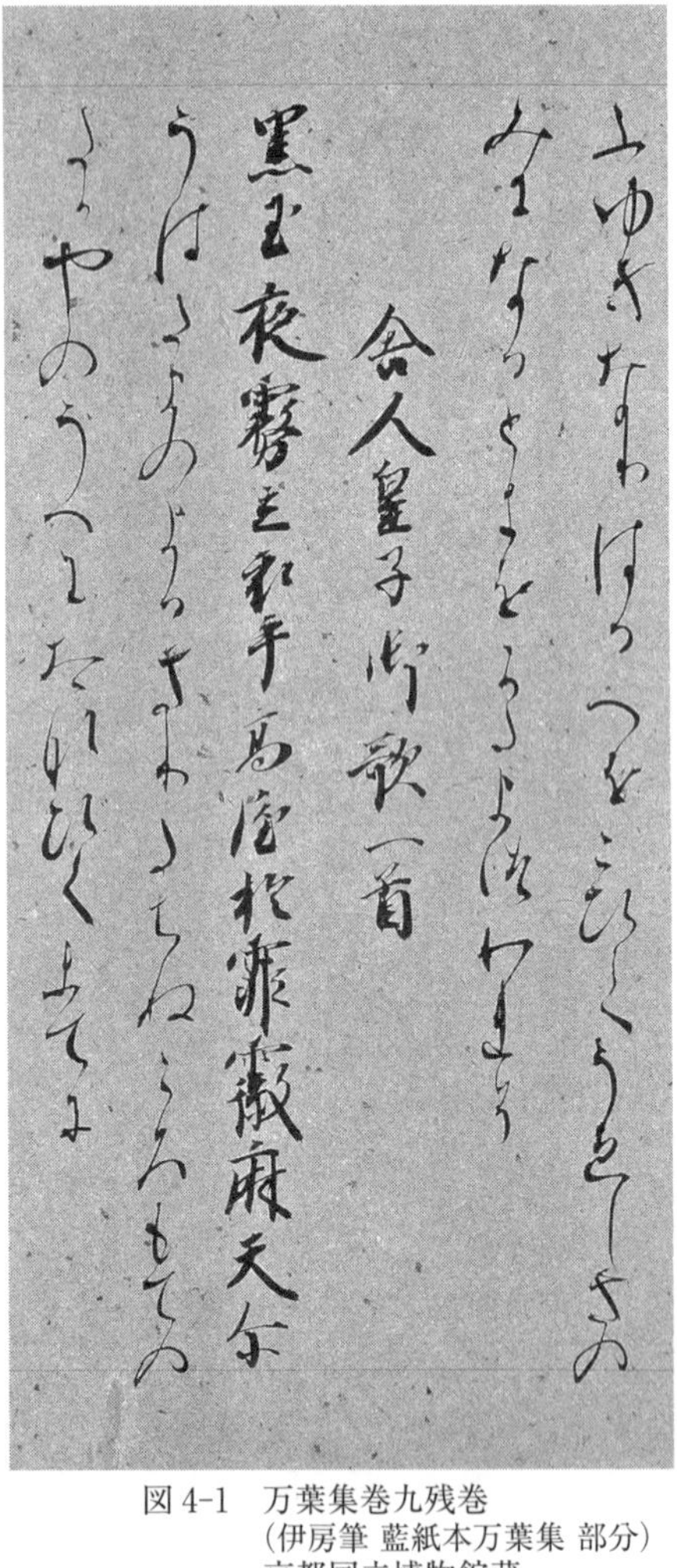

図 4-1　万葉集巻九残巻
（伊房筆 藍紙本万葉集 部分）
京都国立博物館蔵

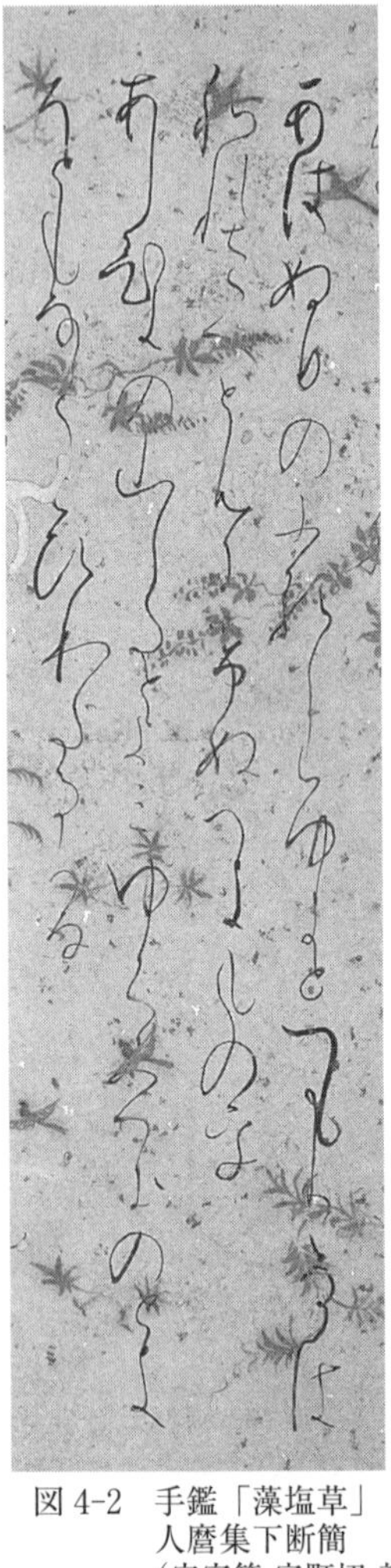

図 4-2　手鑑「藻塩草」
人麿集下断簡
（定実筆 室町切 部分）
京都国立博物館蔵

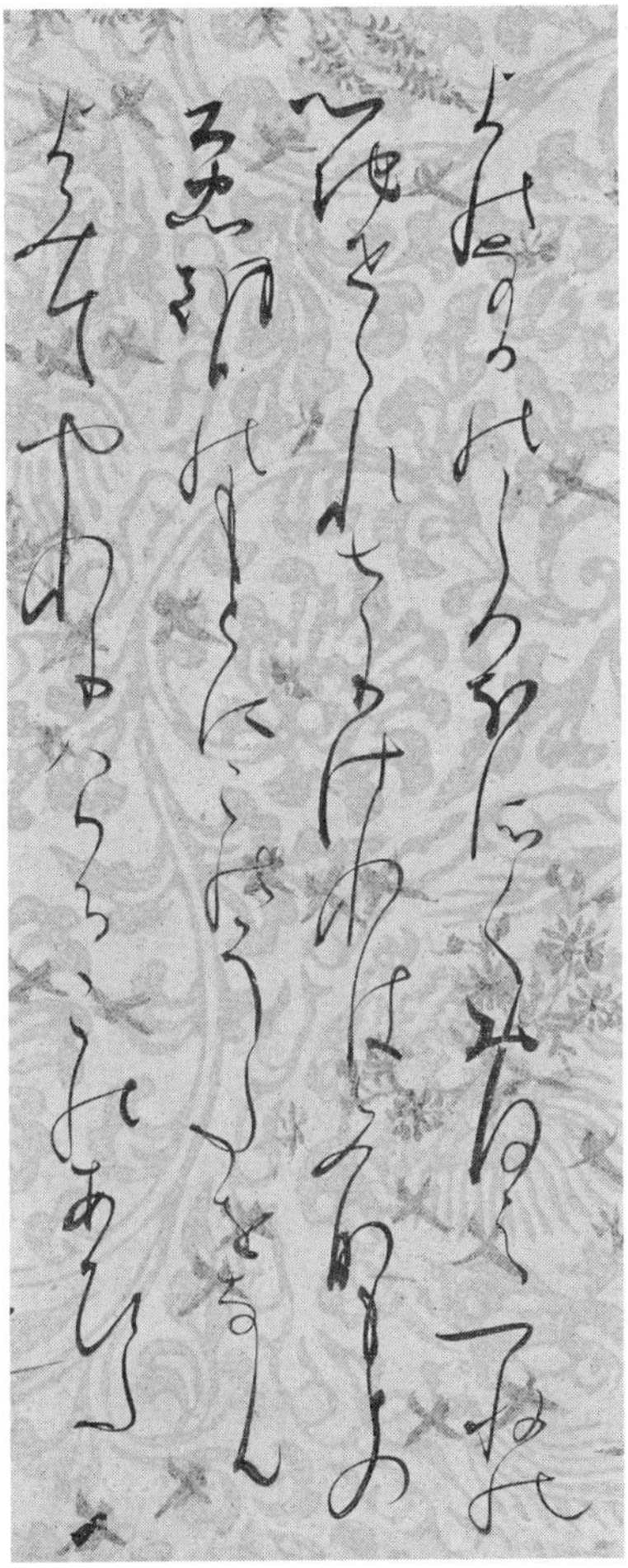

図 4-3　定信筆 石山切（部分）
出光美術館蔵

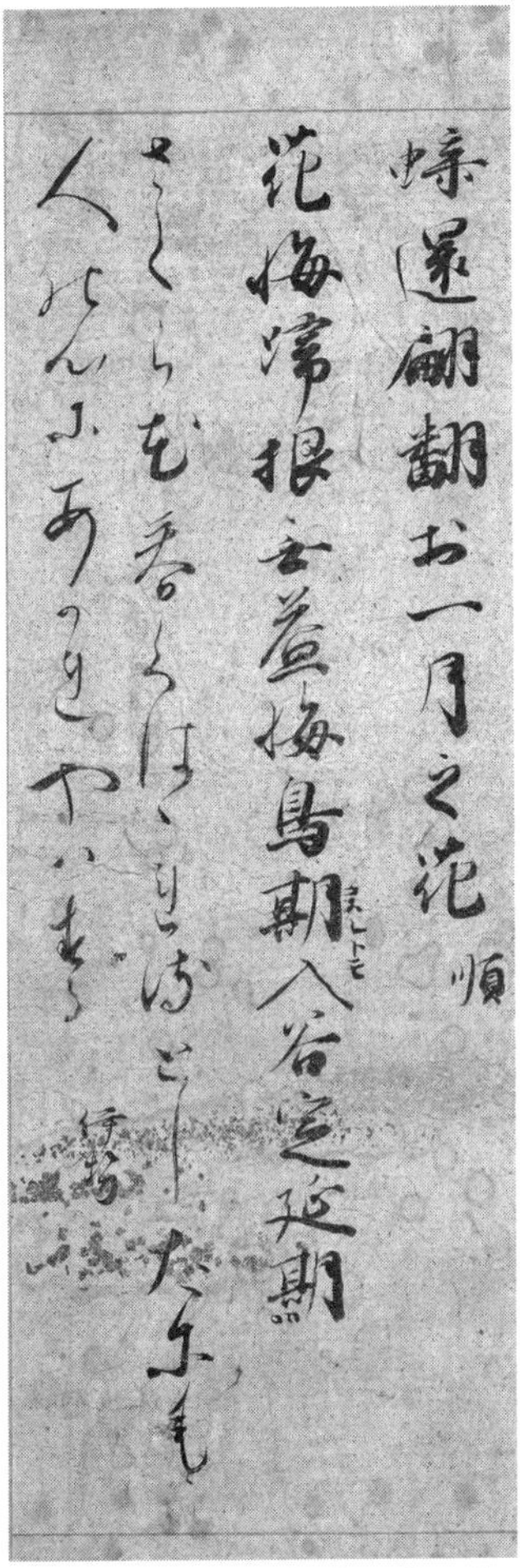

図 4-4　伊行筆 戊辰切（部分）

るにすぎない。

少し話がそれるが、平安仮名の作品が、例えば「伊房様」で書かれているという時、それらは必ずしも伊房によって書かれたというわけではなく、伊房その人の筆跡のスタイルで書かれているということは言うまでもない。ついでに言えば、能書家の名を冠して何々様と言う時、その人のオリジナリティがフルに発揮されて独創的なかたちが創始された、ということもあるのだろうが、その人とても時代の子、時代とのせめぎ合いの中で醸されたかたち、ということもあるだろうし、更には、むしろその時代にトレンドな書の傾向を掬い取って、洗練定型化する、といった役割も能書家にはあるのではないか、と筆者は考えている。

話を元にもどそう。では一方、鎌倉時代に入ってからの世尊寺流の仮名はどうか。世尊寺代々の書様は、前述のごとく「流儀化する」と一括りにされているのが現状で、たとえば八代・行能筆の作品はこれか、以後の世尊寺代々筆の作品はあれかというように、具体的な作品を比定してゆく作業が行われているかといえば、ほとんどされていない。また、では「流儀化」して固定化した技法だけが目に付く、世尊寺流の仮名を貫くかたちとはこれだ、という特徴の提示があるかといえば、そのようなこともない。そう、たぶんこのような具体性のない状況のため、冒頭で述べたように、一体どういうかたちが、鎌倉時代に入ってからの世尊寺流の仮名の特徴であるのか、一般には誰もイメージできないということになってしまうのだろう。筆者はそのようなもどかしさから、八代はこれ、九代はそれ、というような比定はできないまでも、鎌倉時代の能書による仮名で、世尊寺の仮名らしい——例えば、漢字書の部分に世尊寺様の点画の強張が感じられるとか、平安末期の世尊寺流の仮名と似ているとか、〝乃(の)〟〝み〟〝へ〟〝い〟〝は〟〝ひ〟等、幾つかの仮名に独特の特徴が感じられるとか、作品の性格上、能書の家が関わっているだろうとか——と感じられる作品を時期の早い順に並べてみたことがある。⑤

その折に作品を並べながら考えたことは、確かに、それら世尊寺の仮名と思われる仮名には、平安時代ほどの様々な書様の展開はない。が、それでも時期によって違いのある書様が存在する。ただし、それらは、仮名書道の手本の対象となるようなものではないため、平安時代の様々な世尊寺の仮名のように、取り立てて提示されることがなかったということなのだろう。更にその後、その折に考えたことをもとに、世尊寺様や、鎌倉時代の代表的な書様である後京極様や寂蓮様、また歌人自身が詠歌をしたためる、自詠自筆の書様についても考えてみた。

その詳細は省くが、まず、平安末期〜鎌倉時代中期までの、世尊寺流の仮名も含めたほとんどの仮名書様に、影響を及ぼしているという「法性寺様」とは、もとはといえば世尊寺流から派生した書様であり、漢字書の書様である。⑥漢字書の書様が、仮名書に影響したというのは一見考えにくいことかもしれないが、ふだん法性寺様で日記や記録を書いていた宮廷の貴族たちが、和歌を公的な場で詠み記す機会が格段に増えたのが、平安末期から鎌倉時代という時期である。そして、そのような彼らが自詠を記す時の仮名の書様——字形がかっちりとしていて、起筆収筆に筆鋒が鋭く、肉厚と細身の変化が激しい筆線が目立つ——には、法性寺様の漢字書のそれと共通するものがある、というのは肯けるように思う。つまり人を介して、漢が和に変換されたと考えれば違和感がないのではないか。

平安末期から鎌倉にかけて、人々は盛んに〝仮名版法性寺様〟で自詠を記した。そしてそのような時代の和歌を記す仮名の傾向が、能書に掬い取られ様式化された書様が、後世にいうところの教長様であり、寂蓮様であり、後京極様であり、以上のどれとも言えない、法性寺様の影響下の鎌倉の仮名であるのだろう。とすれば、平安末期〜鎌倉中期に、教長様や寂蓮様や後京極様など法性寺様の影響下の鎌倉の仮名で書かれた、能書による調度本作品の中には、ひょっとすると世尊寺系の能書の人々による作品も認められるのではないか——大方は世尊寺代々ではなく、平安末鎌倉初期から鎌倉中期の歌人が伝称筆者になっていることが多いのだが（⑤参照）——、などと筆者は考えてみるのである。

注

①　「能書の家」としての自他共の意識が顕現するのは、六代伊行から八代行能にわたる時期とされ（宮崎肇「中世書流の成立—世尊寺家と世尊寺流—」）、家名として「世尊寺」を名乗り始めるのも八代行能からであるが、これ以前の行成に発する歴代のことも「世尊寺流」の代々とするのが慣例である。なお、家名の由来は、行成が祖父より伝領の邸宅を改築した寺名による。

②　「寂蓮様」、「後京極様」は、ともに平安末鎌倉初期の歌人である寂蓮法師、藤原（後京極）良経を名称に冠した書様。ただし名称は、これら書様に対する後世の呼称によるもので、寂蓮様は寂蓮の自筆懐紙の書様とは異なるし、良経には確かに自筆と認められる仮名の遺品は無い。「寂蓮様」は字形が比較的扁平で、連綿は少なく一字一字が単体として読みやすいタイプ。例えば、『地獄草紙』『病草紙』の詞書や「大色紙」等の書様。一方「後京極様」は比較的縦長の、やや右上に傾斜した字形で、連綿がよく続くのが特徴で、「佐竹本三十六歌仙切」の詞書、「豆色紙」、伝為氏筆「百三十番歌合切」等の書様。字形や連綿の様子に違いはあるが、ともに、起筆や収筆に筆鋒が露わで、黒々と肉厚な線が目立つ、明確な印象は同様である。これは双方とも、後述する法性寺様（④参照）の影響下の書様であることによる。

③　基本的な書法自体は、筆の用法でありシンプルであるが、各揮毫内容に即した書法や紙、内容によって、行う場所や身支度等の具体的事項にわたるようになると、故実となって詳細、複雑化する。そしてある家や組織が、このように詳細・複雑化した故実を、受け継ぐ唯一の系統として、社会に対して自らを価値付けて意識した時、故実の多くは秘伝化する。

④　平安時代末期、藤原（法性寺）忠通（一〇九七～一一六四）が創始したという漢字書の書様。縦長でスマートな字形や、肥瘦（肉厚と細身）の激しい筆線、抑制することなく伸ばされた縦画や払い、起筆や収筆に目立つ強調等が特徴で、筆力を露わにした力強い印象がある。南北朝時代の書論、尊円親王の『入木抄』に、「法性寺関白出現之後、天下一向此様に成て、後白川院以来時分如此、剰後京極摂政相続之間、弥此風さかんなり、後嵯峨院までも此体也。其間に弘誓院入道大納言等、聊又体替て、人多好用歟、凡者法性寺関白の余風也。」とあるように、この「法性寺様」（彼の子孫によって、様式を少しずつ変えながら展開するので「法性寺流」でもある）が、十二世紀半ばから十三世紀後半に至る間（凡そ後白河院政期から後

嵯峨院政期にかけて）、世の中を席巻する。呼応するように世尊寺家は、後白河院政期には、屏風の揮毫、上表文の清書等の書役から一旦外れるが、鎌倉時代に入る頃、再び書役に復帰する（註1前掲書参照）。一方、これに続く十三世紀後半以降（九代・経朝以降）、鎌倉幕府の給付する文書の世界において、八代行能、九代経朝の武家に対する親密な働きかけにより、それまで支配的であった法性寺様が、世尊寺様の書に取って代わられるという（宮崎肇「鎌倉時代の書と世尊寺家―世尊寺経朝を中心に―」。なお、本稿と直接の関係はないが、同論考内の法性寺様から世尊寺様への変化を、鎌倉前期と後期の文書の具体例を用いた書様の比較は判り易く、有益である）。

⑤「平安の仮名、鎌倉の仮名」展図録（二〇〇五年　出光美術館）。この折、展観できたのは一部だが、世尊寺系の能書による仮名と思われる作品としては、伝寂蓮筆「佐野切」、同「大色紙」、同「右衛門切古今和歌集」、伝家長筆「龍田切倭漢朗詠集」、伝家隆筆「中院切」、同（または伝為家筆）「光台院五十首切」、『中殿御会図巻』詞書（小松茂美他監修『続日本絵巻大成』18に所収。但し、所収本は原本の姿を伝える撰本と考えられている。）、伝為家筆『後嵯峨上皇幸西園寺詠翫花和歌並序』（静岡県立美術館蔵）、伝為相筆『正嘉三年北山行幸御会歌』（東京国立博物館蔵）等が挙げられる。

⑥④でに引いた『入木抄』の文言に続く部分に、「法性寺関白は又権跡（行成）を模する也」（法性寺様は行成様を規範とする）とあり、これは法性寺様も、行成の書法から展開した一書様と位置付けていると考えられる。また、忠通による仮名書は遺っていないため、仮名書様としての法性寺様は厳密にはない。ただし、実物の遺品はないものの、法性寺様の書き手である藤原朝隆は、後白河朝の大嘗会に屏風の書役となっており、ということは、主基屏風に書かれた和歌は、法性寺様の仮名で書かれていたと推測される。また、当時法性寺様の書き手として認められていた藤原教長（『今鏡』第五）には、「教長様」と呼ばれる仮名書様で書かれた「今城切」等の作品が遺り、同様に法性寺様の書き手として、後白河朝に摂関家の上表文の清書を務めたことがある藤原頼輔には、「一品経和歌懐紙」（京都国立博物館蔵）等の作品が遺るが、その仮名の書様もいわゆる教長様である。後白河朝前後の〝法性寺様の仮名〟とは、現在我々が〝教長様〟と呼ぶ書様であったかもしれない。

Ⅱ　中世人の家と生活

太郎冠者の家

藤岡　道子

本稿は太郎冠者の暮らし、居場所、家を絵画資料から解読しようという試みである。

一、太郎冠者小考

太郎冠者と「洛中洛外図」

太郎冠者が能の舞台に登場したことが確認される頃[①]、すなわち中世の末期に、絵画の世界では都市景観図、「洛中洛外図」と呼ばれる都およびその周辺の俯瞰図が描かれ始めた。そこには寺社や邸宅、街並みが一見そのように実在していたかのように描かれ、実に数多くの人物があたかも今そこに生活しているように描き込まれた。そこに太郎冠者はいないだろうか。当時の景観を描いた絵画の中に、舞台以外の顔をして太郎冠者が歩いていないだろうか。

狂言は中世史劇であり、中世の現実を描いたもの、というのは定説である。[②]すなわち太郎冠者は実在していた中世人を描いている。そこで舞台外の太郎冠者を探して「洛中洛外図」を見渡してみたいと思う。

「洛中洛外図」を用いた歴史研究は周知のように現在もますます盛んで、[③]本稿もその先行論に多くを学んでの出発である。「洛中洛外図」を総覧するにあたり、『洛中洛外図　都の形象―洛中洛外の世界』（京都国立博物館編　淡交社平成九年（一九九七）刊）を用いることとする。七十余の主だった「洛中洛外図」、この時点で知られているほぼすべての作品を収録しているのが本書で、現在はこの二倍以上の数の作品が報告されているが、初期の基本的な画像はこの書をもってひとまず事足りる。

さて、太郎冠者はこの都市景観の中に見出せたか、というと実は全く見出せなかったのである。下層の中世人、下人たちは数多く、さまざまな場所で、さまざまな姿態で描かれているが、狂言の太郎冠者、形象としては頭巾や烏帽子を被らず、無地熨斗目の小袖、肩衣、半袴姿の男は描かれていない。太郎冠者のモデルは確実に「洛中洛外図」の中にいるはずであるのに。なぜ「洛中洛外図」に太郎冠者はいないのか。それでは狂言の太郎冠者はどうして、どのようにしてこの形象で舞台に上がることになったのか。

太郎冠者がリアルな当時の下人ではなく、舞台の役として脚色された下人であることは、改めて認識しておかなくてはならないだろう。太郎冠者の独特の肩衣、今日でも優れたデザイン性を称揚される大紋の肩衣は、江戸初期まで遡ることのできるものであり、室町期においてはどうであったのか遺品はほぼ皆無で不明なのだが、喜劇性をアピールするツールとして、早くから狂言の強い自己主張だったのだと考えられる。「洛中洛外図」にはこの肩衣の男を全く発見できない。明るく奇抜な大紋の肩衣を着て、狂言の世界で大活躍する下人、太郎冠者。現実世界にいそうで、いない太郎冠者。どうも中世の現実の下人そのままではない太郎冠者。狂言がしばしば描く主・従の逆転劇は狂言の主要な主題であるが、それを可能にしているのは太郎冠者の、肩衣に象徴される特異な人物造形である。しかしこの造形がどのような典拠をもっているのか、あきらかに突き止められているわけではない。太郎冠者の素顔は思いのほかわかっていない。

太郎冠者の実像をさがす

太郎冠者は大名と名乗る在地の名主すなわち名田の所有者に隷属している下人、また果報者と名乗る在地の富豪の下人、というのが今日の定説である。下人は土地も財産も所有せず、教育もなく、結婚もできず、ときに売買され、追放や成敗の仕打ちを受けることもある身分である。狂言の世界のなかでの下人、太郎冠者はさてどうなのだろう。太郎冠者がまるでみな同じ下人であるかのように錯覚されるのは、舞台上の形象が全く同じであるからである。野上豊一郎は『太郎冠者・山伏行状記』④のなかで

狂言には多くの太郎冠者が出る。つまり大名物・小名物の曲目の数（現行曲としては大名物十七番・小名物四十六番）だけ出るわけである。その外の種類の物にも、太郎冠者がシテまたは小アドとして出る曲が数番あるから、合計六十余人の太郎冠者をわれわれは持つことになる。これを横に列《なら》べるとおびただしい数ではあるけれども、（写真の重複映しのように）竪に重ね合せて映して見ると、大体に於いて共通したところがあって一人の太郎冠者の影像ができあがる。

と書く。野上のこの太郎冠者観には異論のあるところではないが、「横に列《なら》べ」たとき、それぞれの太郎冠者には大きな差異があることも事実である。「縄綯」「抜殻」の、奴隷的な下人である太郎冠者もいれば、「止動方角」「武悪」の、将来は主人の身分に成上りそうな下人の太郎冠者もいる。太郎冠者の素顔、実像を探ろうとするとき、史実からの探索がまずは考えられるであろう。歴史史料の中に附子《ぶす》を盗み食いして折檻された下人の事例が見出せれば、狂言「附子」の作品研究は深化もしあらたな発見も加わるだろう。酒代も持たずに来て酒を盗むように持っていく下人の事例があれば、狂言「千鳥」は中世生活史の生きたテキストになるだろう。しかしながら歴史史料に下人のそうした事例が書き留められることは、そしてそれが伝存することは、おそらく絶望的に、ないだろう。

舞台の役として脚色された太郎冠者について考察することは、狂言を作品として読むことである。先行の優れた研究もある。本稿では太郎冠者の素顔、実像を「洛中洛外図」を含む絵画資料の中にもう一度帰って探索を試みてみたいと思う。太郎冠者を作品論として読むのではなく、作品の外枠から太郎冠者を明らかに見ていくことができれば、その成果はやがて作品の中の太郎冠者解読にも及ぶだろう。「洛中洛外図」中に太郎冠者姿の太郎冠者は確かにいない。しかし太郎冠者と同じ身分の下人たちはいる。三千人にも及ぼうという「洛中洛外図」の人物のなかから「追われる太郎冠者」や「折檻される太郎冠者」のリアリティをさがしていくのは夢のように楽しい。ただ本稿では太郎冠者の暮らし、居場所、家、に視点を限ってみていきたいと思う。そのほかの場面はまた継続しての課題となるだろう。

二、能絵にみる家

「松風」の家

はたして絵画資料に太郎冠者の暮らし、居場所、家、を明示するような場面はあるだろうか。ここで特に太郎冠者の家について考えたく思ったのは、近年非常に奇妙な能の絵に出会ったからである。それは『思文閣古書資料目録善本特集238』（平成二七年（二〇一五年）刊）所収の「奈良絵本　謡本」で、解題によれば「十二帖」で謡曲十二番、図は三十六図をおさめる。「本書は謡曲に奈良絵を挿入した絵入謡本で」「延宝・貞享頃写」「加賀前田家伝来」「奈良絵入の謡本は寡聞にして他に聞かず、しかも、これだけまとまって出現するのは極めて珍しい。」とある。価格は八、五〇〇、〇〇〇円で、絵入謡本というものがいかに稀覯本であるかがわかる。本書は某所に購入された由仄聞しているがいまだ公開されていない。ただし本目録には数図が選ばれカラーで掲載されている。その一図が次の絵で、曲は「松風」である（図1）。

「松風」は後場のクライマックス、「立別れ」の和歌をあげて舞にかかる場面である。現在は中の舞を舞うところ。恋慕の情がきわまり松風が狂乱して舞を舞っている。「松風」は江戸時代以来今日までの人気曲で上演回数も多い。

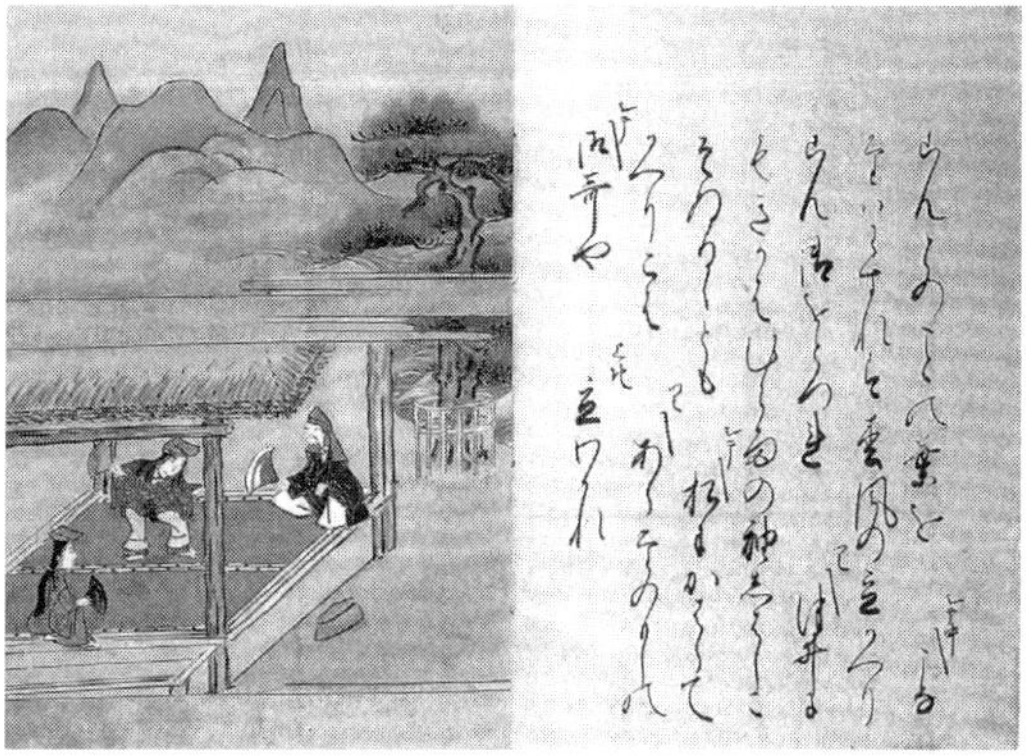
図１　『奈良絵本　謡本』「松風」

「松風」の舞台を何度見ても、この場面は月明りの海辺で、行平の思い出の松の前で松風が舞っている、とばかり思っていた。ところがこの絵、（図1）では松風は家の中で舞っている。脇の僧も家の中に居る。奇妙な絵、と感じたのはそれゆえである。しかし詞章を読めば、この場面はこうあるべきところだったとも読める。脇の旅僧は

　これなる海士の塩屋に立ち寄り一夜を明かさばやと思ひ候⑤

とて、海辺で出会った海女乙女松風に宿を乞い、彼女の家に、

　松の木柱に竹の垣、夜寒さこそと思へとも、蘆火にあたりてお泊りあれ

と招じ入れられている。もとよりこの後場の舞を舞う場面では松風は既に幽霊であると名乗っているのだから、松風も僧の幻覚、塩屋すなわち松風の家も幻覚であって、今日われわれが舞台を見て感得するようにここは月明りの海辺としてもよいのだろう。しかし『奈良絵本　謡本』「松風」の挿絵師はこの絵（図1）のようにイメージしたのである。質素な茅葺屋根

の家ではあるが物語絵の一場面のような薄縁を敷いた部屋。それゆえ松風も最下層の汐汲み労働者ではないように印象づけられる。

松風が最下層労働者ではないとの解釈は当然されるところで、流謫の貴公子行平の召人はそれなりの身分であった、というのが物語のリアリティではあろう。中村三近子『謡曲畫誌《うたいのゑほん》』（享保一七年（一七三二年）刊）は挿絵入りの謡曲解説書で、能のイメージを挿絵にしたという点で珍しい出版物であるが、[6]そこに、

図２　『謡曲畫誌』「松風」前場

図３　『謡曲畫誌』「松風」後場

松風村雨兄弟ハ海士の女たりといへ共藻塩を汲婢女に非ず昔須磨浦田井畑村に冨有の塩商あり樵木芻牧百人を仕へり松風村雨はその其女にして深窓に生長云々

とある。『謡曲畫誌』の橘守国による挿絵を引用し、『奈良絵本　謡本』と比較してみよう（図2）（図3）。（図2）は前場で、海女乙女松風村雨ともに腰蓑をつけ松風は田子を担げ村雨は汐を汲んだ大桶を引いている。「婢女に非ず」と解説にはあるがまさに婢女の態。家は貧しい茅葺屋根の一軒家で中は見えない。「松風」の前場のイメージとしてこのようなところかと宜われる。（図3）は後場で、左に「立別れ」の和歌が記されるのでまさに『奈良絵本　謡本』と同場面である。しかし松風が舞うのは家の中ではなく、もはや家も描かれない。絵画資料では、（図1）および（図2）、（図3）のふたつの「松風」図のように、絵師の描き様が許容されていたことがわかり、それゆえ能がどう読まれたかの多様さが見える面白さがある。

「船弁慶」の家、「杜若」の家

ちなみに『謡曲畫誌』から家を描き込んだ「船弁慶」と「杜若」図を引いてみる（図4）（図5）。「船弁慶」は前場で、この場面、能舞台上演では橋掛りから弁慶が揚幕に向かって静を呼び出す。

さらば静の御宿へ参りて申し候べし。いかにこの家のうちに静の渡り候か。

揚幕が上がり静が登場する。舞台には何もない。『謡曲畫誌』では人物が全く上演の形象と違い、また舞台には出てこない静の寄寓する家が描かれる。脚本を物語として読もうとしておかしな図様になっている。そこは、家もなく脇の僧も消えている「松風」後場（図3）と同様である。そして『奈良絵本　謡本』の、家を描いた「松風」（図1）の奇妙さとも共通する。

図４　『謡曲畫誌』「船弁慶」前場

図５　『謡曲畫誌』「杜若」後場

「杜若」は後場で、杜若の精の庵が描かれる。粗莚を敷いた床の賎の家であるが、「伊勢物語」の時代にかえってのリアリズムではなく、中世末の貧家、まさに「洛中洛外図」に現れる庶民の貧家である。江戸時代の絵師のイメージする「杜若」はこのような、今と昔が混在し、そこに舞台上の虚構の人物がはめ込まれる世界だったのだろう。

舞台には出ない家を描き込んだ能絵は、曲のイメージ、解釈、享受の多様な情報を今日に伝えてくれる。描かれた家の形象一つをとっても、誤解、曲解、過剰な深読み等を含めて能の解釈とは何かを考えさせてくれるのである。

三、太郎冠者の家

太郎冠者の家に至りつく前にいささかの紙幅を費やした。能と狂言は一具であり、狂言を考えるときには能も考えねばならない。『謡曲畫誌』は絵画資料の活用という点で、狂言の研究の場にも示唆を与えてくれる。ところで、能にはかろうじて『奈良絵本　謡本』『謡曲畫誌』のような絵画資料が存在するが、管見では狂言に関してはかかる絵画は全く描かれなかったようである。よって「末広がり」の果報者の屋敷がどのようにイメージしてよいものやら、またイメージされてきたのか、は皆目見当がつかない。他曲もしかり、である。そこで限定的な資料ながら狂言台本を手懸かりに、暮らし、居場所、家を探り、それと絵画資料をつき合わせていってみたい。狂言台本は江戸初期（寛永一九年（一六四二年）成立の通称「大蔵虎明本」を用いる。流儀の台本として内容が一応完備し、また最初期の台本であるので、室町期の狂言を考えるにも有効、また後代や他流の台本と比較するにも便利がよい。「大蔵虎明本」は『大蔵虎明本　狂言集の研究』（表現社　昭和四七年（一九七二年）刊）の翻刻によった。

太郎冠者の居場所

太郎冠者は子飼いの下人であることが「二千石」「武悪」など先代から仕えているというセリフでわかる場合もあり、新たに雇い入れられて下人となるケースもあることが新参者と呼ばれる一連の曲からわかる。太郎冠者の勤務時間や給与は台本からは知ることができないが、仕事内容は多くの曲から知ることができる。主人の太刀を持っての随

図６　『病草紙』「不眠症の女」
女の使用人の寝所

図７　『病草紙』「二形男」
男の使用人の寝所

従から、台所仕事まで主人の家に詰めて仕事をこなしていた。

勤務に当たって太郎冠者の居場所はどこにあったのか、を記す台本の詞章はない。ただいつも主人の呼び出しに即答できるあたりに伺候していたらしいことは多くの曲に見える次のようなやり取りからうかがわれる。

（大名）罷出たる者は、爰元にかくれもなき大名です、さる程に天下おさまりめでたひおりからなれは、各《おのおの》の御ゆさんおびたゝしき事にてござる、のさものをよび出し、申す事がござる、有かやい、いたか、

（太郎冠者）お前に候

（大名）いやねんなふはやかつた

太郎冠者はすぐ「お前」に現れる。太郎冠者の居場所は主人の家のどのようなところにあったのだろう。ここで「洛中洛外図」のように狂言と共時的な絵画資料があれば最適なのであるが、「洛中洛外図」にそこまで細部を描いた武家屋敷、富豪の屋敷は描かれなかった。時代は遡るが、『絵巻物の建築を読む』（東京大学出版会　平成八年（一九九六年）刊）所収の小泉和子「絵巻物に見る中世住宅の寝場所」に次のような指摘があるので参考に引用する。「女房・家人・下人の寝方」の章（一七六頁）に、

　絵巻物には主人に仕える身分の人間の寝方がいろいろ描かれている。身分についてははっきりしないが、男も女もいるし、寝方もさまざまであ

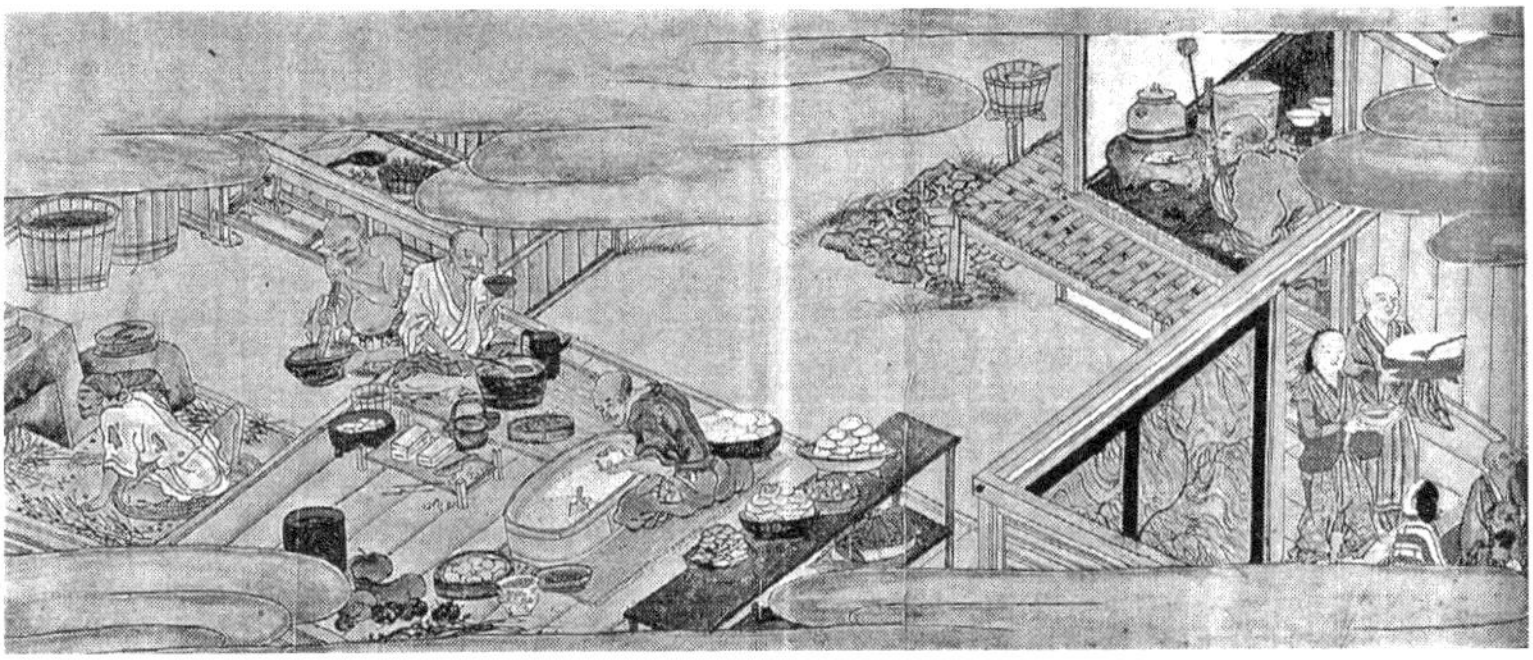

図8　「酒飯論」より　厨房と土間

る。整理してみると、建物の中の寝所としてさだまっている場所に寝ているものと、建物の中ではあるが、主人の寝所の近くに侍《さぶら》う形で寝ているものがある。また建物の中ではなく、中門廊とか縁先で、警護をしながら眠っているものもあり、さらに主人の供待ちをしながらうずくまって眠っているものもある。

そして「男の宿所の例が少ない」ともしている。下人部屋を描くことは絵巻の中でも少なかったようだ。小泉はここで「病草紙」から二件の寝所の絵を引用する（図6）（図7）。

「病草紙」は鎌倉初期の制作かとされる絵巻で、中世の建築を考えるにも時代は遡ってしまう資料だが、建築史、歴史においてもなかなか適切な用例が見出せないのであろう。太郎冠者の居場所を考えるにも資料の時代差に不安はあるが、参考にはすることはできるだろう。

次に「酒飯論」[7]を見たい。「酒飯論」は一五世紀末より以前の成立とされる一巻の絵巻で、酒の徳と悪、飯の徳と悪が説かれ論争される内容。身分の高い主人の屋敷での酒宴と食事、それに附属する厨房での調理の様が描かれる。ここに引用するのは飯の徳の場面で、この厨房の右には富裕の主人とその家族らしい人物が飯を優雅に食している部屋が描かれている。主人の部屋に続くこの厨房が太郎冠者の仕事場であったことは間違いないだろう（図8）。

厨房も仕事が終われば下人の居室ともなる構造である。太郎冠者が台所に行き来していたことは「栗焼」ほかいくつもの曲の詞章からうかがわれるところである。「酒飯論」の厨房場面は太郎冠者の暮らしと居場所を考える格好の絵図例といえよう。

この厨房は板敷の部分と土間とから出来ていて、土間には火をおこす竈がある。少し話がそれるようだがこの竈の前で火を焚く汚げな男に注目したい。新参者を召し抱える狂言の中で相撲を取る場面のある曲に次のような詞章がある。大名が新参者の力量を試すため相撲を取らせることにするが、相手を出すように言われて相手になれる相撲の達者な下人がいない。そこで、

（太郎冠者）あゝ、あいてがなふてはとられますまい
（大名）たれがなとらせう、汝とれ、
（太郎冠者）いや私は今まですまふをとつた事がござらぬ
（大名）それならはなるまひ、たれがなとらせうやれ、いやいつも風呂をたかする、道金めはえとるまひかな
（太郎冠者）いやあれはとしがよつてござるほどに、えとりますまひ
「鼻取相撲」

と、風呂焚きの道金なる名前が挙がる。この道金とは何者か。『大蔵虎明本　狂言集の研究』の頭注では「『不審紙』に「大名狂言に、風呂を焚とふきんと云。按に年寄て今云普代翁なといふ成べし。然ば何役と云事もなく雑勤なるか、又年寄て奉公する故老勤なる歟。なほ尋べし」とある。中世関東で造立された板石塔婆の法名に道金という例があり（稿本青梅市史・八）、道金は法体のものの名か。法体で風呂焚きなどする河原者のごとき類か。」と考察がある。「酒飯論」厨房土間の竈前で火を焚く男は、「鼻取相撲」の道金その人の姿のように見える。簡素な頭巾、破れて汚れた一枚だけの着衣、だらしのない座りよう、道金とはこのようなさげすまされた奉公人なのだろう。頭注の考察にあ

るように、「法体」かどうかはこの絵からはわからない。「河原者」を下人として雇用したかは狂言台本からはうかがわれない。按ずるに道金はよそものではなく、むしろ太郎冠者の年取った姿なのではないか。⑧
太郎冠者が先代より奉公し、主人の屋敷に寝泊まりし、妻子をも持たず一生を送るとすれば、太郎冠者の老後はこのような形で雇用され続けたのであろう。「酒飯論」厨房の場面から思わぬ太郎冠者の暮らしを推察することになったが、これも絵画資料を読む余得であろうか。

太郎冠者の家

太郎冠者の勤務中の居場所について考察し、暮らしについても言及した。本来は相当数の史料の提示が必要なのだが、研究のアウトラインを示し、暮らしや居場所の確定的な絵画については追々の課題としていきたい。最適な絵画との出会いは思いがけない偶然によることも多い。二〇年余の狂言の古図の収集と考察の研究を通しそのことは強く実感する。太郎冠者の暮らし、居場所、家の探求は本稿で緒に就いたばかりである。

太郎冠者には家持ちのものがいることは狂言の数曲から明らかにできる。「大蔵虎明本」所収曲中では「二千石」「ぬらぬら」「富士松」「寝声」「文蔵」「青海苔」「武悪」である。「二千石」「ぬらぬら」「富士松」「寝声」「文蔵」「青海苔」は抜け参りという無奉公物、「武悪」は怠業という無奉公物である。抜け参りの無奉公物は主人に無断で寺社参詣などに出かけ、ひそかに帰宅したところを主人に譴責される、という内容、怠業の無奉公は怒った主人に成敗されそうになる、という内容である。「武悪」以外はみな「じせんせきのごとく」と台本には記されるので、「二千石」のセリフを引用すると、

（大名）罷出たる者は、爰元にかくれもなひ大名です、かやうにくわをは申せども、めしつかふものはたゞ一人で御ざある、只一人つかふ下人が、此程某にいとまをもこはひで、いづかたへやらんまいつてござる、うけたまはれば、夜前罷かへつたと申が、いまだそれがしが前へ出ぬ、かのもの、私宅へ立越へ、折檻仕らふずる、いとまをこふてまいれはよう御ざあるに、暇をこはぬがにくゐ、さんさんにせつかんいたさう、某が声をきひたらは出まひ程に、つくりごゑをいたひてよび出そう、参る程に是じや、物まふ案内申さう、

（太郎冠者）それがしが夜前罷かへつたを、はやおしりやつたか、たれやらものまふと仰らるゝ、ものまふとはどれからぞ、あつ、

戸を開けると怒った主人が目の前に立っているので「あつ（ハアー）」と恐れ入る場面。太郎冠者には「私宅」があり、その家は他人の簡単な侵入はできないほどの結構であったように読み取れる。太郎冠者は「私宅」から主人の家に通勤していたことになる。「私宅」があれば妻子もいた可能性はある。「釣針」の太郎冠者は西宮から授かった霊験ある釣針で独身の主人に妻を釣ろうとするとき、ついでに、

（太郎冠者）さだめておかみさまの御ざるならば、おともがなひ事は御ざるまひ程に、御ぞんじのごとく、某も女共を持まらせぬほどに、御ともが御ざらは、それを私にくだされひ、

（主）やすひ事ともがあらはなんぢにとらせう
と自らの妻を望み、主人に許されている。

　太郎冠者の家が主人の屋敷内にあったのか外にあったのかは台本詞章からはうかがえないが、広い屋敷に独立した棟が建てられることがあったろうことは資料を提示するまでもないであろう。ここに近世の富農の屋敷の参考とすべく、近代初期の農民建築の見取り図があるので引用しておく⑨（図9）（図10）。

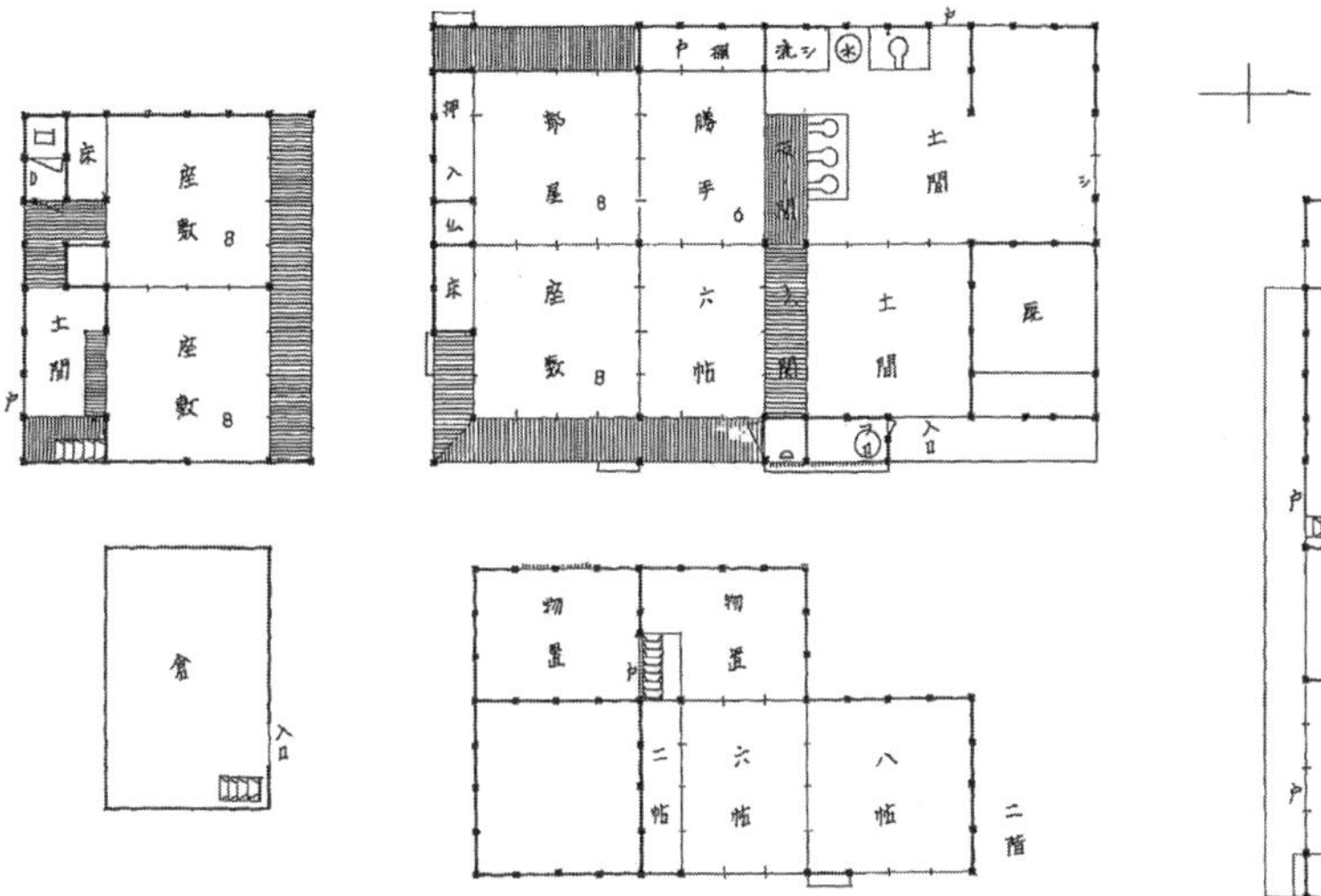

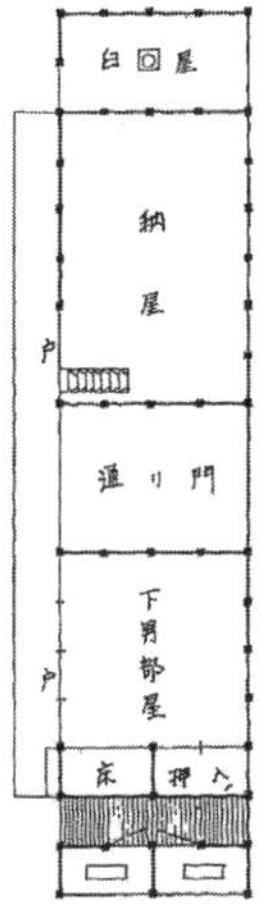

図 9　『日本農民建築』第 3 巻より
岡山県久米郡三保村の近世農家の遺構に見える下男部屋

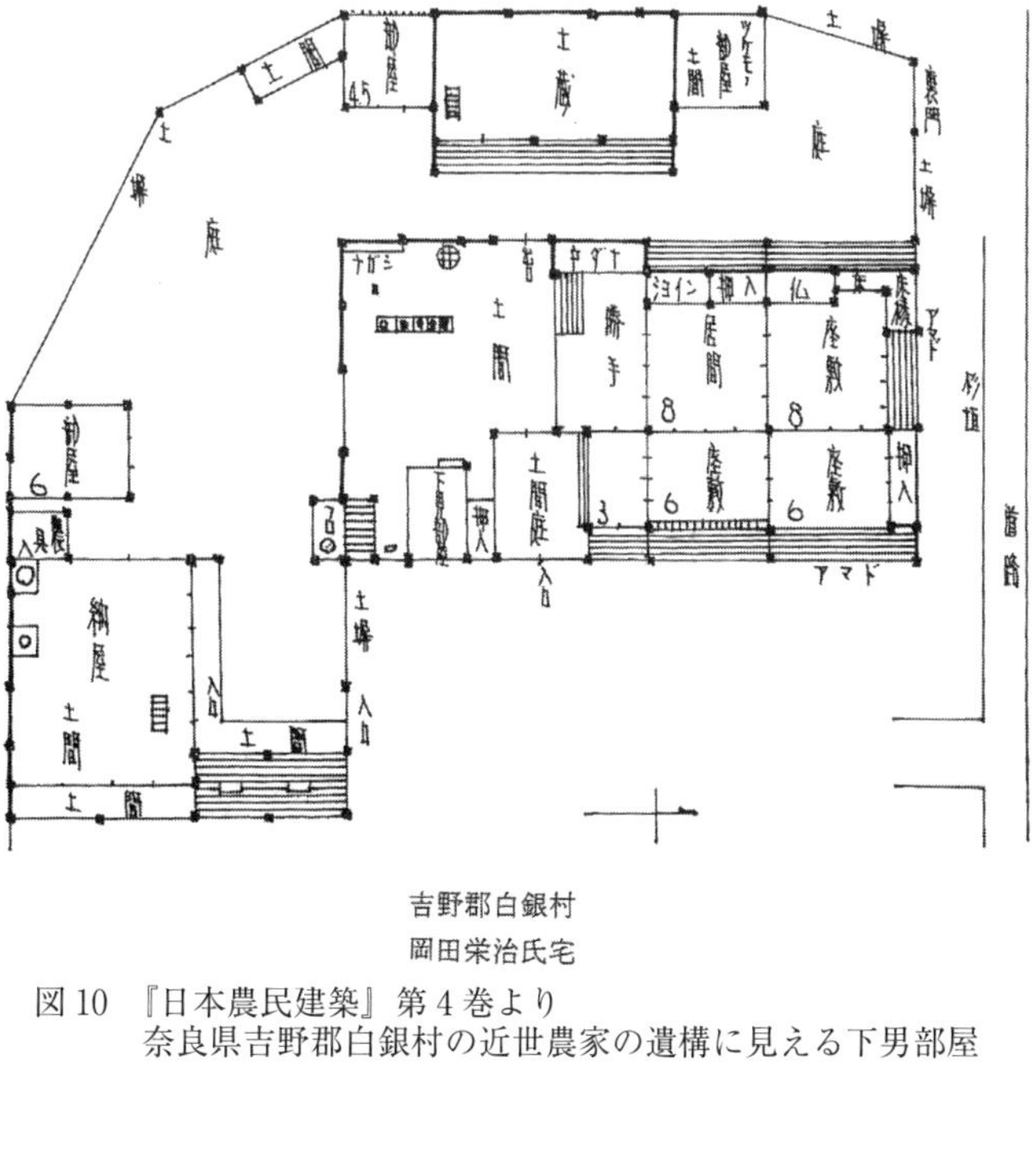

吉野郡白銀村
岡田栄治氏宅

図 10　『日本農民建築』第 4 巻より
奈良県吉野郡白銀村の近世農家の遺構に見える下男部屋

いずれも主人の住居である主屋から離れて、表門や厩や納屋に隣接している場合も多い。この建築を中世の下人である太郎冠者の「私宅」にまで遡らせることができるかはまだ不確実だが、狂言台本詞章の「私宅」を考える参考にはなろう。

「武悪」の家

武悪は太郎冠者の同僚で、次郎冠者と呼ばれてもよい存在である。ただこの下人だけは特別に名前をもっている。武悪は病気と偽って主人の家に出勤しない。業を煮やした主人が太郎冠者に武悪を成敗に行かせるという内容である。太郎冠者は、手練れである武悪に返り討ちにあわないよう、武悪が川に作った生け簀まで誘ってそこで成敗しようとする。

武悪の家は、太郎冠者が慨嘆しつつ独り言をつぶやきながらの道行きがあるので、主人の家からは若干の距離があるようにみえる。太郎冠者に案内を乞われて表に出るまでに少し時間のかかるような家である。家のそばには生け簀がある。武悪がそこまで主人に憎まれているのは、私有地を開墾し、主人の身分に成上ろうとしているからであるとの指摘が早くにされている。[10]またブアクの名も鍛冶職人を指すバンコと関連するかとの説もある。[11]武悪は太郎冠者の「竪に重ね合せ」た影像（前引の野上の論）からは飛び出した太郎冠者なのである。武悪の家がどこにあるのか、詞章からはうかがえない。ここで江戸初期成立と考察されている風俗図からそれかと思われる場面を提示してみたい。「京風俗十二ヵ月図巻」[12]の十月の景である（図11）（図12）。当図巻担当の柴田實による十月の景の解説を全文引用する。

十月、山里の侘びた茶室に親しい友を迎えて静かに和敬の心を叙べ合うのは初冬の季節にふさわしいが、他方広い山野に鷹を放って鶴や雁を狩りする人々の勇壮な姿は今はもはや全く味わうことのできなくなった往昔の面影

図 11　「京風俗十二ヵ月」より十月の景　茶室

図 12　「京風俗十二ヵ月」より十月の景　鷹狩りと山家

である。

この十月、初冬の景には三景が描かれている。第一の景（図11）では、茶室に今しも宗匠らしき人物が訪れようとしている。茶室は表の武家屋敷に接続していて、屋敷には茶の湯に参じようとするらしい武士の姿が見える。第二の景は鷹狩りで、立派な鶴や雁を鷹がしとめようとしている躍動的な場面。第三の景（図12）は山家の前で、鷹匠が戻ってきた鷹を腕に載せ、まわりには鷹狩りの山野をみつめる幾人かの武士らしい人物が描かれる。この山家は鷹匠の家であろうか。武士たちは右の茶室の景に描かれた武士たちと無縁の人々ではあるまい。茶の湯の風雅と鷹狩りの勇壮と、武士たちのふたつの文化を美しく描くことが本場面、十月の景のテーマだったのだろう。

さてこの第三の景の山家（図12）は画面では離れて描かれているが第一の景の武家屋敷（図11）と同じ生活圏のなかにある家なのではあるまいか。鷹匠という職能人の家が武家屋敷に近接してあることは考えられよう。武悪が鍛冶という職能を持ち、私有地を開墾し、川に生け簀を設けて漁労をする下人であれば、「京風俗十二ヵ月図巻」のこの山家は武悪の「私宅」にふさわしい。絵画資料をこのように解釈してしまうことには躊躇もあるが、せめて参考になる図様である、ということはできようか。

四、太郎冠者を絵画資料に読む

太郎冠者は「洛中洛外図」には見つけることができなかった。太郎冠者の暮らし、居場所、家に視点を限って本稿では絵画資料を探索してきた。現代の写真ですら事実の認定にはかなりの危うさをともなう。絵画資料はもっと危うい。しかしまた描かれてしまったものは解読のしようで、重大な事実を告げてくれることがある。太郎冠者という虚構の人物を絵画資料という虚構に重ねて読むときに見えてきたもの、見えてきそうなものを太郎冠者の家として提示した。本稿は一つの序奏である。

注

①　天正（一五七三〜一五九一）頃成立と考えられる最初期の狂言台本、通称「天正狂言本」に太郎冠者は登場している。
②　たとえば橋本朝生『中世史劇としての狂言』若草書房　平成九年（一九九七年）は狂言が史実に対応していることをさまざまに論証している。
③　一例として『洛中洛外図・舟木本を読む』ＫＡＤＯＫＡＷＡ　平成二七年（二〇一五年）　黒田日出男がある。
④　檜書店　未発表原稿を平成一四年（二〇〇二年）に刊行したもの。
⑤　詞章は『観世流謡曲百番集』檜書店　昭和五五年（一九八〇年）による。
⑥　『謡曲畫誌』勉誠出版　平成二三年（二〇一一年）、『カラー百科　能五十番』勉誠出版　平成二五年（二〇一三年）　小林保治・石黒吉次郎。
⑦　『近世風俗図巻』第二巻「諸国風俗」　毎日新聞社　昭和四九年（一九七四年）所収。
⑧　『東海能楽研究会』年報第二二号　平成二九年（二〇一七年）所収　拙稿「風呂を焚く道金　小考」
⑨　『日本農民建築』第3巻、第4巻　日本図書センター　平成二二年（二〇一〇年）復刊　石原憲治より近世農家の遺構見取図二件。第3巻　六三頁、第4巻　八三頁。
⑩　『岩波講座　日本文学史』巻六　所収「狂言」小山弘志　五七頁。
⑪　『下剋上の文学』筑摩書房　昭和四二年（一九六七年）佐竹昭広　一二九頁。
⑫　『近世風俗図巻』第二巻「諸国風俗」　毎日新聞社　昭和四九年（一九七四年）所収。

〈コラム〉 出家遁世と文学表現

今関　敏子

出家遁世という生き方

出家とは、読んで字のごとく、「家」を出ることである。「家」とは住居という建物だけを指すのではない。家族・家庭・家系に纏わる人間関係の絆（ほだし）を含み、俗なる現世を象徴する。出家とは、このような「家」（＝俗世）を断ち切り、仏の道に入ることである。

ひとくちに出家者・法師といっても、その在り方は様々であり、その範囲は広い。出家後もおおいに権力を奮う法皇という地位があり、寺の僧あり、尼僧あり、民間の修行者もいる。

吉田兼好は、『徒然草』（一三三一年頃）で次のように述べている。

法師ばかり羨ましからぬものはあらじ。「人には木の端のやうに思はるるよ」と清少納言が書けるも、げにさることぞかし。いきほひまうに、ののしりたるにつけて、いみじとはみえず、増賀ひじりのいひけんやうに、名聞くるしく、仏の御教にたがふらんとぞおぼゆる。ひたふるの世捨人は、なかなかあらまほしきかたもありなん。（第一段）①

法師ほど羨望から遠いものはない、と書き始める一文は、権勢を誇り、世間的名誉に執着する「法師」の、仏道の本質から逸脱している矛盾を指摘し、「ひたふるの世捨人」の方がかえって本来的なのではないか、と説く。

法師が逸脱しやすい要因のひとつに、独りではないという状況が考えられよう。血縁に限らず、人が集まる場はある種の「家」（＝俗世）と化しやすい。統制の必然性から組織化する。制度化した組織は人を守り、また束縛する。組織そのものに格付けがあり、また組織内にも序列が生ずる。名誉と地位という価値観、我執我欲の葛藤とまったく無縁ではいられなくなる。世間の「家」を出た法師は、寺院という別の「家」に入ることにならないだろうか。遁世は難い。

独りというあり方を手に入れれば、「家」に象徴される世俗の桎梏から解放され、精神は自在である。無駄のない空間に住み、時には修行の旅にも出るという悠々自適さが、「ひたふるの世捨人」のライフスタイルの基本であった。平安末期から鎌倉期にかけては、このような人々の活躍が顕著になった時代である。

男が家を離れるとき

《無常なる「家」と「人」》

何事によらず離れればこそ見えてくる本質というものがあろう。憂き世を離れた自由人は、兼好のごとく、洒脱な表現者でもあった。生老病死を逃れ得ぬ無常の人間存在を、鋭い洞察力と高尚な美意識をもって表現し、独自の文学世界を展開した。それは文学史上、いわゆる隠者文学・草庵文学にジャンル分けもされる。

山中に方丈の庵を建てて住んだ鴨長明は、琵琶の名手であり、和歌所寄人補任したほどの歌人であり、『方丈記』（随筆）『発心集』（仏教説話）『無名抄』（歌論）という著書を残した文人である。作品には通奏低音のように仏教的無常観が漂うのが特徴である。「家」と「人」の現象を無常観で捉えた『方丈記』（一二一二頃）冒頭はあまりに有名であろう。

ゆく河の流れは絶えずして、しかももとの水にあらず。よどみに浮ぶうたかたは、かつ消え、かつ結びて、久しくとどまりたるためしなし。世の中にある人と栖と、またかくのごとし。たましきの都のうちに棟を並べ、甍を争へる高き賤しき人の住ひは、世々を経て尽きせぬものなれど、これをまことかと尋ぬれば、昔ありし家は稀なり。或は去年焼けて、今年作れり。或は大家ほろびて小家となる。住む人もこれに同じ。所も変らず、人も多かれど、いにしへ見し人は二三十人が中にわづかにひとりふたりなり。朝に死に夕に生まるるならひ、ただ水の泡にぞ似たりける。②

川は流れをとめない。しかし、変らぬ流れに見えても、水は同じではない。家々が建ち並び人々が往来するいつもと変わらぬ光景でも、昔とまったく同じ家はなく、住む人も同じではない。時間はとまらない。すべては変化する。命あるものは必ず死に至り、形あるものは壊れる。例外はない。無常の仮の世をいかに生くべきか。出家遁世はひとつの答、あるべき理想でもあった。

《西行の出家伝承》

平安期末の歌人・西行（一一一八〜一一九〇）の出家譚は、とりわけドラマティックに伝承されてきたと言えよう。俗名は佐藤義清。妻子ある二三歳の北面の武士の出家の動機はさだかではない。史実は不明のまま失恋説も飛び交い、様々に憶測され、伝承される。出家後は諸国をめぐり、花・月・恋をメインテーマに多くの魅惑的な歌を詠んだ。このような生き方は後代の共感を呼び、英雄化・神聖化されていると言っても過言ではない。

興味深いことに、現代の西行ファンは圧倒的に男性が多い。『西行物語絵巻』には、出家の際に娘を縁側から蹴落とす場面が描かれているのだが、男性はさほど抵抗を感じないようである。娘や妻にしてみれば、合点のいかぬドメステック・ヴァイオレンスであり、出家遁世の暴力的敢行である。無論、これは後代で伝承され作り上げられた西行像であり、フィクションである。それにしてもなぜ享受されてきたのか。

「家を出る」ことについて兼好は次のように語る。

「道心あらば、住む所にしもよらじ。家にあり、人に交はるとも、後世を願はんに難かるべきかは」と言ふは、さらに後世知らぬ人なり。（中略）人と生まれたらんしるしには、いかにもして世を遁れんことこそ、あらまほしけれ。

（『徒然草』第五十八段）

求道心があるならば、遁世しなくとも、来世の安寧は約束されるのではないか、という考えに対して、そうではない、と言い切っている。どのようにしてでも「家」（＝世間）を出るのが望ましい、遁世は必須である、と。

「家」を出るということは、親子伴侶、情愛・恩義を捨てることである。しかし、ひとたび結ばれ、時間をかけて培われてきた恩愛の絆は複雑で強固、断ち切って独りになるのは容易なことではない。西行が娘を蹴落とす場面は暴力性に主眼があるわけではない。家を捨てるとは、それほどに厳酷なものであるということの強調であろう。恩愛に揺るがぬ意志の強固さと潔さをもって、敢然と出家した西行への賞賛と憧憬を人々は共有したのではあるまいか。

女が家を離れるとき

《家を離れぬ女たち》

女性は、勇ましく係累を捨てたり、果敢に家を離れたりはしない。西行のように、傍から見れば輝かしい未来があり、俗世で権勢を誇る可能性がありながら、先見の明をもってそれを無常と観じて世を捨てるというような、主体的自発的な出家譚は、中心的存在である壮年期の男性にこそ相応しいものであろう。老人・子どもに並び、女性は周縁の存在である。そもそも変成男子を経なければ、五障三従ある女性は、成仏出来ないことになっている。女性の出家には男性とはまた異なる意味があろう。

女性の出家の契機は対男性との関係性であることが圧倒的に多いのである。夫亡き後出家する女性は珍しくなかった。兼好は女性に対してかなり手厳しいのだが、そのような老尼に対しても「男なくなりて後、尼になりて年よりたるありさま、なき跡まであさまし。（第百九十段）」と容赦ない。また、夫が健在でも、『更級日記』の作者の母のように、出家して同じ家の別棟に住むこともある。

すなわち、女性の出家は現実生活において、性の対象から引退する表明でもあった。『源氏物語』には女性の出家も多く描かれるが、落飾した藤壺にはもはや光源氏は恋情を以て近づくことが出来ない。『平家物語』に登場する白拍子・祇王は、平清盛の寵を失い拠点が揺らぎ、出家する。

出家後も、女性たちは家を離れない。寺に入る尼僧もいるが、数は少ない。女三宮は出家しても薫の母としての位置関係は保っている。嵯峨野に隠棲した祇王は、母妹とともに暮らした。女が独り草庵に住むことも、供なく独りで旅をすることも、いずれも身に危険の伴うことである。出家後の過ごし方も身体性に大きく関わるのである。

家を離れた例外的な女性の半生を次にみよう。

《単身者の出家》

鎌倉期半ば、大納言・源雅忠の、数え年一四歳になる娘は、晴れ着を身に纏い、正月の宮中で胸を躍らせていた。幼少時より馴染みのある場とはいえ、この日は格別に晴れがましいのである。昨年裳着（成人式）を済ませ、将来を約束した男性（西園寺実兼）がいて、前途は希望に満ちていた。――後深草院二条の自伝的作品『とはずがたり』（一三一三頃）の幕開けである。

しかし、その夜のうちに運命は変ってしまう。娘を差し出すようにという後深草院の申し入れを、二条の父が承諾したからである。上皇に逆らうことなど誰に出来ようか。

やがて皇子を懐妊するが、父が病を得て帰らぬ人となり、後見を失う。数え年二歳の時に他界した母の記憶はない。もはや後ろ盾となる家はない。后でもなく、内侍でもない二条は、上皇の愛妾のひとりに過ぎず、宮廷に確固たる地位はなかった。それでも後深草院の恩寵に頼っていれば、擬似的な家にもなりそうな宮中に見えた。だが、現実は苛酷であった。

才色兼備な若き女性を男たちは放っておかない。父の死後、かつての許婚者・西園寺実兼と逢瀬を持つ間柄となり、さらには、上皇の弟の亀山院・性助法親王、廷臣鷹司兼平らの関心の的となり悲喜交々の関係が展開する。作品に見る限り子どもを少なくとも四人産んでいるが、二条は単身者[3]ゆえ、育てることはなかった。近代以前の母性とは家の継承に関わるものであり、家なき女は母としては生きられないのである。

『とはずがたり』に『源氏物語』の影響のあることは夙に指摘されてきたが、二条が一方的に『源氏物語』を範としたという面ばかりではあるまい。『蜻蛉日記』の作者は、「古物語のはし」に「世に多かるそらごと」があるのに対して、我が人生の真実を語ろうとしたのであったが、二条もまた、『源氏物語』では描き得なかった宮廷女性の現実を経験し、『とはずがたり』という作品に結実させたと言えよう。

宮廷における二条は、後深草院を頂点とした男たちの錯綜した欲望と愛憎の渦に巻き込まれ、翻弄されたに等しい。上皇は男たちと二条の関係を掌握し、それを秘かに楽しんでもいたのだが、実兼が後退し、性助法親王が世を去り、スリリングな緊張関係が色褪せていく。突然理由も告げられずに御所追放となった。二条は出家した。他にどのような生き方があり得ただろう。

出家は、君寵を失った場合を見越した父の遺戒として作品の伏線になっている。

思ふによらぬ世のならひ、もし君にも世にも恨みあり、世に住む力なくは、急ぎてまことの道に入りて、わが後生をも助かり、二つの親の恩をも送り、一つ蓮の縁と祈るべし。④

思うにまかせぬ世の中である。寵を失い拠点を失った場合、すぐに「まことの道」（仏道）に入り、親の菩提を弔うべきである、と父は言い残したのである。この時皇子を懐妊していた二条は一五歳。約一〇年の後、出家は現実となる。

二条の出家は、性の対象であることからの解放であり、家なき女の生きる手段であった。

《家を離れた女の末路》

父は、家を離れた女の身の果ても想定していた。先の引用箇所に続けて次のように言う。

世に捨てられ頼りなしとて、また異君にも仕へ、もしは、いかなる人の家にも立ち寄りて、世に住むわざをせば、亡き後なりとも不孝の身と思ふべし。

頼る術を求めて別の主人に仕え、人の家の世話になることを戒め、次のように続ける。

夫妻のことにおきては、この世のみならぬ事なれば、力なし。それも、髪をつけて好色の家に名を残しなどせんことは、返す返す憂かるべし。

「男女の仲となると、前世からの因縁故、今生の人の力は及ばない」――この言の真意を父亡き後、二条は身をもって知り尽くしたのであった。「だからと言って、髪をつけて（＝在俗のまま）好色の家に名を残すことはいかにも残念なことだ」と父は言い遺した。

実は「好色の家」（傍線部）を「遊女の家」と解する説もあるのだが、父と二条の情況を考えれば、いきなり遊女になるなと言っているようで、不自然であろう。「好色の家」の語例は四百年ほど時代の遡る『古今集』序にみられる。和歌が廃れ「好色之家」（真名序）、「いろごのみのいへ」（仮名序）のものになってしまっている現状を嘆き、公の価値を復活すべく勅撰集を編む意義を述べる文脈である。二条の父の意味した「好色の家」もこの流れを汲み、人々が集まって和歌・連歌・管絃等で遊ぶ私的な、男女の情愛を育てやすい場ではないかと考えられる。そのような場に身よりのない女性が在俗のまま出入りすることはならぬ、と言っているのではないだろうか。

家という拠点がなければ、女は世間にどのように処遇されるかわからないのである。家を離れることは、平安鎌倉期の女性たちの恐れた最も望ましくない事態であった。遊女となり、物乞いをしながら流浪し、行き倒れ、遺体は放置されて往生出来ぬという小町説話は、現実に起こり得る女性の身の上であった。美女の遺体の変容を示して無常を説く『九相詩絵巻』は、モデルが小町であるということになり、『小町壮衰絵巻』という別名をもつようになる。女が家を失うことは、堕落・落魄・破滅への道であった。

《旅する尼の新しい生き方》

父の遺戒は次のように締め括られる。

ただ世を捨てて後はいかなるわざも苦しからぬ事なり。

「在俗のまま身を持ち崩すことがあってはならぬ、ただし、出家をすれば、どのような身の処し方も楽になるものだ」と説いた。これは「出家をすれば何をしても許される」という単純な意味ではない。その真意は出家後の娘が見事に体現していよう。

二条は実に広範囲に旅をした⑤。人買いの手に落ちそうになる危険もあったが、都から来た雅な尼は、地方に歓迎され、人々と親しく交流し、和歌・連歌の集まりを楽しんでいる。尼姿は二条を守り、自由闊達な行動を可能にしたと思われる。まさしく「髪を下ろして」好色の家に出入りしている趣である。このような女性はそれまでにはいなかった。

因みに、鎌倉期の大旅行家と呼べる尼には、『十六夜日記』の作者・阿仏がいる。ただし二条と阿仏には、大きく異なる面がある。阿仏は妻・母として、和歌の家を支える使命を担い、亡夫の遺志を継ぎ、土地の訴訟という目的で京から鎌倉までの長旅をした。二条とは対極的な「家の女」である。

「家なき女」の出家と旅はそれまでにはない人物造型・作品構築であった。小町伝説の轍を踏まず、破滅の運命の呪縛を解き放ち、新しい足跡を二条は残したのである⑥。

おわりに

出家遁世という生き方にはジェンダーが明確である。身体性の相違は言うまでもないが、「家」における役割、ひいては社会制度上の位置の差異を考えれば首肯出来よう。

当然の帰結として、残された作品も同質ではない。概して、男性は理想・理念と思索を、女性は現実に処する身体と自我を表象する傾向があるのを看過出来ない。

注

① 『徒然草』（永積安明校注）の引用は、日本古典文学全集『方丈記・徒然草・正法眼蔵随聞記・歎異抄』（小学館）に拠る。
② 『方丈記』（神田秀夫校注）の引用は①に同じ。
③ 田端泰子／細川涼一『女人、老人、子ども』（日本の中世4　中央公論社　二〇〇二年）は、〈中世の人々は何らかの形で「家」や「家」を模したつながりの中で生きていた（一三頁）〉が、一方、〈自らは家族・世帯を形成できない単身者としての生涯を送る、すなわち、家に包含された仕女として一生を独身で過ごす女性もいた〉ことを指摘し、その例として、後深草院二条を挙げている（二〇九頁）。
④ 『とはずがたり』の引用は、新潮古典文学集成に拠る。
⑤ 全くの一人旅であったとは考え難い。『信貴山縁起絵巻』の尼公の旅には従者が描かれている。旅の主体が自己自身であることが重要であり、従者はいても書かれない可能性がある。
⑥ 今関敏子『仮名日記文学論—王朝女性たちの時空と自我・その表象』笠間書院　二〇一三年

Ⅲ　江戸期の女性の家と旅

女性詩人の書斎

福島　理子

はじめに

一語も書かずに十字路に埋葬されたこの詩人は、いまなお生きています。みなさんの内部に、わたしの内部に、食器を洗い子どもを寝かしつけるためにこの場にいない、他の数多くの女性たちの内部に、生きています。あと一世紀ほど生きて、もし各々が年収五百ポンドと自分ひとりの部屋を持ったなら――。もし自由を習慣とし、考えをそのまま書き表す勇気を持つことができたなら――。もし共通の居室からしばし逃げ出して、人間をつねに他人との関係においてではなく〈現実〉との関連において眺め、空や木々それじたいをも眺めることができたなら――。

（ヴァージニア・ウルフ『自分ひとりの部屋』第六章）①

女性が文学を書くために必要なもの。それは、「お金と自分ひとりの部屋」だとヴァージニア・ウルフ（一八八二～一九四二）は説いた。自活できるだけの金があって初めて、自らの心を語る自由と権利を得ることができ、自分一人だけの部屋があって初めて、他者に遮られることなく思索に耽ることができるのだ。

ウルフは、英国の文学史を振り返りながら、女性作家の直面した困難を想像し、開花せぬまま埋もれたであろう多くの才能に想いを致す。日本の場合、江戸時代に入ると韻文においても、散文においても、公家や武士ら特権階級から、町人農民層にまで作家の層が広がったが、その中に女性の占める割合は小さい。いや、わずかながらも存在したというべきか。本稿では、江戸時代の女性詩人を取り上げる。彼女たちは必ずしも経済的に自立していたわけではないが、書斎、つまり自分一人で創作にうちこめる部屋を与えられていた、という共通項を持っているところに着目したい。

一、内田桃仙の「書斎」

わずか十二歳で『桃仙詩稿』（元禄五年〈一六九二〉序）を刊行した江戸の内田桃仙（一六八一？〜一七二〇）は、もっとも早く自身の詩集を上梓した女性として特筆すべき存在である。後に、その才能を奇とした柳沢吉保によって、妻の侍女として抱えられ、柳沢家に仕えていた荻生徂徠らとも交わった。将軍綱吉が柳沢の屋敷へ親臨の際には、詩を献じてもいる。『桃仙詩稿』の蘆朴庸による序文に、

内田氏が処女桃仙と名づくる、天資聡敏にして詩を能くし、書を能くし、文を能くす。十歳にして六経を読み、十一歳にして詩を賦し文を作ることを解す。十有二にして史記、左伝を読む。（原漢文）

と記される、まさにその神童ぶりがうかがえる作から読んで見よう。

家父指月印池賦詩於是始詩作
　家父月の池に印《うつ》るを指して詩を賦せといふ。是において始めて詩作《な》る

池辺春月明　池辺　春月明らかなり

千里水波清　千里　水波清し
玉兎躍瀾底　玉兎　瀾《らん》底に躍《をど》る
須網銀漢星　須《すべか》らく銀漢の星を網《あみ》すべし
（『桃仙詩稿』）②

池のほとりに明々と月のかかる冬の夜。清らかに澄んだ波がどこまでも続く。その波の底では月のうさぎが飛び跳ねている。天の川の星も全部網ですくい取ってやろう。

愛らしい発想で水面の月や星を描いたこの詩は、父親に促されて作ったものだと題に言う。もちろん、漢詩を読んだこともない者にいきなり作ることなどできようはずはない。それまでに、たくさんの詩を読み、句作程度は試みることがあったのだろう。別の詩には、「一日厳君に扈従《こじゆう》し聖堂に詣《けい》す、帰歩の口号」と題するものもある。ある日、父について湯島の聖堂に行き、その帰り道に詠った詩だという。桃仙の父親がどのような人であるのかは伝わっていないが、娘の才能をごく小さい時から見抜き、指導していたことが窺える。

さらにまた、「画梅」詩に施された自注に「自ら梅一株を画きて新宰府天神の廟前に懸く。絵馬に換ふ」というように、画技にも長けていた。瀟湘八景を描いた連作は、自身の描いた画とともに載せられており、非常にめずらしい形式の詩集となっている。まだ友達と遊ぶのが楽しいはずの年頃であるのに、誘いを断って勉強に勤しむ日々を愛おしむ詩もある。

一二童友詰余之絶交賦詩応之
一二の童友余が交はりを絶つことを詰《なじ》る。詩を賦して之に応《こた》ふ

清話尋常絶俗游　清話　尋常《つね》に　俗の游《とも》を絶つ
黄巻自在故人交　黄巻　自《をのづか》ら故人の交はり在り

盛螢積雪慕車氏　螢を盛り　雪を積みて　車氏を慕ふ
鑿壁刺股終未休　壁を鑿《ほ》り　股を刺して　終《つひ》に未だ休せず
（『桃仙詩稿』）

風流を好み、ふだん人づきあいはお断りしています。本の中で昔の人とお友達になれるのですから。螢を集め、雪を積み上げ、その明かりで勉学に励んだ車胤が私の憧れ。壁に穴をあけ、股を刺して、途中で放りなげたことは一度もありません。「清話」は風雅な会話。「黄巻」は書籍の意。螢雪の功の螢は晋の車胤《しゃいん》だが、雪の方は孫康《そんこう》の故事。結句の「鑿壁」とは、漢の匡衡《きょうこう》が貧乏で灯りが無いため、壁に穴をあけて隣の灯りをたよりに読書したこと（『西京雑記』巻二）、「刺股」は、戦国時代、蘇秦《そしん》が眠らないように自分の股を錐で刺しながら読書したという話（『戦国策』秦策）を引く。風変わりな娘とさぞ評判であったろう。そんな桃仙のために、父は彼女が想いのままに詩画に耽ることのできる空間を用意してやったらしい。

書斎雨　　書斎の雨
独坐書斎堪嘆嗟　独り書斎に坐して　嘆嗟《たんさ》に堪へたり
蕭然雨滴撲窓紗　蕭然《せうぜん》たる雨滴　窓紗《さうさ》を撲《う》つ
閉門万巻元無尽　門を閉ぢて　万巻　元《も》と尽くること無し
世事心頭点不加　世事　心頭に　点も加へず
（『桃仙詩稿』）

書斎に一人きり、ため息をつきながら坐っている。雨つぶがさびしく窓をうつ。門を閉ざして、もとより読みつくせないほど沢山ある本にかこまれていると、世間のことなどちっとも気にかからない。

もちろん、詩であるから、フィクションという可能性もある。しかし、「書斎雨」は定着した詩題というほどのものでもないし、題詠というよりは、自らの日常を切り取っているように読める。次の詩も、その書斎での一こまを写したとおぼしき作である。

吟窓

独対閑窓磨硯時　独り閑窓に対して　硯を磨《す》る時
鼻吟歎咏手支頤　鼻吟　歎咏《たんえい》　手　頤《あぎと》を支ふ
夜深一点虚生白　夜深《ふ》けて　一点　虚白を生ず
写得茅堂小絶詩　写し得たり　茅堂《ぼうだう》の小絶詩

（『桃仙詩稿』）

静かな窓辺で一人、墨をする。頬杖をついて、鼻歌をうたってみたり、声に出してみたり。夜が更けて、部屋に白い光がさした。無心に悟りを得たかのように、わが部屋を描くささやかな絶句ができあがった。「鼻吟」は、例を見ない表現であるが、鼻歌の意で用いているのであろう。転句に『荘子』人間生篇の「虚室白を生ず」を用いて、詩想を得るのと夜明けとをかけているところがおもしろい。

秋雨二首（第一首）

夜夜窓前枕案眠　夜夜　窓前に案《つくゑ》を枕にして眠る
遶簷点滴思蕭然　簷《のき》を遶《めぐ》る点滴　思ひ蕭然《せうぜん》
焼香黙坐無他物　香を焼《た》き　黙坐して　他物無し
徒有西風鳴画簾　徒《いたづ》らに西風の画簾《ぐわれん》を鳴らす有り

（『桃仙詩稿』）

毎夜毎夜、窓辺で机にうつ伏して寝ている。軒を囲む雨だれの音を聴いているとしょんぼりしてしまう。香を焚いて、ただ黙って座っているだけなのに、秋風が無用に簾を打ち鳴らす。

独りっきりで詩を作り、そのまま机を枕にうたたねしてしまっても誰にもとがめられない、そんな空間を与えられた女性は稀有で、桃仙にとってそれは無上の喜びだったであろう。

二、湘夢書屋

江馬細香《さいこう》（一七八七〜一八六一）は、大垣藩医江馬蘭斎（一七四七〜一八三八）の長女として、美濃大垣の藤江村に生まれた。本名は多保《たほ》という。

父蘭斎は、もとは漢方を修め、藩主の脈を取る傍ら宋代の『太平聖恵方』を出版し（一七八五）、『論語訓詁解』（一七八八成、一八二六刊）を著すなど、いわゆる儒医として活躍していた。しかし、寛政四年（一七九二）、江戸出府の折、杉田玄白の講義を聴いて漢方の限界を悟ると、新たに蘭方を学ぶことを決意し、翌年には前野良沢に入門した。蘭斎、四十七歳のことである。二年後大垣に戻ると、蘭学塾の好蘭堂を開き、西日本における蘭方医の嚆矢となった。

五十、知命の年齢を目前にして自らの学問を一新した、その決断からは、彼が既存の価値観にとらわれない判断力の持ち主であったこと、かつ進取の気に富む人であったことが窺える。そのような蘭斎にとって、卓抜な才能を持つ子の、ただ女性であるというだけの理由で、その才能を伸ばす機会を阻もうとする考えなど微塵もなかった。

「多保五才画」と署名のある、愛らしい雀と竹の水墨画が残っている。幼い娘に筆と紙を与え、手ほどきをしたのは、やはり蘭斎だろう。細香の実母乃宇《のう》は細香が三歳の時に病没し、翌年に継母の佐野が迎えられた。乃宇と同様佐野も大垣藩士の娘だったから、充分な教養を身に着けてはいただろうが、嫁してきていきなり幼児に早期教育を施すとは考えづらい。娘に天分を見た父親は、画のみならず、漢詩文についても自ら句読を授けた。彼女が期待通りに詩才、画才を伸ばし、もはや素人の手ほどきには限界があると見ると、優れた師を探した。まず、蘭斎が目をつけたのは、京の画僧玉潾《ぎょくりん》（一七五一〜一八一四）である。彼は墨竹の名手として知られていた。

細香が玉潾の指導を受けるようになったのは、十四、五歳の頃である。後に細香の師となった頼山陽（一七八一〜一八三〇）は玉潾を俗な画風と批判し、浦上玉堂の長子で親友の浦上春琴（一七七九〜一八四六）に学ぶよう勧める。ただそれは、細香が玉潾に学び始めてから十年以上も経ってからのことである。そもそも安永天明期、若かりし日の玉潾は、詩僧六如《りくにょ》（一七三四〜一八〇一）らの交遊圏内にあり、それは時代に先駆けた「奇想」をたのしむグループだった。そのようなところが、蘭斎の眼鏡にかなったのかもしれない。

さらに、蘭斎は娘にふさわしい名字を求めた。そこで依頼したのは、江戸で活躍する山本北山（一七五二〜一八一二）で、彼は細香のために本名の「多保」を「裊《じょう》（たおやかの意）」と記し、字を「緑玉」とするよう考えた。③この時の北山はすでに江戸儒学界の重鎮であるが、彼もまたかつては学界のアジテーターであった。十八世紀初め、荻生徂徠の提唱した古文辞学が一世を風靡し、その影響がまだ濃厚だった時期に、『作文志彀《しこう》』（一七七九）『作詩志彀』（一七八三）の二著を以て突貫し、江戸の儒学と詩風が反古文辞に転ずる契機を作った。蘭斎の人選には一貫するものがある。

広島藩から脱藩し、十年の蟄居を経て京でフリーの文人として名を挙げていた山陽を招いたのも、既成の価値観に縛られるのを厭う蘭斎としては異とするに足らぬことだ。しかし、そんな蘭斎にしても愛娘の夫となると、話は別である。当代一の文人であった山陽が美濃遊歴の際に江馬家を訪れ、蘭斎は彼に娘を引き合わせて詩文の添削を頼んだ。すると、山陽は蘭斎の思惑を超えて、細香との結婚を望んできた。いくら文才に恵まれているとはいえ、藩籍を棄てて都会に出てきたような男に、何一つ不自由な思いをさせたことのない娘を嫁がせる勇気を持つ親が、当時いただろうか。この縁談はおそらく蘭斎によって却下されたが、二人の師弟関係は山陽が亡くなるまで、二十年間続いた。山陽は、自ら細香に詩文の指導をし、画の師として春琴を勧めたばかりでなく、山陽の周りに集まる多くの文人たちに積極的に彼女を紹介した。そのため、彼女の詩や墨竹画を求める者が急速に増えて行った。また、大垣でも細香や梁川星巌（一七八九～一八五八）らを中心に「白鷗社」という詩社が結ばれ、当地の文人らとの交遊も深まった。

　詩画に没頭する細香のために、蘭斎は、創作に専念するための部屋も与えた。それが細香の書斎、湘夢《しょうむ》書屋である。湘夢書屋の詳細は分からないが、江馬家には当時の屋敷がどのようなものであったのか、推測できる資料が残されているので、参考までに掲げてみよう。図Ⅰの「江馬春齢居屋布」は、当時の江馬家の敷地を示したもの。春齢は、江馬家当主代々の通称である。

　この敷地に建てられた屋敷の間取り図が、図Ⅱの資料だが、残念ながら、湘夢書屋がこの間取り図いずれかの部屋に当たるのか、あるいは別棟が建てられていたのか、判然としない。また、細香らの住んでいた家そのものではないが、甥の元益（号活堂）が建て替えを考えて描いたモデル図があるので、それも挙げてみよう（図Ⅲ）。細香の住んでいた家も、間取りは違っても概ねこのような外観だったのだろう。

　さて、細香は斎号「湘夢書屋」の印された専用の詩箋も誂えていた（図Ⅳ）。罫線は竹簡を模した形で十七行分というはなはだ凝った造りのものだ。竹簡を模したのは、古代の文書が竹で記されていたからというばかりではない。

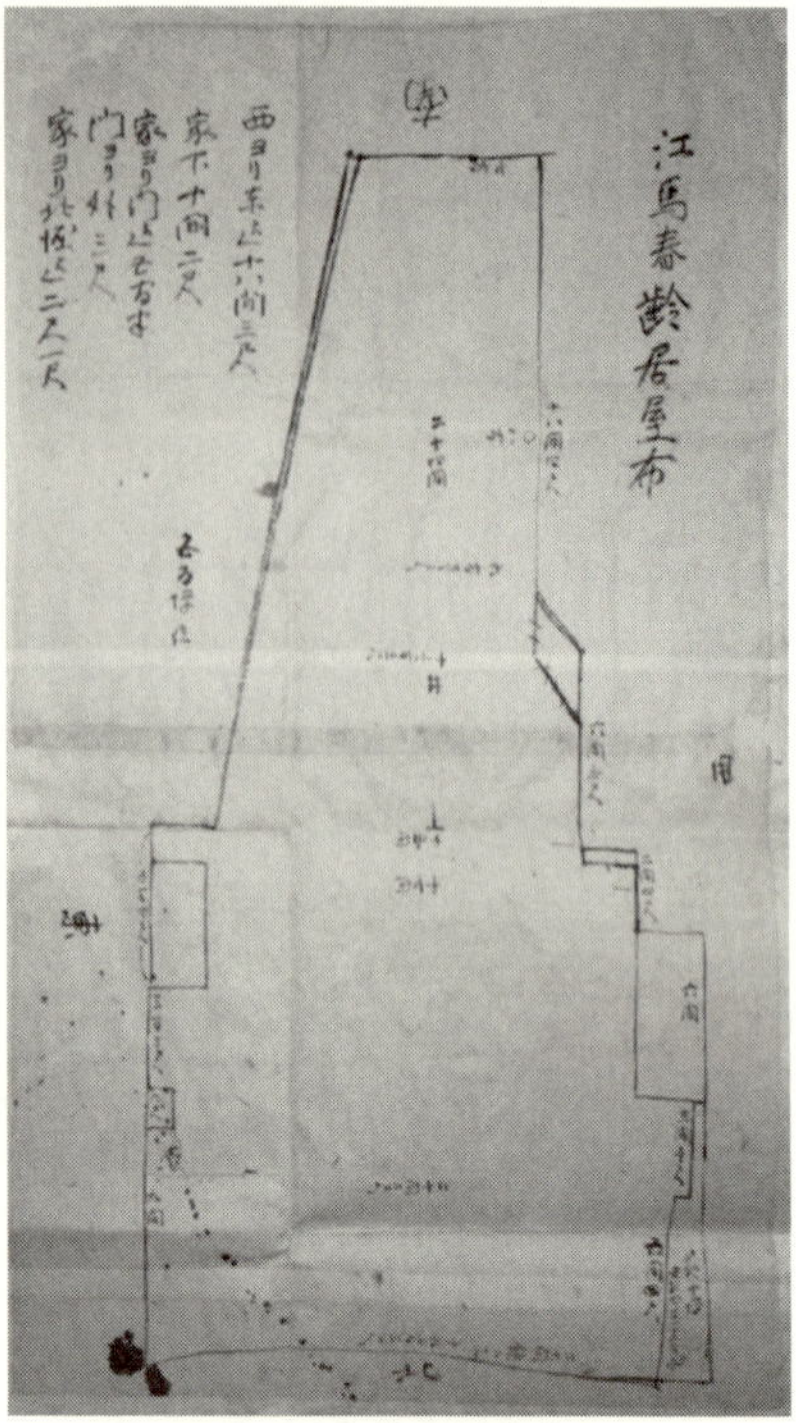

図Ⅰ　「江馬春齢居屋布」
縦 58.4cm × 横 34.2cm
（江馬寿美子家文書 1-115）④

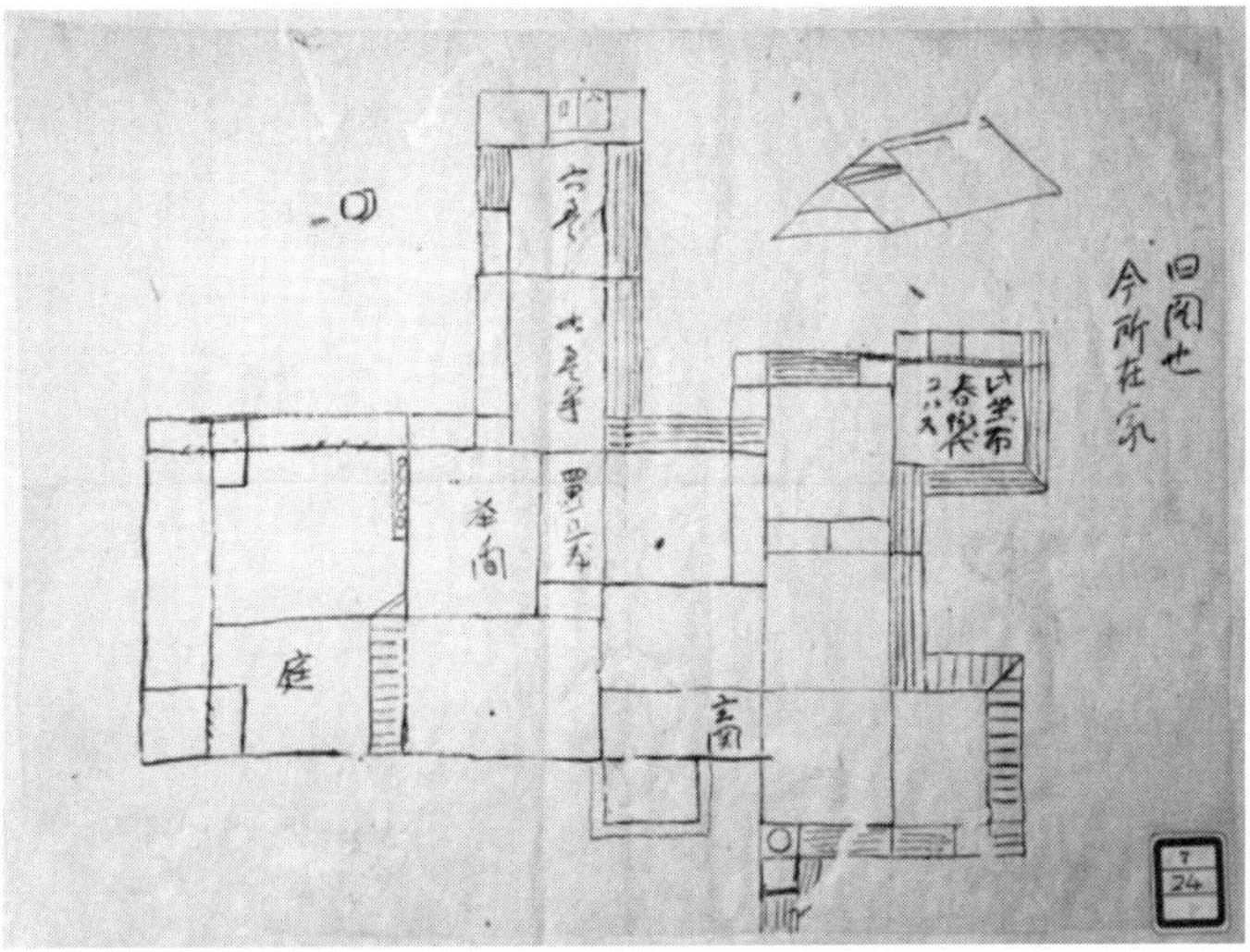

図Ⅱ　「(江馬邸間取図)」縦 23.8cm × 横 32.6cm
(江馬寿美子家文書 1-116)

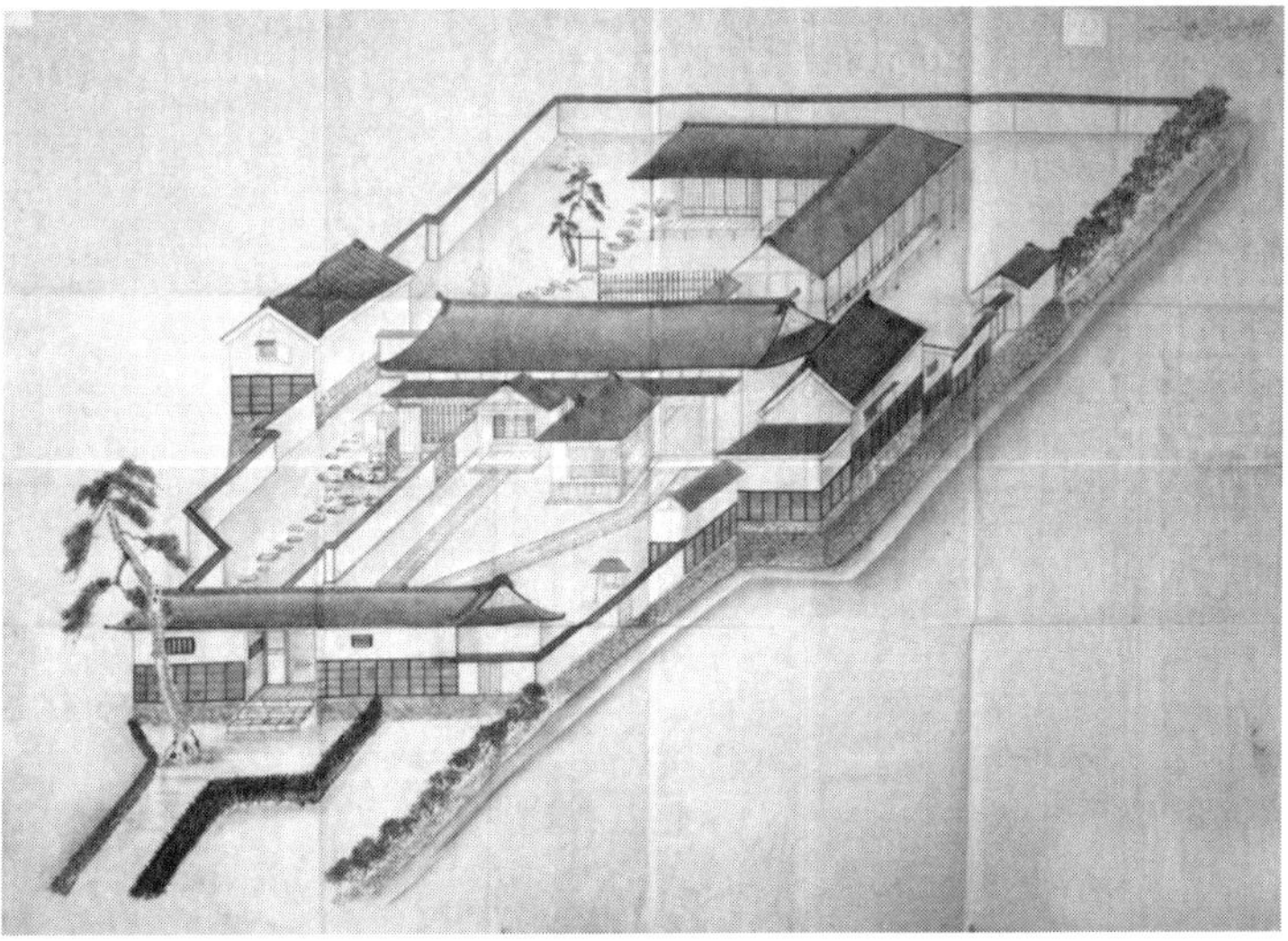

図Ⅲ　「活堂欲建之図」縦 54.3cm × 横 77.0cm（同 1-114）

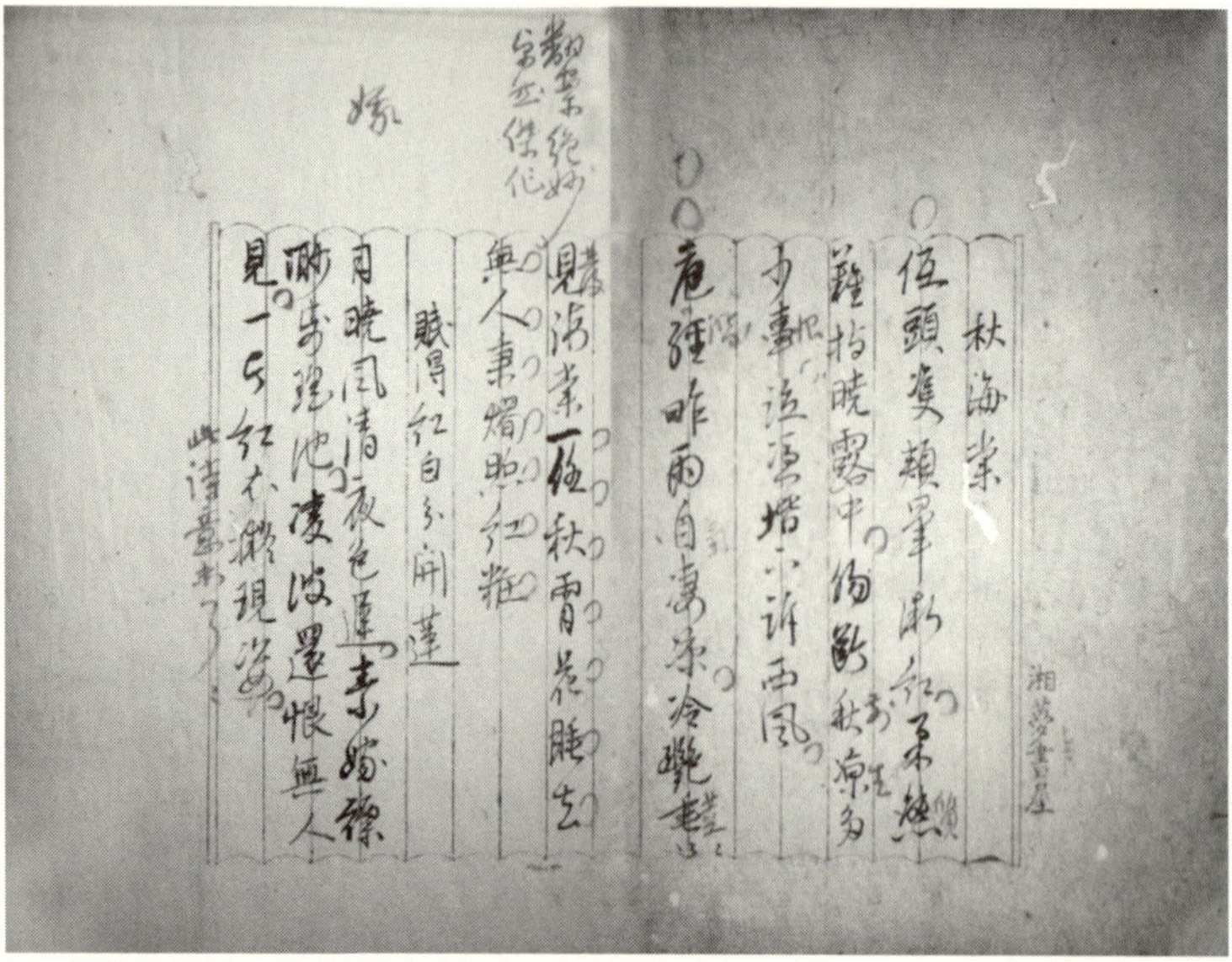

図Ⅳ「(細香詩稿　秋海外)」(文政五年詩稿)(同 4-42) 一丁オモテ・ウラより作成

細香が殊に墨竹画に秀でていたことを効かせている。その号細香は、杜甫の「厳鄭公の宅にて同《とも》に竹を詠ず」詩の「雨洗ひて娟娟《けんけん》として浄く、風吹きて細細として香し」から採られている。名に用いられる裊（後に裊々）は、たとえば漢代の楽府「白頭吟」に「竹竿何ぞ裊裊たる」というように、竹のしなやかなようすを表すし、字の緑玉も例えば、明の文人文徴明の「竹を種《う》う」詩に「分得す亭亭たる緑玉の枝、雨余生意階墀《かいち》に満つ」というように、竹に因む。斎号の「湘夢」には、古代の聖帝舜が亡くなった時、妃の娥皇《がこう》と女英が泣いたため、湘江のほとりの竹がまだらになったという典故がある。たとえば、唐の李中「竹」詩に「便ち好風の枕簟《ちんてん》に来たる有り、更に閑夢の瀟湘《せうしやう》に到る無し」というように、「湘夢」には、斑竹の名所でもある瀟湘に憧れる意を持つ。竹づくしという趣向なのだ。

詩箋の大きさは、縦 25.5cm × 横 34.6cm。楮紙で罫線は茶色。匡郭の幅は、縦 16.8cm × 横22.4cm。罫線一行分の幅は 1.3cm である。この詩箋が用いられているのは、文政五年秋の「秋海棠」詩からであるが、何枚ほど刷られたのかは分からない。文政七・八年の詩を収める「(細香詩稿　春日出遊外)」(江馬寿美子家文書4-47)の「平等寺僑居《けうきよ》雑詠」詩の詩箋から罫線が紺色に変わっている。この詩は文政七年秋の作である。文政八・九年の詩を収める「(細香詩稿　正月念日遊正覚寺紀事)」(江馬寿美子家文書4-48)についていては、文政八年冬までの作に罫線が紺色の湘夢書屋詩箋が用いられている。つまり、文政五年秋から同七年秋まで茶色の罫線の詩箋、文政七年秋から同八年冬までが紺色の罫線の詩箋。少なくとも二回は刷らせたということが分かる。細香がこの詩箋を用いたのは、残っている資料から見る限り文政八年冬までである。

詩箋を誂えるのをやめても、書斎は健在だ。「湘夢書屋」は、細香自身のためのアトリエというだけではなく、詩友たちの集うサロンともなった。弘化初年、細香は大垣の詩人たちとともに詩社黎祁《れいき》吟社を結び、嘉永年間には詩社咬菜《こうさい》社を結んだ。毎月十五日に社友の居宅や酒楼などで詩会を催し、二題の詩が課せられる。たとえば、嘉永二年(一八四九)の八月四日には湘夢書屋で詩会が催され、「新秋雨後」「隣家の笙を吹くを聞く」が課題。十一人の出席者だった。嘉永三年六月二十四日の詩会には「暑夕得雨」「野村真斎浪華に遊学するを送る」の課題で、九人が集まった。

両詩社には、大垣藩城代にして勤王派の小原鉄心(一八一七〜一八三七)も加わっていた。細香を敬愛し、信頼していた鉄心は、志士らを湘夢書屋に伴い、詩を作るのみならず、国事を語り合うということもあった。安政二年(一八五五)年四月三日に作られた鉄心の詩に「湘夢書屋の集。山県世衡、高木致遠、加茂永卿、大郷百穀と同に賦す。二首」(『鉄心遺稿』一八七三年、巻二)と見える。『蝦夷物産誌』を著した長州の山県世衡は、この時蝦夷から帰ったばかりで、対ロシア外交にも一家言を持っていた。この時に作られた細香の詩題によると他に、加納藩の青木叔恭、大垣藩儒野村藤陰らも同坐した。野村藤陰『藤陰遺稿』(一九〇八年)巻一にも、「四月三日湘夢書屋、雨集。長州の山県世衡、高木致遠、阿州の加茂永卿、越前の大郷百穀及び加納の青木叔恭に邂逅す」との題が見える。十八、九世紀の中国や朝鮮にも詩を賦した女性はいるが、妓女が多く、また良家の女性であった場合に、家族以外の男性と同席することは許されなかった。男女問わず知識人の集うサロンとして機能した湘夢書屋は、近世における東アジアの女性知識人のあり方を考える上で、貴重な例と言える。

三、窈窕邸

福岡の亀井家は、十七世紀の中頃に大流行した古文辞学の流れを汲みつつ、独自の学問を練り上げて、古文辞学衰退後も大きな影響を与えた儒家である。その門下からは、広瀬淡窓、旭荘兄弟など幕末の教育界や詩壇に輝かしい足跡を残すことになる人々が生まれた。

福岡藩には修猷館と甘棠館《かんとう》の二つの藩校があり、前者が東学問稽古所と呼ばれて朱子学を講じ、後者が西学問稽古所と呼ばれて古文辞学を講じた。甘棠館を創設したのが亀井南冥（一七四三〜一八一四）で、「儒侠」とあだ名がつくほどの豪放磊落な人柄も相俟って全国に名を轟かせていた。ところが、異学の禁のあおりを受け、寛政四年（一七九二）に藩儒を罷免されてしまう。甘棠館には代わりに長子の昭陽（一七七三〜一八三六）が召しだされたが、学舎は寛政十年（一七九八）に焼失した上、廃校となってしまった。昭陽も、ただの下級武士として、城内や城門の警護、後には烽台番という学問と何の関わりもない勤務に耐えながら、儒家としての亀井家を取り戻すべく努力を重ねることに一生を捧げた。そのような昭陽にとって、家学を守る次の世代にかける期待は並々ならぬものがあっただろう。

寛政十年二月十九日に妻いちが出産した第一子は女の子で、友と名づけられた。彼女が後の少琴（〜一八五七）で

ある。昭陽が親友の秋月藩儒、原古処にあてた手紙に、

拙荊十九日に月（産み月）の分娩。無益の児を生み出だし候［原注・十六日の夕に、両蛇の身に繞はるを夢む。果然として娘を得たるは奇絶］。然《さ》り乍《なが》ら婉孌《えんれん》（愛らしく）吁々《うう》（あぐあぐ）として、廼《だい》公（自称としてのお父さん）の情態を免れず候。是れ又た笑ふべし。　（原漢文。山田新一郎「亀井南冥家と原古処家（三）」『筑紫史談』50、一九三〇年）

と記したことは、少琴伝に必ず引かれるところであるが、「無益の児」、役に立たない子どもと言うのも、照れか言葉のあやとも言うほどのもので、二匹の蛇が身にまとわる夢の告げのくだりなどには喜びが溢れる。もちろん如何に優秀でも、娘が家を継ぐことはできない時代だが、少琴は周囲を驚かせるほどの秀才ぶりを発揮した。

文化三年（一八〇六）三月、秋月藩主の主催で「西都雅集」という書画会が大宰府において催され、百名の文人らが詩書画を寄せた。その中に、少琴も祖父南冥や父昭陽、大叔父や叔父らとともに一行書を出品した。わずか九才の折のことである。会の実務を取ったのは原古処で、もちろん彼も書を出品しているが、その娘の原采蘋《さいひん》の名は見えない。采蘋というのは、古処の娘で、少琴と同年の生まれ。幼馴染として盛んに行き来し、詩文におけるよきライバルであった。彼女については次章で取り上げるが、古処が、娘の出品を遠慮した仔細は不明である。少琴の書は、学問好きの秋月侯の目に留まり、ほうびとして縮緬の帯地を賜った⑤。

文化六年五月に亀井家を来訪した広瀬淡窓は、十二歳当時の少琴の思い出と、後の彼女の姿を伝えている。

予亀井家ヲ訪ヒシ時。先生ノ女小琴。相見テ詩ヲ贈レリ。小琴名ハ友。予福岡ニ留塾セシ時ニ生レ今年十二歳ナリ。幼ヨリ経史ニ通シ。詩画ヲ善クシ名誉アリ。予亦之ニ詩ヲ贈レリ。曰ハク。「小女詩を裁りて彤管《とうくわん》軽し。洋洋たる南雅人をして驚かしむ。国風千載清紫を推すも。多くは是れ鄭《てい》声と衛声と」（詩は原漢文）。此女長成ノ後。先生門人三苫《みとま》源吾ヲ以テ。贅婿《ぜいせい》（入りむこ）トス。姓ヲ改メテ亀井ト称ス。源吾モ余亦相識レリ。雷首ト号ス。

夫妻何レモ文壇ニ名ヲ得タリ。

（『懐旧楼筆記』文化六年五月の条）

軽々と筆を揮う少女の端正な詩は読むものを驚かせる。本邦の女性文学としては清少納言や紫式部が名高いが、それらは概ね『詩経』の鄭風や衛風の詩篇のようにみだらな作風だ――十二歳にして、経書や史書に通じ、詩画に才能を発揮した少琴に感嘆し、結婚後も夫婦で文雅を究めたことを称する。

寛政十年の火事で甘棠館とともに焼けた唐人町（現福岡市中央区）の亀井家の自宅は新築され、姪ノ浜にあるいちの実家に寄寓していた一家は唐人町に戻った。しかし、落ち着く間もなく、家は再び焼失。寛政十二年、少琴が三歳を迎えた元日のことである。翌、享和元年（一八〇一）、昭陽は百道《ももち》（現福岡市早良区）に家を築き、私塾を設けた。文化九年（一八一二）、この百道の家に、昭陽は少琴のための居室を作り、「窈窕邱《ようちょうきゅう》」との斎号をつけた（『万暦家内年鑑』）⑥。時に、少琴十五歳。この書斎で彼女は足掛け五年を過ごした。彼女が窈窕邱を引き払ったのは、昭陽の弟子である三苫源吾と結婚し、彼の実家怡土《いと》郡の井原村（現糸島市）へ移ったためである。彼女が嫁いでまもなく、窈窕邱は取り壊された。「万暦家内年鑑」の文化十三年の条には

十二月十七日友婚す、槃谷・窈窕邱を毀ちて、翠雲房を造る。

（原漢文）

と記されている。つまり、彼女の書斎の隣には槃谷《はんこく》と呼ばれる部屋があり、両方をつぶして翠雲房という部屋に改めたということらしい。この部屋は昭陽の書斎となった。

窈窕邱という斎号からは、昭陽が娘に寄せた思いが奈辺にあったのかが窺える。「窈窕」は『詩経』周南の「関雎《かんしょ》」の中に繰り返し使われる語。まず、第一章を挙げてみよう。

関関雎鳩　関関たる雎鳩《しょきゅう》は
在河之洲　河の洲に在り

窈窕淑女　窈窕たる淑女は
君子好逑　君子の好逑《かうきう》

かあかあと鳴くみさごが、河の中洲にいる。しとやかな娘さんはすぐれた方のよい伴侶――いわゆる六義の興を用いており、最初の二句で、睦まじくも慎ましやかに鳴く雎鳩から、幸せな結婚を約束された娘が連想される。「窈窕」とは、女性のおくゆかしいようすを表すが、それだけではなく「君子のよきつれあい」となるべき「淑女」たることが期待されているのだ。「関雎」を読み進めると、本名の友がそもそもこの詩を意識して名づけられたものであって、号「少琴」も同じくここに拠っていることがわかる。第三章を見てみよう。

参差荇菜　参差《しんし》たる荇菜《かうさい》は
左右采之　左右に之を采《と》る
窈窕淑女　窈窕たる淑女は
琴瑟友之　琴瑟《きんしつ》　之を友とす

ふぞろいなあさざの菜は、右に左と探しながら摘み採られる。しとやかな娘さんは、琴や瑟の上手なよき友となってくれる。前の二行は、「淑女」が君子から熱望されるようすを連想させる。琴は七弦、瑟は二十五弦のものを言うが、理想の女性は音楽にも長け、夫をいつも楽しませてくれる存在だという。昭陽は、愛娘の将来を「関雎」に託し、彼女に男児に負けない学問を身に着けさせる一方で、「君子」にふさわしい女性として育ち、そのよきつれあいとして添い遂げることを願っていたのである。

三苫源吾と少琴の結婚は、源吾が亀井姓を名乗る形をとったが、新婚時にはまず夫妻は井原村にある夫の実家に移り住んだ。井原村の居室に昭陽は好音亭という号を贈ったが、これは夫婦共有の書斎だったのだろうか。文政四年

（一八二一）、少琴らは井原村を引き払って百道の亀井家に移るが、その際に好音亭を移築した。さらに文政七年、今宿（現福岡市西区）に転居する際にも好音亭を移築している。「好音」の語は『詩経』魯頌《ろしょう》の「泮水《はんすい》」から採っている。「泮水」は諸侯が建てた学校を称賛する詩だからである。その第八章。

翩彼飛鴞　翩《へん》たる彼の飛鴞《ひけう》
集于泮林　泮林に集ふ
食我桑黮　我が桑黮《さうぢん》を食らひ
懐我好音　我が好音を懐かしむ

悪者のふくろうですら、ひらひらと学校の林に飛んできて、我々のところの黒い桑の実を食い、我々の美しい歌声に親しんでいる。

父の高弟である青年が夫となり、自分の家を守ってくれる、そんな結婚に恵まれた少琴は、幸せであっただろう。しかし、少琴、否亀井家は度重なる悲劇に見舞われた。少琴には二人の弟義一郎、哲次郎と敬、世、宗の三人の妹がいたが、文化十四年（一八一七）さらに弟が生まれ、修三郎と名づけられた。この末っ子は、一際愛らしく、また利発であったので、亀井の学問を受け継ぎ、さらに花開かせる者として周囲の愛情と期待を一身に集めていた。しかし、文政五年（一八二二）急病を得て、わずか六歳で亡くなってしまう。息を引き取ったのは、伯父として医師として必死の看病にあたっていた源吾の腕の中だった。家族一同の悲嘆は想像するに余りあるもので、昭陽は遣り場のない嘆きを『傷逝録』という文章に綴っている。修三郎の死後、文政七年、結婚後八年目にして少琴は初めての子をもうけ、悲嘆に暮れていた亀井家に、微笑みを取り戻させた。昭陽はその孫娘に「紅染《こぞめ》」という美しい名を与え、愛情を注いでいたが、その娘もまた七つで亡くなってしまう。

天保二年（一八三一）、今宿の屋敷に鳩居楼を増築。「鳩居」は『詩経』召南「鵲巣《じゃくそう》」に

維鵲有巣　維《こ》れ鵲《かささぎ》に巣有り

維鳩居之　維れ鳩　之に居る

とあるところから採ったのであろう。「鵲巣」は諸侯の夫人の徳を称える詩で、二句は奥方が屋敷に嫁いでくる様を連想させる。

夫妻の家塾は順調であったらしく、天保十二年に書庫を、弘化四年（一八四七）には書庫を別に一棟総白壁造で増築している。また、嘉永元年（一八四八）には甘泉楼を立て、好音亭の位置を移動して、甘泉楼を講堂、好音亭を書斎にしたという。「甘泉」の語は『孔子家語』にもとづく。

人の下たる者はそれ猶《な》ほ土のごときか。之に種《う》うれば則ち五穀生じ、之を掘れば則ち甘泉出づ。草木植《そだ》ち、禽獣育ち、生ける人は立ち、死せる人は入る。（原漢文）

土からは五穀が生じ、それを掘れば美味しい地下水が出る。そして草木が植わり、鳥獣が育まれ、人が生まれてそこに立ち、死んでその中に入る。その土のように生きるべきだ、とさとす内容で、甘泉は万物を育むものとして用いられている。

青春時代の書斎窈窕邱には、父昭陽の描く娘の幸せが託されていた。そしてまた、少琴が夫と過ごした書斎好音亭には、教育者としての理想が託されていた。転居の度に移築し、生涯使い続けた書斎にはひとしおの思い入れがあったのだろう。斎号がすなわち生きざまであったのが、少琴の書斎である。

四、有煒楼

亀井南冥の門下で最も優秀と謳われていたのは、文においては南冥の長子の昭陽、詩においては原古処（一七六七〜一八二七）である。古処は、秋月藩主黒田長舒《ながのぶ》の信任を得て、寛政十二年（一八〇〇）には秋月藩藩校稽古館の祭酒に進み、さらに次の藩主長韶《ながつぐ》にも重用されて、御納戸役を兼ねるに至った。もとは四人扶持十四石無足組の家柄であったところから、百二十石の禄を食むようになったのだから、大変な出世であるし、そもそも儒者が藩政に与るということが非常にめずらしい。ところが、文化九年（一八一二）のこと。突然古処は失脚し、御納戸頭役を罷免され、さらには稽古館祭酒の職までも失った。南冥のような寛政異学の禁の影響と言うには、時を経ている。詳しいことはわからないが、政変に巻き込まれたものと考えられている。

采蘋（一七九八〜一八五九）は、その古処と母の佐谷氏雪との間に生まれた。本名は猷《みち》。兄に白圭《はくけい》、弟に瑾次郎《きんじろう》が居り、ことに白圭は亀井南冥、昭陽父子に学んで、稽古館の訓導に任ぜられる秀才だったが、古処は采蘋にも兄弟と変わらぬ教育を施した。腕を挙げた采蘋は、失脚後各地を訪れ経書や詩を講じていた父にしばしば伴い、さらに、文化十四年、筑前甘木に古処を盟主として結ばれた詩社「天城詩社」にも参加した。父の留守中に家塾の代講を務めることもあったという。

当初、古処は男子であろうが女子であろうが区別なく、采蘋自身がその才能を開花させることを望んでいたのであろう。しかし、自らが失脚して後、継嗣の白圭が結核を病み、さらに弟の瑾次郎までもが同じ病に倒れるに及んで、采蘋に原家の命運を託そうと考えるに至った。儒者として詩人として大成し、原家の学問を守ることを願ったのだ。

文政六年（一八二三）には、彼女をつれて長崎の唐人屋敷に赴き、滞在中の清人と詩のやりとりをさせ、柳篔池館《りゅううんちかん》では詩を講じさせた。経験を積ませるという以上に、彼女の名を詩壇に知らしめようとしたものと思われる。

さらに、文政八年には、彼女に単身江戸へ出て儒者として身を立てるよう命ずる。古処が倒れたため、采蘋は旅の途中で京都から引きかえし、父の看病に努めるが、翌文政十年に古処は没し、その遺言に押されて、采蘋は再び江戸に向かった。文政十一年から二十年あまりを彼女は江戸で過ごす。兄の白圭は文政十一年、弟の瑾次郎は天保三年（一八三二）に亡くなり、郷里には独り母が残っていた。老母を見るべく、嘉永元年（一八四八）に帰郷。母を連れて、屋永《やなが》村（甘木市）や山家《やまえ》駅（筑紫野市）で家塾をひらいていたが、嘉永五年に母を見送って後は、天涯孤独となった。

晩年の彼女の望みは、父古処の遺稿を刊行することにあった。版行となれば、上方か江戸に上らねばならないし、その道々で揮毫し、出版資金を蓄えようとの心づもりであったのだろう。萩を訪れたところで病を得て、そのまま亡くなった。六十二歳であった。

采蘋は、亀井少琴と同年、二月ほど後の生まれで、昭陽と古処が親しかったことにより、幼いころから親しく行き来をし、手紙をやり取りする仲だった。後年の作から見れば、少琴の方が画で長じ、采蘋の方が詩に長じていたようだ。しかし、良きライバルとして切磋琢磨していたことと察せられる。

少琴が窈窕邸という書斎を与えられていたように、采蘋も書斎を持っていた。斎号を有煒楼《ゆういろう》という。さて、窈窕邸と有煒楼と、どちらが先に作られたものか。それは全く分からないのだが、いずれかが先に作られ、「お父さま、私にも書斎を作ってちょうだい」とおねだりするもう一人の少女の姿を想像するのは楽しい。少琴の斎号が『詩経』から採られていたのと同じように、采蘋の斎号も『詩経』から採られている。邶《はい》風の「静女」である。「静女」とは古注では、「貞静なり。女の徳は貞静にして法度有れば、則ち悦ぶべし」とあり、操持ある女性を称賛する詩として解

されている。その第二章に

静女其孌　静女　其れ孌《うつく》しく
貽我彤管　我に彤管《とうくわん》を貽《おく》る
彤管有煒　彤管　有煒にして
説懌女美　女の美しきを説懌《よろこ》ぶ

つつましく、うるわしい女性が私に赤い筆をくれた。赤い筆はとても赤く、その人の美しさがうれしい。「彤管」は、赤い軸の筆の意。宮中や後宮のことを記すために女官が用いた筆を指す語として用いられるようになる。「煒」は、『詩経』の注では古注も新注も「赤き貌」というが、この字には明るく輝くさま、という意もある。『詩経』から女性の徳を称える詩を選んで娘の斎号に用いるところは、昭陽も古処も同じではあるが、中でも女性の筆を取り上げた語を選んだ古処の真意は、良き夫を得ることを意味する語を選んだ昭陽とやはり異なっている。「わが娘の筆に輝きあれ」と願っているようだ。

采蘋の号もまた、『詩経』にもとづく。こちらは、召南の「采蘋」という詩で、先祖の祀りを敬虔に行う女性を称えるものである。新注では、女性は若い妻と解釈されるが、古注では、嫁入りが決まった娘とされる。第一章で

于以采蘋　于《ゆ》きて以て蘋《うきくさ》を采《と》る
南澗之濱　南の澗《たに》の濱に
于以采藻　于きて以て藻を采る
于彼行潦　彼の行潦《かうらう》に于《おい》て

うきくさを採るのは、南の谷の岸辺で。藻を採るのは道ばたの水辺で――と、お供えの草を準備するようすが歌わ

れ、第三章では、

　于以奠之　于きて以て之を奠《お》く
　宗室牖下　宗室の牖《まど》の下に
　誰其尸之　誰か其れ之を尸《つかさど》る
　有斉季女　斉《つつ》しめる季《すゑ》の女有り

お供えするのは、霊廟の窓の下に。この祭祀をつかさどるのは、敬虔な末のむすめ——と、祖先の祀りを粛々と行う女性が描かれる。

「采蘋」の詩も、古注では嫁入り前の娘の花嫁修業と解されているから、娘がいつか嫁ぐことを古処も想い描いていたのかもしれない。しかし、「采蘋」の主題が、まずは身を慎んで先祖の祀りを取りさばく女性を称賛する所にあることを思えば、結果論と言われればそれまでだが、儒家としての原家を再興することを託された彼女の生涯に通ずるところがある。

　采蘋の詩稿はかなり散逸しており、若いころのものは比較的多いが、房総半島に旅した折のまとまった作品がある他は、江戸で作られた詩と帰郷後の晩年の詩がそれぞれ若干残るのみである。秋月郷土館には自筆本を含む写本が数種蔵されており、その中に『有煒楼詩稿』と題する自筆本と、『有煒楼草稿抜萃』と題する写本がある。後者は、秋月桐隠生なるものの写本で、内題は「原氏采蘋女史詩」とあるから、采蘋自身がつけた書名ではないが、前者は采蘋の命名である。この『有煒楼詩稿』所収の詩が、残された采蘋の詩の中で最も若い頃に作られたもので、二十歳前後から二十四歳くらいまでのものを収めている。その中には、有煒楼を詠ったものも見える。

偶興

看破人間世　看破す　人間世《じんかんせい》
閑眠有煒楼　閑眠す　有煒楼
夢裡生春草　夢裡《むり》　春草を生じ
魂為蝴蝶遊　魂《こん》は蝴蝶と為《な》りて遊ぶ

俗世間をかくなるものと見ぬいて、わが書斎でしずかにまどろんでいる。劉宋の謝霊運が謝恵連の夢を見て「池塘《ちとう》春草を生ず」の句を得たように、私も夢の中で詩を吟じ、荘子のように胡蝶となって舞い遊んでいる。

終わりに

人知れず漢詩文を綴っていた女性たちがいたとしても、それを追う術はない。本稿で取り上げた詩人たちは、幸運にもまとまった数の作品を後世に残し得た人たちである。江戸時代には、他に詩人梁川星巌の妻張紅蘭（一八〇四～一八七九）、加賀藩家老横山致堂の妻蘭蝶（一七九五～一八一五）と蘭畹（一八〇五～一八六三）らがいるが、彼女らは結婚後に夫の導きで詩を賦した人々である。おそらく、恵まれた環境にあったと推測されるが、詳しい暮らしぶりは分からない。少なくとも、独身時代から詩を善くした女性たちが揃って「自分ひとりの部屋」を持っていたのである。

ただ、彼女たちはウルフの言う「年収五百ポンド」――全く自由に使える充分な収入には恵まれていなかった。それは、当時の日本の社会では望みようのないことであったから。しかし、もしも彼女たちにそのような自分ひとりのお金があったなら――文学史は変わっていただろうか。

注

① ヴァージニア・ウルフ『自分ひとりの部屋』（*A Room of One's Own*）。片山亜紀訳（平凡社ライブラリー、二〇一五年）に拠った。
② 読み下しは原則として版本の訓点に従った。
③ 文政三年三月江馬細香宛て頼山陽書簡に「時に、北山定置れ候へ共、アマリ竹に斗ヨリタル貴名字、名裊ハ不面白《おもしろからず》候ユへ、裊々を名に被成《なされ》、細香ヲ号ニモ被成《なされば》可然《しかるべく》候」とある（徳富蘇峰・木崎好尚・光吉澆華編『頼山陽書翰集』上、一九二七年初版、一九八〇年名著普及会復刻）。
④ 「江馬寿美子家文書」は、現在岐阜県歴史資料館に保管されている。
⑤ 「西都雅集展観書画題名目録」。亀陽文庫蔵。
⑥ 「万暦家内年鑑」は、昭陽らの手になる亀井家の年代記。『亀井南冥・昭陽全集』第八巻上（葦書房、一九八〇年）に影印所収。
※本文では、引用詩の書き下しにのみ、旧かなづかいを用いた。

旅する女たち
——江戸時代の伊勢参りにみる家と女性

山本　志乃

はじめに　——描かれた女たちの旅姿

江戸時代の旅、というと、近代的な交通システムが完備された現代と比べて、どこか制約のある、不便なものという印象がつきまとう。長距離をひたすら歩き、関所で足留めされ、橋のかからない川を苦労して渡る——。ましてや、そこを女性が旅するなどということは、よほどのことがないかぎり、無理があると考えるのは当然だろう。ところが、この時代の人びとは、じつによく旅をした。そしてそこには、女性も確かに含まれている。

元禄四（一六九一）年、オランダ商館長に随行して長崎から江戸まで旅をしたドイツ人医師のケンペルは、東海道の印象をこう書き記す。

この国の街道には毎日信じられないほどの人間がおり、二、三の季節には住民の多いヨーロッパの都市の街路と同じくらいの人が街道に溢れている。私は、七つの主要な街道のうちで一番主な前述の東海道を四度も通ったので、その体験からこれを立証することができる。これは、一つにはこの国の人口が多いことと、また一つには他の諸国民と違って、彼らが非常によく旅行することが原因である。

（『江戸参府旅行日記』）

そして、最も注目すべき旅行者としてまず大名行列をあげ、続けて「伊勢参りの旅に出かける人たち」について述べている。

この参詣の旅は一年中行われるが、特に春が盛んで、それゆえ街道はこのころになると、もっぱらこうした旅行者でいっぱいになる。老若・貴賤を問わず男女の別もなく、この旅から信仰や御利益を得て、できるだけ歩き通そうとする。

（同書）

ケンペルの目には、参勤交代の大名行列に次ぐ街道の群衆として、伊勢参りの人びとの姿が印象付けられていたことになる。

夏見の里（『伊勢参宮名所図会』巻之二）

こうした庶民の旅の隆盛を裏づけるように、出版文化が花開いた一八世紀の終わりから一九世紀半ばにかけて、「名所図会」とよばれる一連の書物が相次いで刊行された。大型の版本で、各地の地名、社寺、名所、故事来歴などが記され、豊富な絵をはさんでいるのが特徴である。

そのひとつ、寛政九（一七九七）年に刊行された『伊勢参宮名所図会』（蔀関月編画）は、題名どおり、伊勢参りをテーマとした名所図会だ。ここにもまた街道を行くさまざまな旅人が描かれ、その中に女性の姿を数多く見ることができる。

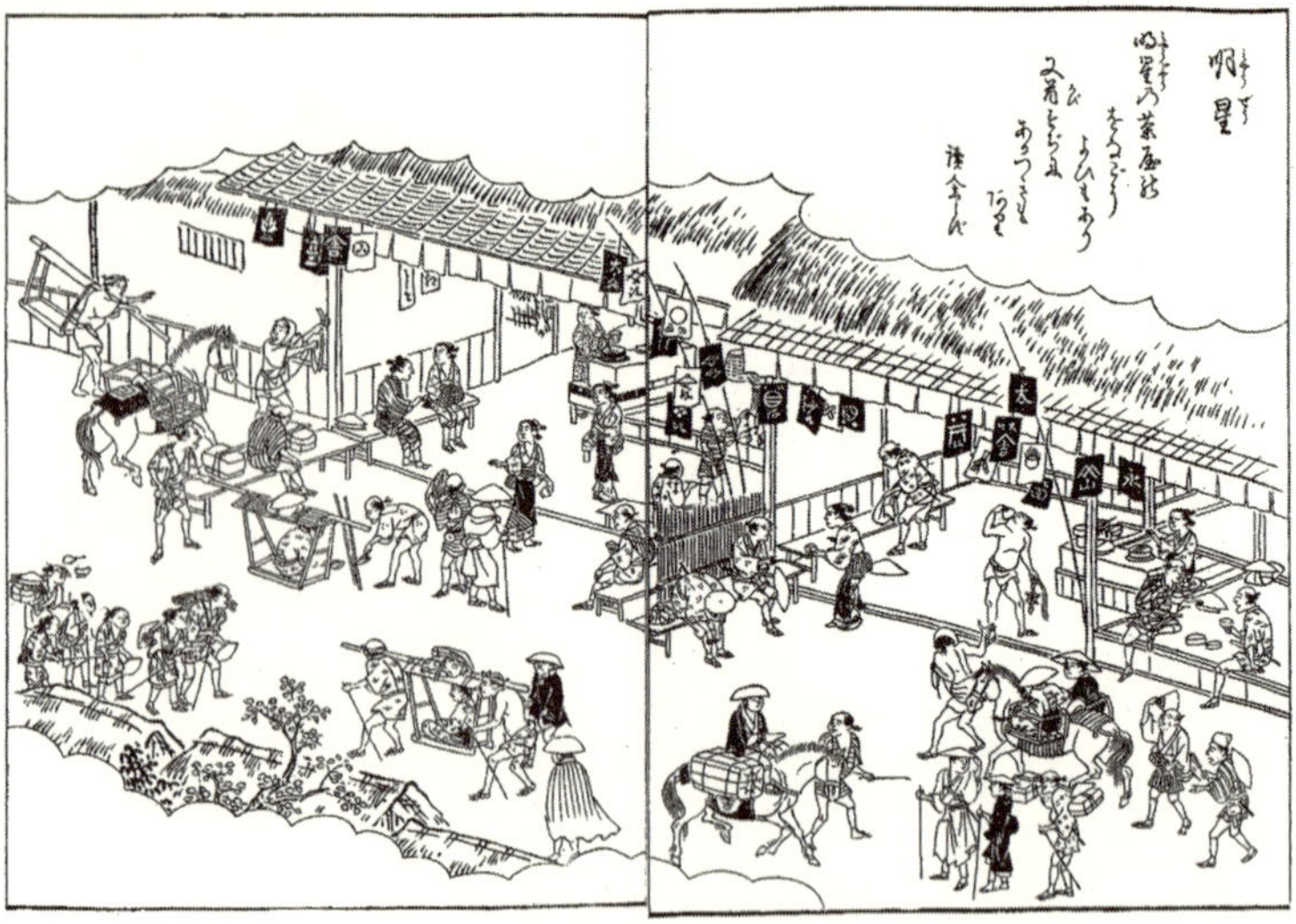

明星（『伊勢参宮名所図会』巻之三）

たとえば、巻之二の「夏見の里」。身なりのよい二人の女が、侍女と荷持ちの男を引き連れて、茶店のからくり人形をのぞきこんでいる。その奥の縁台では、やはり二人の女が、それぞれきせると扇子を手に休憩中。藤棚と茶店のところてんが、初夏の風情をかもし出している。

あるいは巻之三の「明星」。参詣者で賑わう茶店の前を、駕籠に乗って通る女がいれば、馬の背に取り付けられた通称「三宝荒神」の鞍におさまって行く女もいる。同じ道の端には、巡礼の家族だろうか。つつましい身なりの男女六人が歩いている。うちひとりは老女のようだ。杖の端をつかみ、前を行く女にこれを引いてもらっている。

江戸時代は、「物まいり、遊山すきする女房は離縁すべし」という慶安御触書の文言に集約されるとおり、女の旅を否定した時代のはずであった。しかし、それらが建前でしかなかったことは、これらの絵を見れば一目瞭然である。

もとより、自由な往来を原則として禁じられていたのは、女たちに限ったことではない。手形なしには関所の通過がかなわなかったこの時代、五穀豊穣や家内安全を願う社寺参詣は、庶民にとってもっとも都合がよい旅の「大義名分」であった。なかでも伊勢参宮は、全国規模で展開した「講」のシステムを基盤に、旅する人びとの層をいっそう厚いものにした。

「伊勢講」は、たいていが各地の村（都市部では町）を単位とし、その村や町を構成する家の代表者、すなわち家長たる主人が成員となって組織される。各成員がそれぞれお金を出し合い、籤《くじ》で選ばれた代表者が、年に一度その旅費を持って伊勢参りに出かける。いわば、公費を使っての出張のようなものである。成員はだいたい三〇～四〇人程度だから、一生に一度は順番がめぐってくる。家の代表、講の代表として行くからには、それなりの役割を果たさなければならない責任もある。そこで、伊勢神宮への参拝のみならず、道中で各地の産物や産業を見聞し、その知識を地元に持ち帰る。伊勢参宮が江戸時代後期の経済発展と旅の大衆化に果たした役割の大きさは、一八世紀後半から一九世紀にかけて、伊勢参宮を契機とする全国周遊型の旅のスタイルが定番化したことからも十分にうかがうことができる。


その一方で、江戸時代の女性の旅については、従来考えられていたよりもはるかに積極的に旅をしている、という以外に、これを体系的に理解することは難しい。というのも、女の旅には、先述した講の代参のような社会的に制度化されたものがほとんどなく、基本的には個人単位でなされるため、公的な記録として残りにくいからである。先の名所図会のような絵画資料や、一部の人の手によって残された旅の記録に頼らざるを得ないのが現状といえよう。

そうした中で、過去二〇年ほどの間に、旅日記を中心とした資料から女性の旅を分析する試みが進められ、その具体像が明らかになってきた。[①] 以下、それらの成果をふまえながら、江戸時代の女性の旅の特徴と、その背景について考えてみたい。

一、文芸の教養――旅の契機と適齢期

女性史研究家の柴桂子は、江戸時代の女性が書き残した旅日記を調査し、収集した一三〇点あまりを分析した。[2]旅日記の書き手は、東北から九州まで全国に及び、書かれた年代は、一八世紀末から一九世紀のもの、つまりは江戸時代末期が八割近くを占める。

旅日記を書く、という事実がすでに示しているとおり、書き手はいずれも、高い文芸の素養をもった女たちである。その出自は、武家階級に限らず、農民、町人、神官や医者の家族などさまざまで、四〇歳代以上が半数以上、とくに五〇歳代での執筆がもっとも多い。

江戸時代の後期になると、著名な国学者の門弟たちが各地で塾を開き、地方の女たちもこうした塾で古典や和歌を学ぶことができた。たとえば、北筑前の神職伊藤常足には、数百人の門人がおり、そのうち七～八〇人は女性であったという。門人仲間だった筑前の商家の主婦、小田宅子《いえこ》と桑原久子は、天保一二（一八四一）年に知人と従者あわせて七人で、伊勢から善光寺、日光、江戸などをまわる五ヶ月もの旅をしている。宅子と久子は帰着後にそれぞれ「東路日記《あずまじのにっき》」と「二荒詣日記《ふたらもうでにっき》」[3]を記し、行く先々で詠んだ和歌を織り交ぜた、情緒豊かな紀行文を残している。

また、のちに詳しく紹介する江戸の商家の主婦、中村いとは、文政八（一八二五）年に知人の伊勢講代参に同行して二ヶ月半の旅を経験し、「伊勢詣の日記」[4]を残している。いとはその中で、娘時代にしばしば江ノ島や鎌倉など近郊の名所を訪れて、都の名所や須磨明石などの古典文学の舞台に思いを馳せていたことにふれ、「み子たちも多くて手わさいとなみもしげければ　宮寺に詣するもこゝろにまかせす　少しも静にいとまある時は　名所図絵なといふ文

くり返して　その所にあそふのおもひをなせり」と書いている。嫁いでからは、たくさんの子どもの世話や家事に明け暮れる毎日で宮詣もままならず、名所図会の頁を繰っては、旅への思いを募らせていたというのである。大判の名所図会は単なる旅行案内書ではなく、歴史的な故事・伝説が多く記載され、文芸をも取り込んだ教養書であった。

ところで、旅日記を残した宅子も久子も、そしていとも、みな子育てを終え、家督を譲り渡した隠居世代の女たちだ。講と代参のシステム外にあった女性の旅は、旅費を自前で捻出できるだけの経済力を必要とする。庶民の生活が安定するようになった江戸時代後期には、町場だけでなく農村でも、かなりの自己資金を有する女たちが存在したが、彼女たちもおそらくそうだったのだろう。

家事全般から開放され、相応の教養と経済力を身につけたとき、女たちは家を離れ、思い切った旅に出た。ライフステージとの相関が色濃く反映するのは、女の旅の大きな特徴といってよい。

ここで再び、冒頭の『伊勢参宮名所図会』に描かれた旅する女たちに注目したい。

「夏見の里」に描かれた、茶店のからくり人形を指差す女と、手を引かれる女。そのいでたちから、二人の世代が異なっていることがわかる。帯を前で結び、眉を落とした右の女性は年配の既婚者。暑さのためか、片袖を脱いだ姿にどこか幼さを残す左の女は、娘か孫であろう。同様に、背後の縁台に腰掛ける二人の女も、キセルを片手に座る女は既婚者、扇子で胸元をあおぐのは若い娘。こうした絵図は、一見すると簡易な線描のようだが、実は細かく書き分けてある。じっくり見つめていると、いろいろな発見があっておもしろい。

旅日記を多く残した四〇～五〇代は、女性の旅の適齢期であるが、ここに描かれているような嫁入り前の若い娘たちも、旅する層として確かに存在していた。これもまた記録には残りにくいのだが、近畿周辺では、通過儀礼のひとつとして若者が伊勢参りに行く習慣があり、そこに未婚女性が同行する傾向が指摘されている。実際に、兵庫県明石市東二見に残された伊勢講の記録では、明治中頃まで女性の参宮者が含まれていたという。こうした地域では、男女問わず、伊勢参りが一人前として社会に認められる儀式となっていた⑤。

何気なく描かれた名所図会の中の年配女性と若い娘との組み合わせは、じつのところ、女の旅人の二極化という実態をよくとらえている。そしてこの二極化は、その後近代になっても、依然として女の旅を特徴づける。

作家の林芙美子は、昭和九（一九三四）年一一月発行の雑誌『旅』の中で、「婦人へ奨める旅の話」と題して女性の一人旅の難しさを書いているが、そこにこんな一文がある。「日本で旅行く女を見ると、たいてい女学生とお婆さんにきまつてゐる」。女性の旅の主軸を担う中高年はさておき、女学生とあるのは、当時すでに国民的行事として定着していた修学旅行生のこと。つまりは、若者の通過儀礼的な旅を意味する。

昭和初期は、鉄道網の広がりや団体旅行の普及などで、旅の大衆化が一層進んだ時期である。その時代にあってもなお、一般的な女性のライフステージの中で、旅が不可能となる年代が存在した。近世に端を発し、近代で拡大した「旅の大衆化」現象は、こと女性においては、限られた年代という制約付きだった。その制約から解放され、女性の旅が本当の意味での大衆化を果たすのは、戦後の高度経済成長期以降となるのだが、本稿の主題からは外れるので、これについてはまた別稿を期したい。

二、抜け参りの実態――清河八郎『西遊草』より

江戸時代の旅に話を戻そう。

ライフステージのほかにも、女たちの旅に制約を加える要因がいくつかあった。

ひとつは、当時の移動手段が徒歩を基本としたこと。そのため、さきほどの絵図を見てもわかるとおり、女性が一人で、もしくは女性だけで旅するということは、瞽女《ごぜ》や比丘尼《びくに》などの職能者を除いてまずない。必ず男性を含むグループで旅するのが普通だった。一般女性の一人旅が見られるようになるのは、鉄道が普及してからのことである。

そしてもうひとつは、関所での女改めである。関所を通過するには、身元や旅の理由などを明記した通行手形を必要とした。とくに女性の場合、通過する関所ごとに手形が必要で、記載された事項に少しでも誤りがあれば差し戻されるという厳しさだった。

庶民の旅が隆盛となり、旅する女性が増えるに従って、煩わしい関所を迂回する抜け道がおのずと発達することになる。そもそも伊勢参りには、抜け参りという無手形での旅を容認する慣習があった。そのため、本来は重罪であるはずの関所抜けも、さほどの罪悪感もなく行われたのかもしれない。

こうした女性の抜け参りは、旅日記の中にもしばしば見ることができる。そのひとつが、幕末の尊攘派志士として知られる清河八郎が残した『西遊草』である。[6]安政二（一八五五）年、母親を連れて伊勢参宮の旅をした際の旅日記だ。

清河八郎（一八三〇～一八六三）は、出羽国清川村（山形県東田川郡庄内町）で酒造業を営む斎藤家に生まれた。一八歳で江戸に出て学問を修め、二五歳のとき昌平黌書生寮に入寮。このとき斎藤家とは別に一家をたてて清河八郎を名乗った。同年神田三河町に塾を開くが、火事のため類焼。翌年に帰郷して、母亀代の多年の望みだった伊勢参宮を思い立ち、貞吉という供を連れて三人で全国を旅した。

旅程は、三月二〇日に故郷を出立し、日本海沿岸を越後の直江津まで南下。信州の善光寺、名古屋を経て、伊勢参宮ののち、奈良・京都・大坂をまわって山陽道を西に進む。讃岐の金刀比羅宮に参拝して、さらには安芸の宮島から岩国の錦帯橋まで足を伸ばす。帰路は東海道を東に進み、江戸見物を終えてから、北上の際に日光へも参拝。郡山、山形を経て、九月一〇日に帰郷というもので、全行程一六九日間の大旅行であった。

この旅日記の特徴として、詳細な記述が第一にあげられる。道中の景色や遭遇した人々、宿、飲食、名物などがのびやかな筆で綴られ、読むだけで当時の旅を追体験できる。また、日記とは別に、供の貞吉が記した出納記録（清河八郎記念館所蔵の小山松勝一郎関係資料）も、全行程を網羅してはいないものの残されていて、これらをあわせみることにより、旅の経済事情もある程度把握することが可能である。

八郎の生家は、村内における社会的な地位も高く、経済的にも比較的裕福であった。また八郎自身が文武に秀でた逸材でもあったので、彼の記述そのものを、当時一般の旅として単純に考えることはできない。しかし、彼と同郷の講の代参六名が、八郎に先立つこと約三〇年、文政九（一八二六）年に伊勢参りをした際の「伊勢参宮道中記」[7]をみると、旅の経路はほぼ同じであり、他の道中記の記述と比べても、『西遊草』に書かれた旅の慣行や飲食、宿泊などに、さほど特異な点はみられない。ここから、当時の伊勢参りがある程度パターン化され、基本的にはそれにのっとった形で八郎の旅も遂行されたと想定することができる。

『西遊草』の書き出しは、安政二（一八五五）年三月一九日、母亀代の出立にはじまる。

有雨。伊勢詣での期すでにいたり、昼頃より母は僕をいざなひ、雨をしのぎ、鶴ヶ岡にいたり、伯母なる政氏をうながし、あらかじめ同行の約をなす。されども子細ありて菅谷参詣と世間に披露せるゆへ、別にわかれの酒宴もひらかず[8]。

八郎の出立は翌日の二〇日。ひと足先に母と供の二人が鶴岡に向かった。行き先は母の実家、鶴岡の富商として知られる三井弥吉家である。「伯母の政」とあるのは、母亀代の長姉で、婿をとって三井家を継いでいた。

ひとまず母の実家をめざしたのは、この旅が伊勢参宮ではなく、越後にある菅谷不動《すがたに》（新潟県新発田市の菅谷寺《かんこくじ》）への参詣を名目としていたことによる。菅谷寺の不動尊は眼病にご利益があることで知られていて、八郎の母も先年眼をわずらったことから、旅立ちには自然な理由であった。三井家の政は、この菅谷不動までを同行する約束になっていた。

「子細ありて」とあるのは、つまりはこの旅が、通行手形を持たない「抜け参り」だったことをさしている。抜け参りの場合、制度上は違法にあたるわけだから、これを公表することはできない。長期の旅に出立するときには、坂送りとよばれる盛大な酒宴を開くものだが、それもなく、ひっそりと出発したようだ。このように、比較的近場の社寺参詣を理由に旅に出て、体調がよかったのでそのまま伊勢まで行くことにした、といういいわけは、抜け参りの常套手段である。おそらく周囲の人々も、こうした事情は充分察知したうえで容認していたのだろう。抜け参りそのものがもはや慣例化していたことのひとつのあらわれといってよい。

長い道中では、当然ながらいくつもの関所に遭遇する。そのたびに、そこを抜けるスリルが待ち受けている。最初の関所は、出立からおよそ一ヶ月たった四月半ば、越後と信濃の国境にある関川の関所である。

新井より善光寺には十五里ならであらざれば、男子の足ならばその日の中にいたるべきに、六里さきに関川の番所ありて、婦人を通さぬゆへ、いづれも関川にやどり、早天にしのびいづるなれば、女人連ははやくともかならず関川に一夜をあかすなり。

時間的にはまだ日も高く、その先まで歩みをすすめることができたが、関所の手前で一泊することを余儀なくされたという。関所を手形なしで抜けるため、ここに宿泊し、早朝にこっそり通過する必要があったからである。

関所の脇には抜け道があり、その道案内を担っていたのは、ほかならぬ関川の宿の案内人たちであった。つまり、関川の宿場では、関所抜けをする人を泊め、その道案内をすることが、生業のひとつとなっていたわけである。

八郎の記録には、「関川より宿引き多くいで、いろいろのいつわり申しふらし、あるいは人によりていろいろおどしなどいたし、にくむべきありさまなり」とある。とくに女連れの一行に対して、関所抜けの恐怖をことさらに語り、強引に客引きをするさまがみてとれる。さらに、この日、越後から善光寺参りにきた一三人の女たちと同宿した八郎は、この女たちの供の男から、関所抜けに同行させてほしいと頼まれる。初めて旅に出てきた女たちは、宿引きの大仰な脅し文句を真にうけて、関所抜けをしり込みするほど動揺してしまったらしい。

翌朝の未明、八郎一行と善光寺参りの女たちは、宿の案内で暗い細道を通り、関所の柵木をぬけた。この関所は上り下りともに女性に厳しく、そのため下りの場合も野尻の宿に一泊し、夜明け前に抜ける必要があったと書かれている。宿場の税収は、幕府にとっても貴重な財源である。「是又天下の憐れみなり」という八郎の記述からは、関所抜けそのものが、公儀にとっても暗黙の了解となっていたことをうかがわせる。

その後、木曽福島の関所をさけて脇の往還を行き、飯田の先の初瀬《いちのせ》（市ノ瀬）の関でも脇道を抜ける。ここはそも脇往還とあって、関所も形ばかりのものだったようだ。「一体女人道の事ゆへ、唯名のみにして、関所を眼下に見落としながら通るなり」とある。

七月半ば、伊勢参宮を終え、西国をまわった帰路、東海道の気賀《きが》で関所越えとなる。ここは新居の裏番所と呼ばれる関所であったようで、船を使って浜名湖東岸の呉松に抜けることになっていた。ただし夜でなければ船が出ないので、関川と同様に、早い時間から宿をとらなければならなかった。また、この日七月一九日の記述には、新居の関所が前年の津波で大破損し、そのため湖の往来にたいへんな支障をきたしていたことがあわせて記されている。

すべて女中をしのび越にいたすゆへ、何事も不法の言葉多く、呉松迄僅《わずか》二、三里の所を五里ほどに申ふらし、壱艘にて壱分などといろいろ高大にいたすゆへ、隣坐にある名古やの男女、我坐にきたり、とてもねだりがましきゆへ、陸を歩むべきよふ懸合《かけあい》、可然《しかるべし》とてありしに、終《つ》ひ船頭壱人にいたし、鳥目壱貫文とさだむ。女をつれては何《いず》かたにても無理なる事ばかり申ふらし、余程気を用ひずば、多くは人のあざけりにあふなり。

女性の関所抜けが慣例化していたことに伴って、その弱みにつけこむ荒稼ぎもまた、横行していたことがうかがえる。女性の旅に必ずといってよいほど供の男性を必要としたのは、こうした応酬に備えてのことでもあったのだろう。

気賀の関を抜けた四日後には、箱根の関所を通過する。箱根は、俗に「入鉄砲に出女」というとおり、江戸を出て都方面へ行く上りの女に対しては厳しい一方で、逆方向の下りについては改めがなかった。八郎はおそらく、このことも計算に入れたうえで旅のコースを決めたのではあるまいか。難関の箱根を無手形で通過するためには、東海道を帰路に選んで東進することが必要であった。とはいえ、その天下一の関門でも、関所抜けは常習化していたようである。関所を越えた先には人家があり、「窃《ひそか》に関所の往来人を助《たすく》る所とぞ」と書いている。

江戸見物をすませ、八月末には日光街道の栗橋の関所に至る。関所手前に抜け道があり、利根川越えに百文を払わされた。「しのびの体なるより、よりどころあらず」と、これもまた仕方ないこととしている。

抜け参りの記録として『西遊草』を早くから評価し、分析している深井甚三は、他の抜け参りの記録も傍証した結果、多くの関所において、抜け参りや女性旅人のためのなかば公然となった抜け道が、一八世紀中頃の宝暦・天明期にはすでに開かれていたことを指摘している（『近世女性旅と街道交通』桂書房、一九九五年）。

実際に、『西遊草』の記載からは、非合法な関所抜けがあからさまに行われ、それが一種の街道稼ぎにもなっていた実態をよみとることができる。江戸時代後半には、女性の関所抜けが、もはや旅のシステムのひとつとして確立していたといってもよいだろう。

三、清河八郎がみた女性の旅

『西遊草』には、ところどころで、八郎母子が遭遇した他の女性の旅のようすが垣間見られる。まずは母亀代の実姉である伯母の政である。政は越後の菅谷不動までを同行する目的で、鶴岡から一行とともに出立した。しかし八郎の本意は、政をその先の長い旅に連れ出すことにあった。

伯母政氏は婦人といへども万事に達し、平常の男子の及所《およぶところ》にあらず。故に夫に別れしより四人の子供を養ひ、専ら家事を引受《ひきうけ》、男子の任を以て渡世いたし、いろいろの難苦にあひ、終始安心の時もなく、病に身をたしなめ、毎《つね》に憂を懐くのみ。朝暮鬱々として光陰をいつ果《はつ》べき期もあらで、憐れのいたりなり。

伯母の政は夫の死後、一家の柱として家政を切り盛りし、たいへんな苦労があったようだ。そのため八郎は、このたび母を伊勢参宮に連れ出したのを機に、少しでも伯母の憂さ晴らしになればと、同行を勧めたのである。しかし政は、持病や家族への遠慮もあってあまり乗り気でなく、さらには参宮に出立したらしいことが本家に知れ、当主が立腹しているとの知らせにますます気弱になってしまう。八郎の勧めで新潟までしぶしぶ同行したものの、故郷のようすばかりが気になって一向に楽しむ気配がない。ついにはここで帰郷することに決め、八郎も強いてひきとめることもできず、政は鶴岡に帰って行った。

こうした伯母の一連の行動からは、女性の長旅が、講の代参ほどには社会的に認知されていなかったことを思わせる。村の公的な任務として行く代参と、行程としてはほとんど違いがないにもかかわらず、女性の旅はきわめて個人的な、遊山の域を出ないものとしかとらえられなかったということであろう。長期にわたって家をあけることが許されないほど、家の中での政の存在が重要な位置にあったということもあるだろうが、旅に出るのはやはり、それほど簡単なことではなかった。

また、新潟の旅宿「松木や」の女房が、八郎一行を送りがてら、唐突に善光寺参詣を思い立つくだりがある（巻の二）。町役人を務める主人が留守のため、一行を送りに出た松木やの女房は、二日ほどたったところで、善光寺まで同行したい旨を申し出る。八郎は驚いたものの、母の話し相手にもちょうどよかろうと、申し出を受け入れる。ただし、不意に出てきてしまっているので、家にことわりを入れなければならず、八郎はいきさつを書いてこれを松木やに送る。

松木やの女房の行動は突発的で、八郎も「いわゆる連にひかれて善光寺まひりとやら」と書いているが、こうしたきっかけで旅立つ場合もあったのであろう。しかしこの女房は結局、出雲崎まで来たところで家の使いの者に追いつかれ、帰るよう諭されて、善光寺参りを果たさないままやむなく帰路につくことになる。伯母政と同様に、一見奔放にみえながら、女性の旅にはさまざまな制約がついてまわったことを思わせる。

こうしたことを、当の八郎も、自身の母親の身におきかえ、つぎのように述べている。

格別不自由もなき家にありながら、母は入らぬ事にのみ心配ありて、一向に伊勢参《いせまいり》も致さずある故、此義を深く計らひ、今度同道いたし、西遊せしに、幸ひあますところなく、且不自由も致さず、帰家にをもむくは元より家の為とはいひながら、一旦の決断による事なり。

我親類中にも万金を重ぬる家の母たるものは、一寸もさきにいづる事能わず、さりとて窮人民〔を〕救ひ施し、正義を志にもあらで、いたづらに今日の利慾にのみ心を用ひ、空しく黄金の守《もり》と相成、人間界の楽しみもしらぬものままあり。憐れむべきのいたりなり。

この当時の家における女性の立場では、やはりまだ、長期にわたって家をあける旅立ちそのものに、大きな決断を必要としたことがわかる。おそらく、八郎の申し出がなければ、母は伊勢参宮の旅を経験することなく一生を終えたのではなかろうか。

このように、江戸時代の女性の旅が、多くの制約や条件のもとで、限られた人々により実行されたことを思わせる一方で、八郎の記述には、そうした人々とは別種の、旅をする女性グループに出会う場面がある。ひとつは前述した関川の関所抜けで出会った、越後からの善光寺参詣の女性グループで、男性の世話役がひとり同行している。また伊勢では、地元酒田から来た女子連と偶然に行き会う。これにも男性の世話役がひとりついていたようだ。

女性だけのグループによる旅の慣行について、山本光正は近代以降の善光寺参詣絵馬などからこれを分析している。山本は千葉県夷隅郡岬町（現いすみ市）鴨根の清水寺に奉納された明治・大正期の絵馬二六点から、平均して十数名、多い場合は三〇名以上のグループによる善光寺参詣（その多くが日光参詣を伴っていたと思われる）が行われていたことを明らかにし、「絵馬の奉納はなかったものの、女性の善光寺参詣は近世にまで遡ることができると断定してよいだろう」としている。⑨

彼女たちがどのようなシステムで旅に出たのかは不明だが、旅日記を残すような富裕層に属する女たちとは明らかに異なる人々であったと想像でき、旅する女たちの層の厚さを思わせる。八郎が出会ったのは越後の女たちだが、近代以降にまで引き継がれた女性グループによる善光寺参詣が、地域的にどういった広がりをもち、どのような頻度で行われていたのか、興味深いところである。

八郎が伊勢で会った酒田の女子連たちも、御師の屋敷に宿泊しているようすはみうけられず、また伊勢音頭の見物に訪れていないこと、二見から船で三河の吉田へと渡ったようすなどから、当時一般的だった講の代参システムとは異なる旅の形態であったと思われる。女性の旅を多面的に理解するためには、今後さらなる資料の発掘と分析が必要であろう。

四、旅と遊興――中村いと「伊勢詣の日記」より

伊勢参りをした女性の旅日記を、もうひとつ紹介したい。江戸で御畳方御用達を代々勤める中村弥大夫家の嫁、いとが、文政八（一八二五）年に伊勢参宮をした際に書き残した「伊勢詣の日記」である。⑩いとの生年などの詳細は不明だが、中村家に嫁したのが文化二（一八〇五）年。当時の一般的な嫁入りの年代から推測すると、旅に出たときは三〇代後半だったと推測される。

旅立ちのきっかけは、日記の冒頭に書かれている。南伝馬町の親戚を訪ねた折、この親戚の娘の嫁ぎ先である天満屋（木挽町、矢田市郎兵衛）の姑みをがやってきて、今年は伊勢太々講で息子が参宮するので、自分も都めぐりをかねて行くことになった、という。ついては、男の中に女ひとりで行くのもわびしく、だれかよい道連れはないものかと思っていたところなので、ぜひ一緒に行かないか、というのである。いとにしても、かねてより伊勢参りをしたいと思っていたところだったので、よい機会であった。さっそく当主に相談して許しをもらい、同行の運びとなったわけである。

いと自身の旅の経験や旅へのあこがれは、本稿の冒頭で紹介したとおりである。娘時代に近郊の名所へ遊山を重ね、嫁いでからは、名所図会を眺めて旅をした気分に浸っていたというから、もともと旅が好きだったのだろう。

百里をへたてし旅路の　ことさら女子の身なれは　身にかなひたる道つれのあらてはおもひくわ立かたく　とに

もかくにも女子の身のこゝろにおもふのみにて　かなはぬ事そ多かる世のならひとくわんしくらしぬ

旅も遠路となると、女性の場合はとくに、適当な道連れがなければ実行が難しかった。「こゝろにおもふのみにてかなはぬ事そ多かる世のならひ」という記述からは、やはり女性の旅には、世間体や社会観念といったさまざまな制約がついてまわったことを思わせる。

三月一三日に江戸を出立。東海道を西に進み、半月後の四月一日に伊勢に到着。その後は奈良、和歌山を経て、船で瀬戸内海を行き、金刀比羅宮に参拝。さらに安芸の宮島、岩国の錦帯橋まで足を伸ばす。帰路は念願の須磨明石を通って大坂へ。京都でも数日滞在し、中山道に出て善光寺の開帳に参詣、六月四日に江戸に帰着している。全行程八一日間で、同行者は、天満屋の市郎兵衛、みを、手代のほか、いとの供人もついたようだ。この旅は天満屋の市郎兵衛が太々講で伊勢参宮をすることを第一の目的としているので、通行手形などの手続きも整っており、先の『西遊草』でみたような抜け参りではない。

日記に記された旅程は、当時一般的だった東国からの伊勢参宮の旅とほぼ同じとはいえ、金刀比羅宮から西に進むのは、かなり贅沢な拡大コースである。金銭の出納の記録がないので残念ながら詳細は不明だが、宿泊は御師邸もしくは旅籠を利用しており、京都や大坂で芝居見物を兼ねてしばらく滞在するなど、裕福な町人にふさわしい旅であったことがうかがえる。

また、瀬戸内海では船中ですごす日が続き、初めのうちは慣れないため、眠れないなどの体調不良を訴える記述がある。しかし船での移動は効率もよく、次第に慣れて、赤穂近くで上陸するときには「しばし馴し人々なれは　別るゝも心ぼそし」と、同船の人びとと別れを惜しむまでになっていたようだ。

大雨や嵐にあうなどの難儀はあったものの、日記の最後にいとが記した「伊勢まうてよし野たつたに須磨あかし安芸もさぬきも見てきそ路かな」という歌を見れば、当時の伊勢参宮としてはフルコースの旅程を経て無事帰着した満足感が、十分に伝わってくる。

さて、伊勢に到着した一行は、四月一日から六日まで、内宮御師《おんし》、藤波神主のもとに滞在した。藤波は禁裏御師をつとめる格式高い御師である。

いとの日記には、滞在中の御師によるもてなしが詳しくつづられている。そしてそれは、伊勢に入る前日、櫛田の宿に手代が来るところからすでに始まっている。

ふじ波よりも手代来り　鯛二まい　あわひ十はかり進物とて贈りぬ　いとあたらしによて調理す（三月二九日）

藤波の手代が、鯛とあわび持参で櫛田の宿に迎えに来たようすが記されている。翌日には駕籠が仕立てられ櫛田の旅籠を出発、宮川を越え、まず二見浦に行く。ここでも「山のうへの茶店にてさげ重などとり出休らひつ、」とあり、酒肴が用意されたようだ。その後藤波邸に到着するが、初日のこの時点でのいとの感想は、「種々馳走ありてうるさし」。あまりにも次から次へと続くもてなしに、いささか辟易しているようすがうかがえる。

翌四月二日は、内宮の参拝。念願の伊勢参宮を果たしたことに感無量で、旅を許してくれた当主に感謝し、中村家の安泰と繁栄を願っている。

神主のもとに帰りぬれは　七五三の料理とて種々さまさまなり　かねて聞しごとく太々講中へは御師よりの馳走はことに美をつくすといひしが　さることにてとりならべたる数多きを見るばかりなりける　無益の事なりといふべし

御師邸での飲食は、本膳形式の豪華なものだったことが各種の記録にみえる。例えば、弘化五（一八四八）年に讃岐の志度ノ浦講中が記した「伊勢参宮献立道中記」[11]によると、本膳から四の膳まで白木の膳で供され、全部でなんと一一もの膳が用意された。そこには「鶴」が食材として登場し、大名の献立に準じた饗応であったことがわかる。「絹揃い夜具四十枚」といった記述もあり、御師邸でのもてなしが並外れたものであったことをうかがわせる。

いとの記述で興味深いのは、これを「無益の事なり」としていることである。次々と出される料理も、手をつけずにただ見ているばかりで、あまりにもったいないと感じたようすがありありとわかる。このあたりは、いかにも生活感覚に敏感な、商家の妻らしい感想である。

その翌日は、駕籠で朝熊《あさま》山に行き、金剛証寺に参詣する。「山のうへには　藤波より弁当酒肴とり揃へ待出てちそう多し」とあり、鳥羽の七島を見渡す絶景に酔いしれながら、御師が用意した酒肴を満喫したようである。山から下りて外宮に参拝したあとにも「御師よりまたまた迎ひ出て待居りて　茶屋にていろいろ馳走す」とある。まさに至れり尽せりのもてなしぶりである。

御師の饗応は、伊勢出立の当日まで続く。駕籠で出立し、新茶屋まで送りに来て、ここでまた「色々馳走なり」と最後の酒肴が用意された。「いろいろ手間とり　松坂とまりとなる」とあり、この日は別れの宴に一日を費やしたようだ。

いとたち一行は、このように御師による過剰とも思えるもてなしを享受して、六日間の伊勢滞在を終えている。はじめこそ、わずらわしさを覚えていたように見えるが、伊勢出立の頃にはかなり満喫したようすがうかがえる。それには、後述する古市での伊勢音頭の見物が大きく関わっている。女性の旅人にとって伊勢での遊興がどのような意味をもっていたのか、さらにみてみたい。

五、伊勢音頭の楽しみ

いとの日記には、伊勢到着の翌日から、古市での遊興についての記述がある。内宮への参拝をすませたのち、「夕かた皆々つどひ出て　ふる市備前屋といふへおどり見にとて行にともなはれて興しあへり」と、まずは大楼のひとつである備前屋にでかけている。

古市は、伊勢神宮の内宮と外宮との間にひらけた遊廓で、一八世紀終りの天明年間頃には、人家三四二軒、妓楼七〇軒、寺三所、大芝居二場という規模をもっていた（『宇治山田市史　上巻』一九二九年）。『伊勢参宮名所図会』の記載によると、そもそも伊勢音頭は、この地で歌われていた川崎音頭が転じて座敷歌となったものであるという。

曲亭馬琴の『羇旅漫録』（享和二年〈一八〇二〉）には、「古市の総評」として詳しい記述がある。それによると、妓楼の入口には暖簾が二重にかけてあり、名目上茶店であることから、見世の隅に茶釜がひとつかけてあるという。客が来ると、遊女が一五人から二〇人ばかり残らず出てきて並び、座敷で酒盛りがはじまる。そのうち二人が三絃を奏で始め、遊女たちが同音でうたう。これがすなわち伊勢音頭であり、『伊勢参宮名所図会』の「古市」の挿絵にあるような、遊女による輪踊りが行われたのであろう。客はこれを見ながら敵娼《あいかた》を決めるが、直接のやりとりでなく、仲居を通して決めるシステムであった。『東海道中膝栗毛』の五編追加（文化三年〈一八〇六〉）には、上方のこうしたシステムを知らない弥次・喜多が、遊女をめぐって上方者といざこざを起こす一幕がある。

このように、古市での伊勢音頭は、少なくとも一九世紀初頭の段階では、いわば張見世の役割を背景にもちながら座敷芸の延長として上演されていた。ところが、いとの日記や、先にあげた『西遊草』、「伊勢参宮献立道中記」などの一九世紀半ばに書かれた日記には、この伊勢音頭のみを単独で観覧する遊びが定着していたようすが記されている。

たとえば、「伊勢参宮献立道中記」（弘化五年〈一八四八〉）にある妓楼「油屋」での見聞録は次のとおりだ。

仲居に伴はれて音頭の間に入れば、二十畳ばかりの座敷にして、正面より右手への廻り縁なり。毛氈を敷きし上に連中坐す。其の前に鼓形の菓子器に盃に定紋の笹丸入れし菓子を盛れり。（中略）歌はじまりしばらくして簾あぐれば、八角形の挑燈《ちょうちん》（ふち朱ぬり藍にて水のもやう紅にて盃ゑがく）七つ、簾あがると、ひとしく内より針金にて出る仕かけなり。しきのかたにころがし置きたるらんかん起き上る。蝋燭《ろうそく》多く、らんかんの先へともる。簾の奥は麻にして、水に盃の模様花やかにゑがきし幕をはりたり。かの幕にそへて朝がほの燈火、紅あげにて水に盃のもやう九つともし重れば、其の間白昼《ひる》の如し。十五六歳の女、萌黄羽二重水盃のもやうの熨斗目《のしめ》、帯は黒びろうど金糸水盃のぬい、緋鹿子《ひかのこ》の襟かけ、以上四人皆振袖、あとは皆つめ袖にして、襟かけなし、衣装は同様なり。踊女《おどりこ》惣人数十七人、地方《ぢかた》六人皆同様の衣装也。唄の合にてヨイ〱、ヨイ〱ヨイヤサ〱と同音に掛け声す。唄も大体すむころ、先へ出し分二三人は彼のまん幕の方へ入りしくらゐにて簾一同に落つ。

「音頭の間」という廻り縁のある二〇畳ほどの専用広間があり、客は毛氈の上に座って菓子などをふるまわれる。やがて簾が上がると、針金の仕掛けで提灯が現れて、欄干が起き上がる。背後には幔幕が張られ、揃いの衣装をつけた踊り手が十七人ほど登場し、地方の演奏にあわせて踊るという。大がかりな舞台装置と演出は、もはや座敷芸というより、「伊勢音頭ショー」とでもいうべき一種の舞台芸能である。

同様の記述は、『西遊草』にもある。ここに記されている妓楼も同じ油屋である。

まず音頭の座敷は別にしつらい、中二階にて、三拾畳ばかりも敷かる床など奇麗なり。廻り縁側にて、客人を床の前毛氈のうへに居《す》へ、名香をもやし、左右に三人づつはやし女いづるなり。三味線五丁、琴と胡弓なり。歌はじまりて座敷中鳴動いたし、人ごころ何もののいづるやらんと思ひしに、朱ぬりの欄干擬宝珠付にて蝋燭をならべ、下より引揚るなり。其仕懸奇麗にして、誰人もこころを浮さぬものもなし。それより同《おなじ》衣服の女、左右の椽下より踊りながらいづる。暫らくして中にて合ふ。それより踊ながら左右に身をちがへ、自然と椽の下にくだるなり。此にて歌曲やむなり。

専用の広間があることや、欄干が起き上がるなどの大がかりな舞台装置と、揃いの衣装をつけた踊り手のようすが記されている。八郎は油屋に、母と供の貞吉と三人で訪れている。「其あたへ僅《わずか》壱両にて、拾人にてもおなじく、我等は三人ばかりゆへ至てゆるゆるして楽しみき」とあり、観覧料が一グループにつき一両という設定であったことがわかる。

では、こうしたショー化した伊勢音頭の上演はいつごろから始められたのだろうか。『西遊草』の続きに、こうある。

我先年いたるときも、杉本にて見しに、今に比すれば誠に踈麁《そそ》なる事なりしに、焼失巳後《いご》、いづれも美をきそひ、終ひに右の仕懸をいたせしとぞ。

「先年」というのは嘉永元（一八四八）年のことで、八郎は伊勢を訪れ、古市の大楼のひとつである杉本屋に遊んだ。そこで見た伊勢音頭は、このたびのものと比べてさほど凝ったものではなかったようだ。もちろん、それぞれの妓楼で趣向は異なるだろうが、「焼失巳後」とあることから、火災で再建する機会があり、その際に大がかりな舞台装置を備えた専用広間を設えたことがうかがえる。古市では、嘉永六（一八五三）年六月に大林寺から出火した大火があり⑫、八郎のいう火災とはこのことだろう。

ところで、郷土史家の野村可通が著した『伊勢の古市あれこれ』には、「備前屋五代目の当主が、寛政六（一七九四）年、町内の一虎という彫刻師に工夫せしめたのが、せり上げ式舞台の始め」[13]という聞き書きが記されている。『宇治山田市史』には、寛政六年七月に古市一帯が焼ける大火があったことが記されており、[14]おそらくこの頃から一九世紀半ばにかけて、いくたびかの火災を契機として、順次各妓楼が競うように専用舞台を特設したのであろう。幕末頃の浮世絵には、玉蘭斎貞秀画「備前屋伊勢音頭の図」や歌川広重画「伊勢名勝古市伊勢音頭」などに、舞台芸能としての発展をとげた伊勢音頭のようすが描かれている。

いとが古市を訪れた文政年間の頃に、こうした大がかりな舞台があったかどうかは、日記を見る限りはよくわからない。しかし、備前屋に行った翌日には柏屋にも足を運んでおり、伊勢音頭の観覧を目的に、あちらこちらの妓楼を巡っているようすがわかる。さらにその翌日には、遊女たちを引き連れて芝居見物にも興じている。「天満屋のとじはいとはでやかなる女子にて　女郎芸者やうのものにもものくれなとすればなり」とあり、天満屋のみをが遊女たちに大盤振る舞いをしたという。男性の遊興空間と思われがちな遊廓で、女性がこうした遊びに酔狂するさまは、それ自体興味深い。

いとは、伊勢滞在の最終日にこう記している。

此ころ二三日は世に云伊勢をんどのおどりは　あくまて見たり　よききりゃうなる子供女子も多し　若き男のうつゝぬかすもことはりと云へし　女子にて見てはいとおかし

せり上がり式舞台の有無は別としても、ショー化した舞台芸能としての伊勢音頭が、いとやみをのような女性の旅人をも遊廓の客として招きいれたことは確かであった。母を連れた清河八郎も、伊勢音頭を評して「天下無双めづらしき興なり」「三都とも見られぬ奇妙の見物なり」としており、他に類例のない芸能であることを強調している。

遊廓で生まれる文学や芸能、高級遊女のファッションなどは、女性にとっても最先端の流行として興味をかきたてられるものだった。江戸見物をした女性の旅日記には、新吉原で昼見世を見物したことも記されている[15]。古市の伊勢音頭は、そうした女性の指向を核心的にとらえた、きわめて巧みな集客装置であった。そしてそのことはまた、この当時、旅人を迎える側にとって、女性の旅人の存在がもはや無視できないほどに重要な位置づけにあったことを物語っているのである。

おわりに——旅する主体としての女たち

江戸時代の大衆化した旅の様相を余すところなく伝える作品として、今も親しまれている十返舎一九の『東海道中膝栗毛』。これには、主人公の弥次郎兵衛・喜多八をはじめ、さまざまな旅人が登場する。大名行列、子どもの抜け参り、太々講の講中、六部、巡礼、座頭、金毘羅参りに護摩の灰まで、街道を渡世とする人々もまじえて、弥次・喜多と滑稽な道中をくりひろげる。

『東海道中膝栗毛』には、もちろん女性もたくさん登場する。しかし、それはほとんどが、茶屋女や留女、飯盛女、遊女といった、旅人を迎える女性たちである。主体的に旅する女性は、瞽女や比丘尼、市子などの職能民か巡礼者に限られ、一般女性の旅姿はまったく描かれていない。

江戸時代の旅における女性の位置づけは、これまでどちらかといえば、この作品にあるような、旅人を迎える側の立場でとらえられがちだった。しかし、ここでとりあげた日記の中の女たちは、主体的に旅を実践した人々である。数の上では男性に及ばないかもしれないが、こうした女性の旅人は確かに存在したし、そしてそのことが、街道や宿場のあり方にさまざまな影響を及ぼしたと思われる。
明治一一（一八七八）年、イギリスの女性旅行家イザベラ・バードが、日本人の通訳一人を連れて、北関東から東北地方、そして北海道を旅した。バードの旅の記録は、『日本奥地紀行』（高梨健吉訳、平凡社東洋文庫、一九七三年）として広く知られているが、江戸時代の名残が色濃く漂う街道や宿場を進みながら、次のような驚きを書きとめている。

私の心配は、女性の一人旅としてはまったく当然のことではあったが、実際は、少しも正当な理由がなかった。私はそれから奥地や北海道を一二〇〇マイルにわたって旅をしたが、まったく安全で、しかも心配もなかった。世界中で日本ほど、婦人が危険にも不作法な目にもあわず、まったく安全に旅行できる国はないと私は信じている。

日本での旅を始めたバードがまず驚愕したのは、宿の佇まいであった。「私的生活の欠如は恐ろしいほどで、私は、今もって、錠や壁やドアがなくても気持ちよく休めるほど他人を信用することができない」とあるように、ただひとつの仕切りである「紙の窓（障子）」を始終開け閉てされ、按摩や物売り、隣室の人々が代わる代わる顔を見せるような環境で眠らなければならないことに、大きな不安を覚えている。しかし、旅を続けるごとに、その不安が払拭されていったというのである。⑯
バードが実感した日本の街道における安全性は、近世以来の女性の旅と無関係ではないだろう。多くの女性の旅人を受け入れてきたということは、それだけ安全性が確保されていたことの証であろうし、またそれを維持することが、さらなる女性客の利用を招いたとも考えられる。いずれにせよ、「安全」という旅に不可欠な条件を備えていたのが江戸時代の街道であり、宿場であったとするなら、この時代の日本は、世界に誇るべき成熟した旅の文化を保持していたということになる。⑰

清河八郎は、『西遊草』の最後にこう書く。

すべて道中の事は憂多くして楽しみすくなきものなれども、家内へ帰り来るのちは、憂ひ却て楽しみと相成ものなれば、我記するところの事を案じ、一世に一度は必ず伊勢いたさるべきなり。

「伊勢いたす」とは、伊勢参りを含む諸国漫遊の旅のこと。日常生活の場を離れ、他国の文物に触れれば、それだけ見識も広がる。旅人が持ち帰った情報が、家や地域に新たな風を呼びこむこともある。旅がもたらす効能に男女の別はない。一生に一度は、誰しも体験すべきだと八郎は言っている。

八郎はまた、この旅日記を「弟や妹のために書いた」とも記している。自らの旅の体験を身近な家族に伝え、またその旅人が、次の旅人を生む。そうやってバトンを渡しながら、旅人の系譜がつながっていけば、世の中は豊かになる。そんな思いだったのだろうか。

ただし、こうした旅が叶うのは、泰平の世だからこそ。その後訪れる維新の動乱に、八郎自身も巻き込まれていく。

長旅から帰った二年後、八郎は再び江戸に出て開塾し、再起をはかる。八郎のもとには尊攘派の志士たちが結集。文久三（一八六三）年二月、将軍上洛の警備を名目に浪士組（新撰組の前身）を編成して上京し、朝廷に攘夷決行の建白書を提出して勅諚《ちょくじょう》（天皇の命令）を得るという離れ業をやってのける。だが、その年の四月、江戸に戻ったところを幕府の刺客に襲われ落命。享年三四という若さだった。母を連れて旅をしてから、ほんの一〇年足らずのことである。

『西遊草』の頁を繰ると、目前に開けた景色のすばらしさや、茶店で堪能した新鮮な魚のおいしさなどの描写に思わずひきこまれる。だが翻ってみるに、一六九日間もの長い月日のあいだ、八郎も、そして母の亀代も、一度の病気やけがもなく、自らの足だけを頼りに歩きとおすことができること自体が、じつは大いなる賞賛に値することなのではないか。しかもそれは特異なことではなく、この時代の旅人の大半は、大なり小なり同じような経験をしている。

本稿では、さまざまな制約や、社会観念の壁につきあたりながらも、家という閉鎖された空間を出て、長旅を満喫した女性たちをとりあげた。そこから浮かび上がるのは、彼女たちの旅をあとおししたものが、その時代の制度や設備にあるのでなく、旅人の往来がもたらす文化の交感を重んじてきた、この国の土壌そのものにあるということだ。

旅する女たちの足取りを拾いあげることは、表からは見えないもうひとつの歴史に光を当てることになる。女の旅は、その時代の社会のありようを映しだす鏡でもあるといえよう。

注

① 深井甚三『近世女性旅と街道交通』(桂書房、一九九五年)、柴桂子『近世おんな旅日記』(吉川弘文館、一九九七年)、前田淑編『近世福岡地方女流文芸集』・『近世女人の旅日記集』(いずれも葦書房、二〇〇一年)、金森敦子『関所抜け—江戸の女たちの冒険』(晶文社、二〇〇一年)、山本志乃「旅日記にみる近世末期の女性の旅—「旅の大衆化」への位置づけをめぐる一考察—」『国立歴史民俗博物館研究報告』第一五五集(二〇一〇年)などがある。

② 柴桂子「旅日記から見た近世女性の一考察」総合女性史研究会編『日本女性史論集』第七巻、吉川弘文館、一九九八年

③ 「東路日記」は前田淑編『近世女人の旅日記集』、「二荒詣日記」は同編『近世福岡地方女流文芸集』に所収(いずれも葦書房、二〇〇一年)。

④ 『江戸期おんな考』第三号、桂文庫発行、一九九一年に所収。

⑤ 宮本常一編著『伊勢参宮』(八坂書房、一九八七年)、小野寺淳「関西からの伊勢参り」旅の文化研究所編『絵図に見る伊

勢参宮』（河出書房新社、二〇〇二年）所収など。

⑥『西遊草』以外にも、たとえば天保一二（一八四一）年に筑前から日光まで旅をした桑原久子の『二荒詣日記』（前田淑編『近世福岡地方女流文芸集』葦書房、二〇〇一年所収）や、久子と同行した小田宅子による『東路日記』（前田淑編『近世女人の旅日記集』葦書房、二〇〇一年所収）、安政六（一八五九）年に常陸から京都に旅をした黒沢ときによる「上京日記」（深井甚三著『近世女性旅と街道交通』桂書房、一九九五年所収）、文久二（一八六二）年に羽後の本荘から伊勢参宮の旅をした今野於以登による「参宮道中諸用記」（『本荘市史　資料編　四巻』一九八八年所収）などに、無手形による関所抜けの旅の実態が記録されている。

⑦立川町史編さん委員会編『立川町史資料　第五号』（一九九三年）所収。

⑧清河八郎著・小山松勝一郎校注『西遊草』岩波文庫、一九九三年。以下、引用は同書による。

⑨山本光正「近世・近代の女性の旅について―納経帳と絵馬を中心に―」『国立歴史民俗博物館研究報告』第一〇八集、二〇〇三年。

⑩国立国会図書館蔵「伊勢まうてのにつき」（写本）。翻刻は『江戸期おんな考』第三号（桂文庫、一九九二年）に収録。解説は片倉比左子。本稿での引用は、この翻刻文による。

⑪竹内利美他編『日本庶民生活史料集成　第二〇巻』（三一書房、一九七二年）所収。

⑫宇治山田市役所編『宇治山田市史　上巻』一九二九年、六七七頁。

⑬野村可通『伊勢の古市あれこれ』三重県郷土資料刊行会、一九七六年、一一〇頁。

⑭宇治山田市役所編『宇治山田市史　上巻』一九二九年、六七四頁。

⑮筑前の小田宅子が天保一二（一八四一）年に旅をした際の記録「東路日記」（前田淑編『近世女人の旅日記集』所収、葦書房、二〇〇一年）に記載がある。

⑯これに関連して、宮本常一は「プライバシーがほとんど問題でなかったということが、逆にお互いが安心して安全な生活ができたということなのです。例えば女が一人で旅ができるということは、プライバシーをわれわれがそれほど尊ばなくてはならないようなことがなかったからではないか。われわれの生活を周囲から区切らなきゃならない時には、すでにわれわ

れ自身の生活が不安定になっていることを意味するのではないかと思うのです」（『イザベラ・バードの『日本奥地紀行』を読む』平凡社ライブラリー、二〇〇二年、七三頁）と述べている。

⑰　江戸時代後期における旅の「安全性」については、櫻井邦夫が、道中日記の分析による手荷物一時預けと輸送システムの考察から、「一八世紀以降の近世社会とは、このような利便性の高いシステムが構築された時代、旅人と茶屋や旅籠屋・運搬人などとの相互の信頼関係に基づく安全・安心な社会、業者同士のネットワーク化、などなどが存在した、成熟したものではなかったのか」と述べている（櫻井邦夫「近世の道中日記にみる手荷物の一時預けと運搬」『大田区立郷土博物館紀要　第九号』一九九九年、一一七頁）。

Ⅳ　近現代の家と表象

女優原節子の住んだ家
――映像表現の中の家父長制

池川　玲子

はじめに――「原節子」×「家」×「仕事」

　原節子は女優としてその役柄の中で様々な家に住んだ。小体な日本家屋、軍事基地の宿舎、焼け跡の掘っ立て小屋、豪奢な洋館、薄汚れたアパート、社員寮、玄関が最上階にある奇態な三階建て……。本論は、それら、スクリーンに描かれた原節子の家々を通じて、一九三〇年代末から五〇年代末にかけての、すなわち戦争と戦後にまたがる約二〇年間の、日本社会の心性を考える試みである。

　日本近代は、公私の領域において極めて男女不平等なものとして形作られた。公的領域では、政治的権利や賃金体系に歴然とした男女差別が認められ、私的領域では、近世武士階級の「家制度」をひな型に、家族の統率者である戸主に多大な権利が付与された。対して妻はほぼ無権利な状態におかれた。敗戦後、政治領域における男女平等が保証され、家制度、戸主権はともに廃止されたにもかかわらず、現代の日本には、以前として、女性問題が山積している。

近現代を貫いて女性問題の根幹を成してきたもの、それは住まいとしての家である。戦前においても戦後においても、女性が独力で、高額商品であるところの住宅を贖うことは極めて困難だった。女性が単身で賃貸住宅に入居することも簡単ではなかった。関東大震災後、同潤会により単身者用のアパートの建設が相次いだが、女性用のものは、わずか一棟に過ぎなかった。戦後も、住宅難とインカムの低さが相まって、特に都市部の働く女性にとっては、自分一人のための住宅を確保することは容易ではなかった。① 政策もこれに拍車をかけた。社会福祉の枠内で展開されたヨーロッパ先進諸国の住宅政策とは異なり、戦後日本の住宅政策は、経済浮揚策としての持ち家取得を中心に据えた。しかも単身者には住宅取得のための融資をしないという「家庭」重視体制が長く続いた。②

すなわち日本の近現代社会は、女性に住宅を与えないものとして設計されてきた。それをひとことで言い表わせば「家父長制 Patriarchy」ということになるだろう。③ それは権力を自らに集中させた年長男性＝家父長が、年少の男性と全ての女性を支配する社会経済構造である。壁と屋根、そして適切な生活インフラを備えた住宅抜きでは、人間誰しも生きていくこと自体が困難である。「女三界に家なし」は、戦前戦後を貫いて、日本社会における家父長制の基礎構造をがっちりと固めてきたのである。

女性に住宅を与えない制度である家父長制をあぶりだすために、本論では、逆説的に、「原節子の住んだ家」に着目する。そして、それに、「仕事」という条件を掛け合わせ、経済面における男女の格差を視野に含めていく。つまり「原節子」×「家」×「仕事」。原節子の出演作はチョイ役含めて百余作。時代劇を除いた上で、上記の条件を満たすものは二〇本程度。『ハワイ・マレー沖海戦』や『青い山脈』といった著名作品が漏れ、代わりに、軍服姿が凛々しい『北の三人』や、アプレ娘に夫を寝取られる『女ごころ』がエントリーするという異色のラインナップとなる。本論は、これまでの原節子論では不可視になってきた要素に、スポットライトを当てる試みでもある。なお、条件を満たす現存作品については、一本を除き視聴したつもりであるが、フィルム所蔵状況は、公的施設でない限り非公開の場合が多いので、断言はできない。[4]

映画は、人の心に食い込むイメージの力を使って収益を生み出すことを義務付けられた商品である。スクリーンに描き出された数々のイメージは、人々の心を揺すぶり、社会を動かすテコとなる。希代のスター・オーラを放射する原節子を雇う作品であればなおのこと。がゆえに、原節子作品は当該社会の心性を伝える有力な史料たり得る。監督が構想し、撮影スタジオに大道具係が組み上げ、フィルムにその姿を留めた後にはバラバラに解体されたであろう数多くの「原節子の住んだ家」。それこそが映画世界の基盤である。物語はその上に組み上げられる。そして、その物語はジェンダーでできている。原節子演じるところの、娘は、妻は、母は、どこに、誰と、どのように住み、いつ、どのようにして、なぜ、そこから出ていくのか。

一、日中戦争期——モダンガールが父の家を出る

日中戦争期の原節子映画

原節子のデビューは一九三五年。満洲事変がひと段落したのもつかの間、日中戦争が勃発し泥沼化する……そのような時代に、女優としてのキャリアを積み始めた。[5]デビューから太平洋戦争に至るまでの多種多様な作品を「家」×「仕事」でふるいにかけると、「待つ妻」、「モダンガール」の二系統の作品が残る。[6]「待つ妻」としては、夫が戦地から戻ってくるまで、おでん屋を開いて持ちこたえる妻を演じた『女の街』（一九四〇年、東宝）が挙げられる。長男が生まれたとたんにジャーナリストの夫が外地に旅立ってしまう『結婚の生態』（一九四一年、南旺映画）も、ここに入

れてもよいかもしれない。理想の家庭を夢見る新婚夫婦が什器一式を整えるところからはじまる映画で、石川達三の小説を下敷きにしている。原節子演じる新妻は、姉の洋裁店のデザインを手伝っているという設定である。もうひとつの「モダンガール」は、戦争とほとんどつながりを持たない作品群で、原節子の出演作全体の中で多数を占める。戦争景気の追い風を受けた各映画会社が、多少の戦時色を施すことで行政の指導をかわしながら娯楽作品作りにまい進していたことを考えれば、別段、訝ることでもない。⑦このうち、職業生活と住まいの両方が描かれたものとして、都会のモダンガールを演じた『東京の女性』がある。

『東京の女性』（一九三九年、東宝、監督：伏水修、脚本：松崎与志人、原作：丹羽文雄）

父、義母、妹と、路地裏の貸家に住まっている君塚節子（原）は、丸の内の自動車会社のタイピスト。表具職人の父は相場で失敗し、店の再開資金のために、節子を妾奉公に売り飛ばそうと企んでいる。

父に反発した節子は下宿を借り、家庭内暴力を受けている義母をここに逃がす。続いて家出を試みる姉妹。父は娘たちを監禁しようとするが、「女の腐ったような仕打ち」と節子から面罵され、家から飛び出して事故にあってしまう。

医療費を稼ぐため、節子は、歩合制のセールスマンに転身し、先輩木幡の指導を受け頭角を現していく。一方の木幡は、男性のようなふるまいを身に着ける一方で売り上げのためには色仕掛けも辞さない節子の辣腕ぶりに恋情を失っていく。妹の木幡への想いを知った節子は恋を思い切る。

なお淡谷のりこの歌う主題歌のタイトルは『処女の夢』。原節子の別名でもある「永遠の処女」の起源はこのあたりにあるのだろう。

作品分析――弱る家父長

『東京の女性』とは、娘が父の支配の外へ外へと逃れ行く物語である。支配からの逃亡を可能にしたものは、節子の職業婦人としての収入である。職業婦人とは、第一次世界大戦後の都市化を背景に出現した女性たちを指す言葉で、丸の内のタイピストは、まさにその代名詞的な存在であった。とはいえ、イメージの華やかさとは裏腹に、当時の調査では、タイピストの収入は、経済的独立の水準にとどかないと指摘されている。⑧

節子はセールスマンとして成功し、タイピスト時代とは比べ物にならない高給を得ることになる。その時点で、映画の画面からは、父も、その世話のために下宿から戻ってきた義母もかき消えてしまう。父の家は姉妹の占有物となる。節子は、あたかも父に成り代わったかのように朝寝をし、妹に新聞やコーヒーを所望する。その偽似的な家父長化の果てに、妹を木幡と結婚させようとする決意が描かれる。

今後、彼女は、家父長代理として、家に留まるのだろうか。画面は否と告げている。妹の結婚式の後、節子はオープンカーを駆って東京を疾走する。家の外に逃れ出てスピードに乗って自由に移動する充足感と高揚感を、彼女の笑顔は語ってやまない。

前述のように、『東京の女性』には、戦争を感じさせる要素は奇妙なほどに見当たらない。原作に書き込まれた自動車販売業界の戦時統制問題や代替燃料問題は、わき役たちのささやきでやり過ごされる。⑨目を凝らして画面を見れば、節子のデスクに鎮座した国防婦人会フィギアを発見できるが、これを認識できた観客が、果たして何人いただろうか。

しかし、この先の展開を考えれば、『東京の女性』が描き出した、「弱い父親&強い娘」という組み合わせは、まさしく戦争に適合するものであった。男性の応召に伴う労働力不足を補うためには、女性を屋外に引き出していく必要があったからである。『東京の女性』は、総力戦が求める新たなジェンダー体制を先取りしている。

なお、大衆のお気楽娯楽であった映画を、総動員体制のメディアとして組み替えるべく、行政が映画法の施行に踏み切ったのは一九三九年一〇月、『東京の女性』の公開とほぼ同じ時期のことである。

二、太平洋戦争期――「女性兵士」が基地に住む

太平洋戦争期の原節子映画

日中戦争開戦以来、コンスタントに五〇〇本を越えていた年間劇映画封切り本数は、映画法施行翌年の一九四〇年には半減した。これに生フィルムの統制が追い打ちをかけた。一九四三年の封切り映画本数は一〇〇本を切っている。

この時期の原節子作品は、ぐっと戦争度と就業度が上がる。『若き日の歓び』(一九四三年、東宝)では男性の穴を埋めて働くバリキャリ編集者を、『熱風』(一九四三年、東宝)では、生産増強にまい進する軍需工場の事務員を演じている。が、住宅が登場する作品となると意外と少ない。視聴した限りでは、貧しい漁村に赴任してきた小学校教師役の『若い先生(女教師の記録)』(一九四二年、南旺映画)の下宿、貧困生活に見切りをつけて満洲行を決意する母娘を描いた『母の地図』(一九四二年、東宝)の木造アパート、そして本論で取り上げる『北の三人』の軍隊内女子用宿舎があてはまる。

『北の三人』（一九四五年、東宝、監督：佐伯清、脚本：山形雄策）

『北の三人』は、女子通信士をテーマにした戦時下最後の劇映画である。日本の女子通信隊は、航空機関連通信業務のために一九四三年に創設された。イギリスの女性軍隊組織を参考に、制服、寮、教育等が整備され、最終的には、千人を超える隊員が、朝鮮と「満洲国」を含む日本軍支配圏に配属された。[10] 外見も仕事内容も「女性兵士」そのものだが、身分は軍属に留め置かれた。[11]

上野すみ子（原節子）、後藤あき子（山根寿子）は通信士養成所の同期生。上野は青森飛行場、後藤は北海飛行場で勤務している。晩春のある日、同じく同期生の松本よしえ（高峰秀子）を乗せた輸送機が、青森飛行場に緊急着陸する。松本は、再会を喜ぶ上野に、彼女と恋仲であった兄がビルマで戦死したと告げる。上野は、任務を優先して結婚を延期したことを後悔しつつも「御奉公」への決意を新たにする。

緊急任務を帯びた輸送機は、悪天候をついて千島に向かわねばならない。しかし男性通信士は全員、病で倒れてしまう。機上通信の実地経験がない松本が決死の志願をし、これを、飛行場長とパイロットが受け入れる。上野と後藤に誘導されながら、松本は任務を成功させる。

作品分析——不動の家父長制ピラミッド

『北の三人』は、父の権力から逃れた娘たちの、その後の物語である。『東京の女性』のラストで原節子が車を駆った車道は、戦争の最終局面で、軍用滑走路につながった。下車した彼女には、飛行場併設の個室が準備されていた。

戦争とは女子用宿舎を必要とする時代である。もちろんそれ自体は珍しいものではない。安価で大量の若年女子労働力を、紡績工場や製糸工場の寮に集約することが日本の初期資本主義の要だった。吉原などの制度化された性産業地帯では前借金で縛られた大量の娘たちが、宿舎と職場を兼ねた建物に収容された。

総力戦時期の特徴は、それまで親の管理下に留まるべきとされていた中流以上の家庭の若年女子たちをも家の外に引き出し、集団生活を余儀なくさせたことにある。動員計画に従って、女学校のクラス単位で工場地帯に移動し、丸ごと空爆の犠牲になったケースも多々あった。

黒澤明に、『一番美しく』（一九四四年、東宝）という映画がある。男子と同等のノルマを果たすべく、軍需工場の女子工員たちが頑張りぬくという作品である。『一番美しく』の女子寮は、寮母と用務員が、親代わりとして優しく厳しく女工たちを管理する規律正しい空間である。相部屋には、それぞれの家族写真が貼りだされ、彼女たちは朝な夕なに写真の家族に「ご挨拶」する。

これに対し、『北の三人』の宿舎は驚くほどフリーダムである。恋人の写真を飾った上野の部屋は、時折、地元の娘たちの集会場に変わる。花柄カーテンと暖炉が乙女チックな後藤の部屋には、夜更けに男友達が訪ねてきて、恋心の告白におよんだりする。何より興味深いのは、いずれの部屋からも家族の存在が注意深く消去されていることだ。簡素な上野の部屋に飾られた写真は婚約者の一枚のみ。後藤に至っては、天涯孤独の身の上という設定である。彼女たちに後顧の憂いはない。それは国家が「女性の戦死」を要求しはじめたことの兆候である。「女性兵士」たちに与えられた自由な個室は、戦争が異次元のフェイズに突入したことを物語る表象である。⑫
頑強な女子通信士たちは、手を携え、病に倒れた男性同僚たちを軽々と踏み越えていく。およそ「女らしくない」敵愾心も備えている。松本は言い放つ。「B29には女の通信士が乗って、私たちのこの国土を爆撃にきているのよ」。

ならば、このミリタリック・ファンタジーの中で、彼女らは、家父長制の支配から解き放たれていたのか。答えは否である。女子の登用を決め、それを成功に導いていくのは、あくまでも男性上司たちである。「父」たちは強靭さを保ち続ける。あたかも基地内に蔓延しているのは、若い男性を狙い撃ちする特殊な病原菌であるかのようだ。下位の女性と下位の男性はあっさりと入れ替わる。しかし最上位に年長男性をいただくピラミッド構造はびくともしない。それが、映画が描きだした戦時のジェンダー秩序である。

映画の想像力は、各戸の父親の力を弱めることで、娘たちを家の外に引き出し、より大きな家父長制構造を持つ軍組織に吸収した。さらに娘たちを、息子たちの上に引っ張り上げ、その勢いで最前線へと送り出した。『北の三人』の封切りは八月五日。その翌日、広島上空でB29機の投下した原爆が炸裂した。

三、占領期――アプレ娘が婚家に入る

占領下の原節子映画

連合国軍司令部（General Headquarters Supreme Commander for the Allied Powers、以下GHQ／SCAPと略）は、日本における民主主義樹立の鍵は「婦人解放」にあると認識していた。法改正によって戸主制度は廃止され、妻の相続権が認められ、婚姻は両性の合意のみに基いて成立するものとなった。労働基準法には男女同一労働同一賃金の原則や母性保護規定が書き込まれた。ただし、居住の権利については、どこにも書かれなかった。多くの人びとが焼け跡のバラックで風雨をしのぎ、不足する住宅数は四百五十万戸と見積もられていたにもかかわらず。

GHQ／SCAPは日本の映画産業を温存し、民主主義の啓蒙メディアとして利用した。各映画会社は、民主主義を体現する「解放された女性像」の創造に向き合うことになった。ただし、現実に目を向ければ、そもそもこの時期、女性は職場に留まること自体が難しかった。復員してくる男たちの失業者数は約八〇〇万人、行政は「男子と代

替せしめうる女子労務者」数を約三〇〇万人と試算し、女性の家庭復帰を声高に叫びはじめる。「家庭復帰」と「婦人解放」。相矛盾する掛け声の中、原節子は、多様な役柄を振り当てられた。

「家」×「仕事」でふるいにかけると、まず、『わが青春に悔いなし』（一九四六年、東宝、黒澤明）が引っかかる。ゾルゲ事件と滝川事件をモデルにした本作で、原は、自由主義的反戦活動家である野毛（藤田進）の恋人八木原幸枝を演じている。野毛が獄死した後、幸枝は、「スパイの家」として村八分状態にある野毛の実家の押しかけ居候となり、地を這うような百姓仕事に精を出す。続く『かけ出し時代』（一九四七年、新東宝）では、お坊っちゃん過ぎて使えない新入社員（これまた藤田進）を鍛える女性新聞記者を演じている。時には「夜の女」のコスプレ姿で潜入取材を敢行する彼女の住まいは、姉とシェアする小ぎれいなアパートである。翌年の『時の貞操』（一九四八年、大映）では、せまく汚い製糸工場の女子寮に住まった。川に身を沈めて中絶するという汚れ役である。『白雪先生と子供たち』（大映、一九五〇年）では、浮浪児（おそらく戦災孤児）を、妹と暮らす下宿に引き取る小学校教師役。メロドラマ『女医の診察室』（新東宝、一九五〇年）では、心臓病を患う産婦人科医役で、病院内に自分のオフィスと寝室を兼ねた個室を持っているという設定。小津安二郎の『麦秋』（松竹、一九五一年）では、鎌倉の木造二階建てで、両親兄家族と暮らすタイピスト役。彼女の自室は二階にある。娘の部屋を二階に置くのは、小津映画の鉄則である。彼女が勝手に亡兄の親友との結婚を決めたことが一つのきっかけとなり、大家族はばらばらに離れていくことになる。

以上のような、雑多な働きぶり住まいぶりは、そのまま当時の映画界の迷走ぶりを物語って余りある。占領期の原節子映画について、まとまった特徴を抽出することは困難だが、敢えて指摘するなら、まず戦争未亡人役がないこと、⑬そして恋愛成就の物語（もちろん成就の後に悲恋に終わる場合もあるわけだが）が目立ってくることがあげられる。逆に言えば、「原節子」×「家」×「仕事」という視点で見直すと、第一章・第二章の戦時下作品における「原節子の失恋」という意外な傾向が浮き上がってくるのだが、これについては稿を改めたい。

『幸福の限界』（一九四八年、大映京都、監督：木村恵吾、脚本：新藤兼人）

この章では、恋愛成就の代表的な作品、一九四八年に公開された『幸福の限界』を取り上げたい。『結婚の生態』と同じく、石川達三の小説の映画化作品である。

東京の住宅街。高松家は、峯三（小杉勇）、妻の敦子（田村秋子）、次女の由岐子（原節子）に加えて女中の四人暮らし。由岐子は父の会社の本社で事務員として働く傍ら演劇を学ぶ、父親曰く「出来損ない」のアプレゲールである。敦子は、家の中をぴかぴかに磨き立て、完璧な客あしらいをすることを自らの仕事と心得ている。そのためには自らヤミ物資の買い出しにも出かける。この母親が、本作品の事実上のヒロインである。

ある日、戦争未亡人となった長女の省子（市川春代）が幼い娘とともに婚家から戻されてくる。悩む母と姉を由岐子は笑う。彼女によれば「結婚は性生活を伴う女中生活」に過ぎない。

劇団の主宰者の大塚（藤田進）と恋仲になった由岐子は、父になじられ家出する。その直後、敦子の妹の明子（沢村貞子）が、流産の挙句に子どもたちを残して死ぬ。葬式の日に見合いを決行しようとする省子と峯三に愕然とした敦子は、由岐子の後を追って家出をしてしまう。

一方、由岐子は、一度のセックスをきっかけに急激に大塚にひれ伏していく。「女の幸せ」を疑い始めた母親に対し、これまでとは一八〇度違った理屈で応える由岐子。「たとえ結婚生活が地獄であっても、この地獄の他に女にとっての幸福の世界はない」。

娘の言葉に押されて家に戻ってみた敦子は、散らかり放題の家の中、再婚した省子に置き去りにされた孫娘のめんどうをみている峯三の姿に心打たれ、復縁を決める。

作品分析――家事労働問題

今回、物語の核心となるのは、主婦論争[14]を先取りしたかのような家事労働問題である。専業主婦の敦子は、無償の家事労働が女性を家に縛りつけてきたことに気がつく。それがすなわち、次女由岐子の言う「性生活をともなう女中」の生活であり「地獄」である。

婚家から望まずして追い出された長女は、自ら新しい「地獄」を求めていく。それが自分にとっての唯一のサバイバル法だと理解しているからである。甲斐あって、彼女は、「貸家の三、四軒をもっている」相手と再婚を果たす。次女は、親の家からは脱出したものの、「後顧の憂いなく」仕事に専念したいと主張する大塚に説得されて、あっさりと嫁入る。営々とした家事育児の続く日常にこそ「幸福」があるのだという彼女の主張は、愛という名のもとで再生産労働を女性に割り振り、かつ不払いにしてきた家父長制の論理をなぞっている。

さて、母親の敦子は、娘たちの選択のどちらにも納得できない。かといって、家出先は、次女の友だちのアパートであり、収入のない敦子が長く留まれるはずもない。[15]解決案として示されるのが、孫の世話をする、つまり育児と家事を担う峯三の描写である。戦後の家庭科共修の理念が示した夫婦のあり方が、ごくわずかながら現れる。その姿にほだされ、敦子は復縁を決意する。「法律はどうあれこのあたりが新旧ジェンダー観の落しどころ」と画面は告げる。すなわち夫婦を乗せた車が国会議事堂の前を走っていくシーンである（図版1）。

小道具――「壺」と「大原女」

1　『幸福の限界』©角川

ここからしばらく、「家」という大道具から離れて、小道具の検討をしてみたい。由岐子は高松家の二階に自室を与えられている。問題は彼女の座机の周囲である。机上にもその周りにも、異様な数の壺が配置されている（図版2）。空の壺が七個、花の活けてある花瓶を入れると八個。これはいったい何を意味するのか。

女たちがせわしなく家を出入りするこの物語の中で、一人だけ、じっと家に居続けた女性がいる。物干し場の床を踏み抜いて八人目を流産し、七人の子どもを残して死んだ明子である。壺の数は彼女の子どもの数と対応している。

明子は、自己犠牲の果てに家に殺されてしまうという、女の「地獄」の究極を体現する存在である。それを「天国」に読み替えることができなければ、『幸福の限界』の世界観は成立しない。由岐子の口を借りて、映画は主張する。「叔母様は、本当は幸福だったのよ」と[16]。そのセリフを下支えするかのように、画面の壺たちは、由岐子こそが明子の生き方を受け継ぐ者だとささやいている。由

2 『幸福の限界』©角川

岐子の壺が意味するものは、次世代を育む子宮に他ならない。

『晩春』の壺の謎

由岐子の壺の謎は、別の映画にまで及んでいる。『幸福の限界』公開の翌年に作られた『晩春』(松竹)。いうまでもなく原節子を主演に据えた小津安二郎監督「紀子三部作」[17]の最初の作品である。ちなみに先述の『麦秋』は二作目にあたる。

父親と娘の二つの縁談をめぐるこの物語の中で、原節子は大学教授の一人娘を演じている。亡くなった母親代わりに家事を担当し、ときたま親戚の縫物を引き受けているほか、仕事らしい仕事はしていない。戦争中の勤労動員で体を痛め婚期を逃したという設定は、『北の三人』での頑強さを知る身には面映ゆい。

娘の体調回復とともに父娘のエアポケットのような時間は終わりを告げる。映画の中では、シンデレラ物語よろしく台所の時計が夜の十二時を打つ。父は掌中の珠で

3　『晩春』©松竹

ある愛娘を嫁がせねばならない。それが父の個人的な感傷を越えるより大きなシステム―すなわち家父長制のルールである。

娘の結婚を目前にした父と娘は、最後の記念に、自宅のある鎌倉から京都に出かける。父娘が休む旅館の寝床の枕頭には一つの壺が鎮座している。日本映画史上有数の謎とされ、多くの解釈がなされてきたあの壺である（図版3）[18]。

さてどういうわけか、歴代の解釈は、画面の中のあるモノにまったく言及してこなかった。画面の左側には、とがった形がぼんやりと見えている。明度をあげてみればその形状がはっきりする。仏塔である（図版4）。壺には光が当てられ、対して、塔は闇に沈められている。意図的なライティングである。この空間は、壺と塔のセットを基準に、明暗、生死、陰陽といった二元論で構成されている。

紀子はこのシーンの直前で、これまで忌避してきた結婚（＝性行為）に対する考えを改めかけている。ならば簡単、二元論的な画面の趣旨は男女である。もっというならば、子宮とペニス。

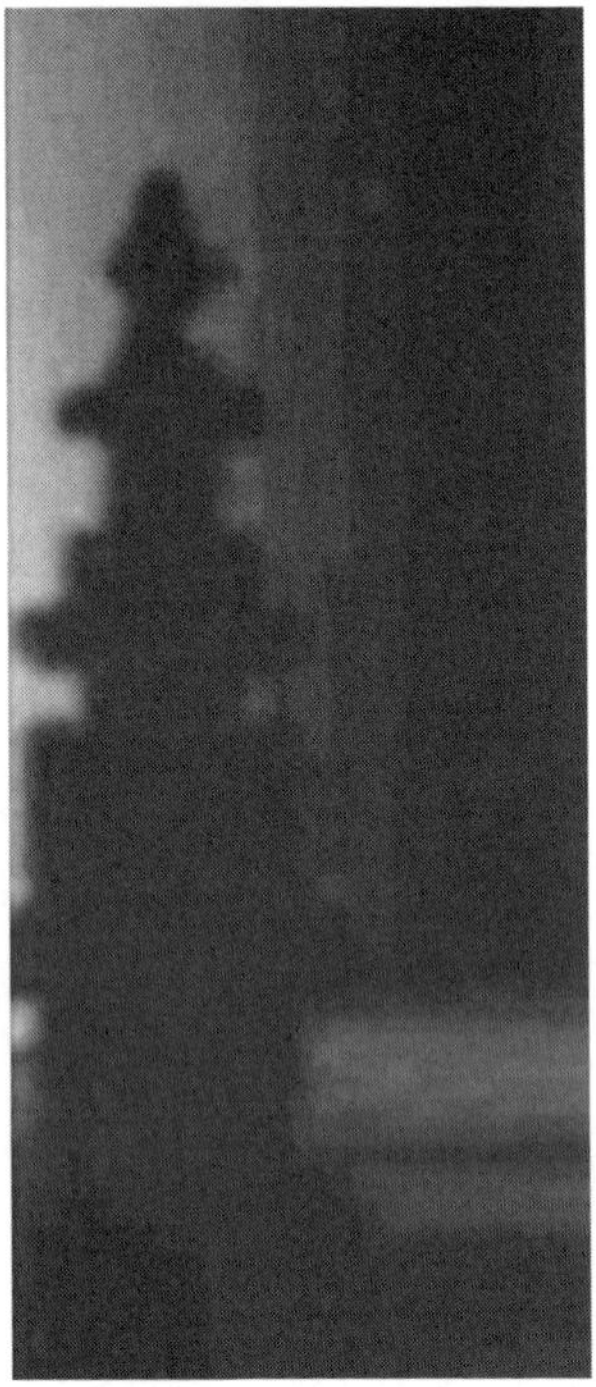

4 『晩春』©松竹　壺　部分

旅館の別のシーンでは、「鴛鴦図」の前に同じ壺が置かれている。夜になると、その壺が父娘の枕元に勝手に移動しているわけだが、これは小津映画にありがちな超自然現象である[19]。いずれにせよ、おしどりのつがいの前に置かれていた壺が、その後に塔とセットになっているのだから、その意味するところは、男女の性的な結合以外にはありえない。『晩春』の壺の含意は、『幸福の限界』の壺と同じく子宮なのである。一年足らずのうちに製作された二本の原節子主演映画の双方において、壺が提示され、しかもその意味するものが子宮であったことになる。偶然と片づけるには無理がある。私は、この時期、小津をはじめとした幾人かの監督が、原節子というスター女優の身体と、壺をはじめとしたいくつもの映像言語群を用いて、互いの民主主義理解を開陳しあったにちがいないと睨んでいるのだが、「家の文化学」という本書のテーマからずれてしまうため、これについても稿を改めたいと思う。

なお、『晩春』において、壺のシーンが二度にわたって映し出されることについても、さまざまな読解がなされているが、私はごくシンプルに考えている。小津は観客に念押ししたのである。「ちょっと暗くてわかりにくいかもしれないが、左端の塔を見てくれ」と。だから二回、それも割合に長く映した。

ある時は男女間の恋愛、あるときは夫婦間の情愛、さらにある時は親子間の慈愛……。愛に満ちたアプローチをしかけてくる家父長制にからみ取られて、女たちは結婚へ、夫の家へと、回収されていく。

四、ポスト占領期――未亡人がたゆたう

一九五〇年代前半の原節子映画

冷戦が激化する最中の一九五二年、日米安保と抱き合わせの独立を果たした日本は、アメリカの世界戦略の一翼を担いながら経済復興を遂げていく。住宅政策が整備されていくのも同じく一九五〇年代のことである。一九五〇年に住宅金融公庫法、一九五一年に公営住宅法、さらに一九五五年には日本住宅公団法が制定され、いわゆる三公体制が確立する。これ以降、日本の住宅政策の基本は一貫して持ち家主義に置かれることになる。隅研吾のいう「住宅私有本位制資本主義」である。[20]

GHQ／SCAPの支配を脱した映画界も、経済復興と歩調を合わせて黄金期へ向かっていく。この時期の「原節子」×「家」×「仕事」映画の特徴として、二点あげておきたい。まず、未亡人もしくはそれに準じた役柄の多さである。次に、彼女たちが家からの脱出を模索し始めていることである。以下では、占領終結から一九五六年までに制作された三本の映画を通じて、その具体を確認していく。

『白魚』（一九五三年、東宝、監督：熊谷久虎、脚本：熊谷久虎・西島大、原作：真船豊）

診療所を併設した木造一戸建て。幼い男子を抱えた上村幸子（原）は、診療所を夫の後輩の医者に任せ、料亭で女中頭をしながら生死不明の夫を待ち続けている。同居している妹はパリ行きを夢想し、小金を持った男たちの間を回遊している。幸子はスランプ気味の作家によろめき、よろめきついでに、二人で夜の富士山に登る（明らかに、一九三

七年に作られた『新しき土』の登攀シーンの焼き直しである)。御来光に照らされた作家が再出発を決意するところで物語は終わる。幸子が、今まで通り、元の家で夫を待ち続けるのか、それとも作家とともに新たな人生に踏み出すのか、画面は何も語らない。

『東京物語』(一九五三年、松竹、監督:小津安二郎、脚本:野田高梧・小津安二郎)

紀子三部作の最終作にあたる。平山紀子(原)は、商事会社事務員として自活する戦争未亡人である。尾道から亡夫の両親が上京してくるものの、生活に追われる実子たちには彼らの相手をしている余裕がない。代わって次男の嫁である紀子がアテンドを引き受ける。はとバスで東京を案内し、五反田の狭く貧しいアパートで精一杯にもてなす。義母の葬式の後には、実子たちの誰よりも長く尾道に留まり、義父のケアに努める。

作中、義理の両親たちは紀子に再婚を勧める。それを受け流していた彼女は、終盤になって、かの有名なセリフをつぶやく。「あたくし狡いんです…どこか心の隅で何かを待っているんです」。そのセリフをきっかけに、義父は、紀子に、妻の懐中時計を形見分けする。東京に向かう列車の中、彼女は文字盤を見つめ蓋を閉じる。

『愛情の決算』(一九五六年、東宝、監督:佐分利信、脚本:井出俊郎、原作:今日出海)

一人息子を抱えた田口勝子(原)の戦後十年。[21] 彼女はまず、亡夫の戦友と再婚して焼け跡のバラックから脱出し、一戸建てへ移る。優柔不断な夫が、戦友の一家をこの狭い家に同居させたために勝子は妊娠中絶を余儀なくされる。日本の復興と歩調を合わせ、勝子の仕事は、町工場から劇場売店に変わる。そのうち風呂が建て増しされる。勤め先も銀座の貴金属店にステップアップする。再婚十年目、夫に仕事を禁じられ専業主婦となった勝子は、亡夫の別の戦友と恋愛し家を出ていこうとする。この時、息子は義父を選ぶ。「お父さん…僕、この家にいてもいい？」。ラストは、電車の中で一人ぼっちの勝子に、十年前、隣のバラックに住んでいた女性が声をかけるシーンである。「今、どちらにいらっしゃるの？」。勝子は答えに窮する。揺れるつり革を映して映画は閉じる。

作品分析——家父長たちの罪と罰

三作のヒロインたちは、一様に、それまでの住まいから飛び出そうとして果たせずにいる。彼女たちを足止めさせているもの、それは周囲の男たちが引きずる戦時の罪である。

『白魚』に出てくる夫の後輩の医者は、一見、磊落なキャラクターであるが、戦友の死肉を食べて生き延びたという経験によって、どこかが壊れてしまっている。恋の相手となる作家は、「戦時中には左翼、戦後には右翼」と攻撃されスランプに陥っている。『東京物語』はどうか。笠智衆演じる義父は、尾道市の元教育課長。東京の飲み屋街で一緒にクダをまく相手は、同じく尾道の元兵事係と元警察署長。全員が戦争体制の末端を担った小中役人たちである。『愛情の決算』の再婚相手は、フィリピン戦線で仲間を死なせてしまったことへの負い目を感じて、その妻と再婚し息子のめんどうをみてきた。職場では「戦争ぼけ」と陰口をたたかれ、出世もままならない。

映画の中の女たちは、罪を引きずる男たちへの対処をせまられる。『白魚』では、作家の再生を手伝い、『愛情の決算』では、夫を捨てかねて悩む。

『東京物語』ではどうか。ヤマトナデシコの体現者のような紀子が、実は一番、シビアであったかもしれない。義父はもともと酒乱の気があったが、ここ二十年あまり飲むことを控えていた。しかし、紀子がアパートの隣人から分けてもらったわずかなお酒が呼び水となり、尾道仲間との深酒に走る。その挙句に警察の厄介になり、実子たちにさらに冷遇されることになる。嫁のけなげな行為は、家父長たちの戦時の罪に対する厳しい罰へと直結している㉒。従来、「冷たい実子 vs.優しい嫁」という構図で評価されてきた『東京物語』。しかし小津の引いた設計図には、「戦争責任者 vs.犠牲者」という構図が組み込まれている。家父長たちを罰し終えた戦争未亡人紀子は、果たして次のステージへ移動していくのか。形見の時計は、彼女を未来に連れていくのか過去に閉じ込めるのか。画面はやはり語らない。

五、高度経済成長へ――母たちがマイホームに籠城する

一九五〇年代後半の原節子映画

一九五〇年代後半、日本は高度経済成長期を迎える。これを牽引したのが、消費による内需拡大であり、中でも住宅は抜きん出た高額商品だった。高度経済成長期とは、女性労働者の結婚退職制、若年定年制がまかりとおっていた時代でもある。若い一時期を別にして、職場からはじきとばされてしまう女性たちには、住宅を所有する手立てがない。日本の住宅行政には、居住権を個人の人権問題として社会政策化する理念がない。ために、安価な公的住宅の配分にあずかることもむずかしい。結論として、女たちは、結婚し、夫の稼ぎで住居を贖い、そこに自分の居場所を死守していかざるを得ない。企業戦士たる夫と銃後を守る妻、だいたいこどもは二人。核家族で構成されるマイホームが女性たちの城となる。

この時期、日本映画産業は黄金期を迎える。太陽族映画を筆頭に新しいスタイルの作品とスターが人気を集める中、四〇代に向かう原節子は、まだヒロインの座を守っている。「原節子」×「家」×「仕事」でふるいにかけると、それが主婦役と未亡人役の二種類に分かれていたこと、さらに後者において、亡夫の死と戦争とが無関係になってくる

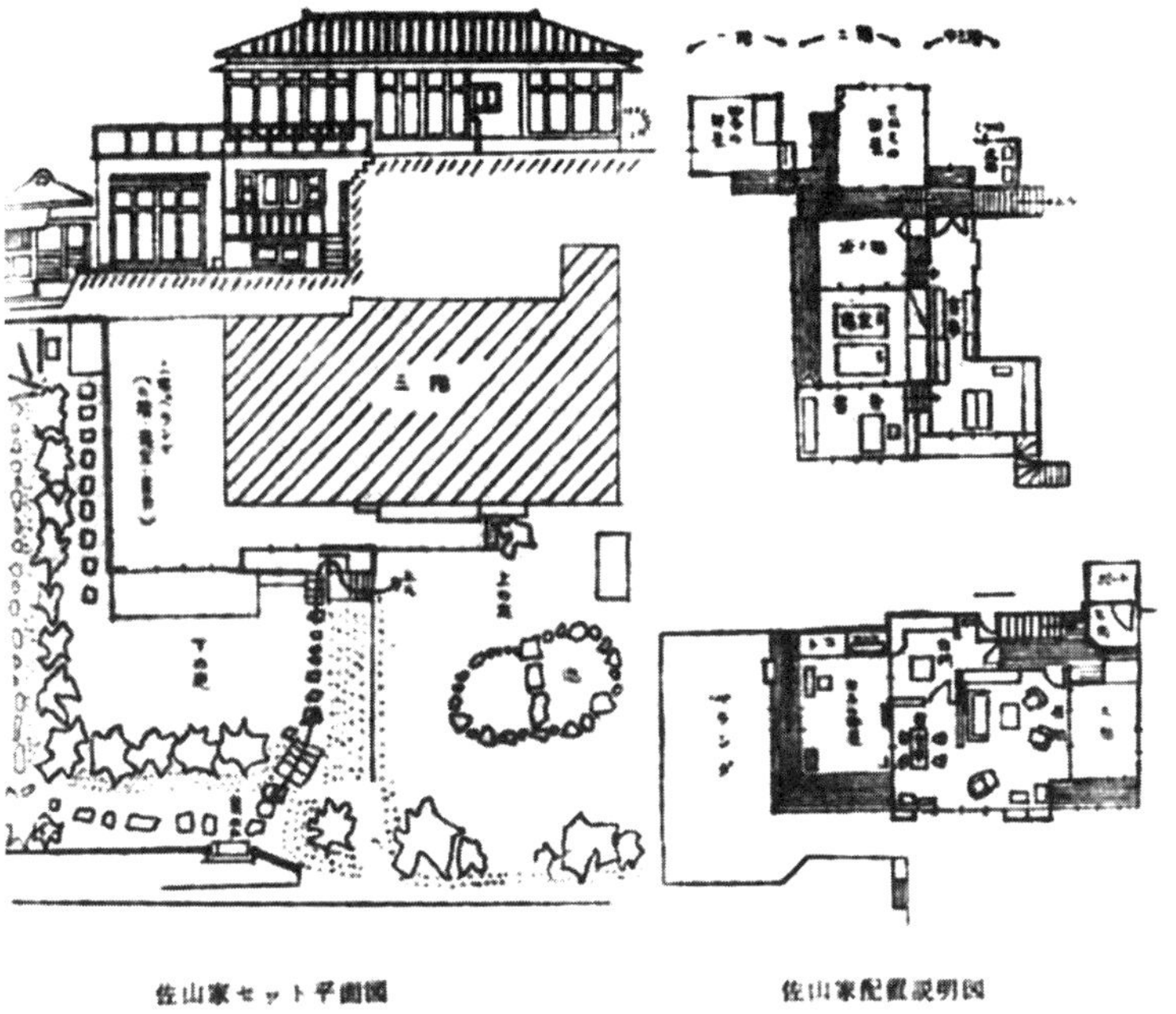

5　『キネマ旬報』1957 年 10 月号

ことが歴然する。戦争の希薄化はこの時期の大きな特徴である。以下ではそれぞれの主な作品三本を概観する。

・主婦役

『女であること』（一九五八年、東京映画、監督：川島雄三、脚色：田中澄江・井出敏郎、原作：川端康成）

原節子は、女子美出身の元工芸家佐山市子役。原作には、婿養子を取るために恋愛と仕事をあきらめたという過去が書き込まれているのだが、映画ではぼかされている。市子は父から相続した豪邸に、弁護士の夫（森雅弘）、女中、死刑囚の娘妙子（香川京子）と暮らしている。そこに親友の娘さかえ（久我美子）が家出してきて、上へ下への大騒ぎとなる。

上へ下へというのは比喩ではない。市子の家は、多摩川べりの丘を削り取って建てられているために三階に玄関がある。セット設計図からは、この家の最上階には、天守閣よろしく彼女の自室が置かれ、その下に夫の書斎が用意されたことがわかる（図版5）。

ある時は、市子の昔の恋人がリビングルームに上がり込み、ある時はさかえが玄関に倒れふし、ある時は妙子のボーイフレンドが、最下層の裏木戸から帰っていく。その度に、長く伸びた階段を、登場人物たちは昇り降りする。小津の紀子三部作が、決して階段を映し出さなかったこととは好対照である。[23]『女であること』は、小津的家屋美学の脱構築の試みでもある。

今回、「仕事」と「家」の問題を我がこととして引き受けるのは、妙子とさかえである。妙子は医療少年院に職を求め、さかえは、「もっとちがうところで自分をさがしたい」と佐山の事務所の手伝いを辞す。疑似的な母親役から解放された市子の高齢妊娠が判明したところで物語は閉じる。

『女ごころ』（一九五九年、東宝、監督：丸山誠治、脚本：田中澄江、原作：由起しげ子）

女子大家政科出身の小城伊曽子（原）は、自ら設計を手掛けた郊外の一戸建てに住んでいる。L字型のキッチンには冷蔵庫とガス湯沸かし器、居間にはテレビ。大学で教鞭をとる夫（森雅之）は、若い女性編集者兼ホステスのてえ（団令子）と浮気中で、それを知った伊曽子は、小学生の息子を連れて元の職場である電機会社の社員寮に移る。栄養士の資格をもつ彼女は、いつでも自立が可能である。しかし、勤務中に息子が行方不明になるという事件が起こり、伊曽子は、子育てと仕事の両立のむずかしさに思い悩む。管見の限り、働く女性のこの大テーマに向き合った原節子作品は、『女ごころ』が唯一のものである。テレビの子ども番組に映った息子の姿を観た夫が詫びを入れてきたのをきっかけに、伊曽子は、自らの小さな城への帰還を決める。

未亡人役[24]

『秋日和』（一九六〇年、松竹、監督：小津安二郎、脚本：野田高梧・小津安二郎、原作：里見弴）

娘（司葉子）と小さなアパートで暮らす秋子（原）は、友だち夫婦が経営する郊外の洋裁学院で刺繍を教えている。[25]娘は有楽町近くのオフィスで働くBG。病気で亡くなった夫は元画家で、今頃になって作品が高騰しているが、手元にはわずかなスケッチしか残っていない。美しい母娘が気になって仕方ない亡夫の悪友三人たちが、娘の結婚と母の再婚を仕組むがうまく行かない。娘は、見合い候補だった青年と勝手に出会い勝手に恋愛して結婚、母は一人アパートに残ることを決める。

作品分析――女の自己決定

三作のタイプの異なる映画において、共通していることが一つある。原節子演じるヒロインたちが、主婦・未亡人を問わず、すでに安定的な住まいを手に入れていることである。とはいえ、彼女たちの生活基盤は、若手女優演じる次世代との葛藤で大きく揺らぐ。ヒロインたちは数々の事件を乗り越え、自己決定によって自分の家に籠城する。そこは母が子どもを育む器であり、子育てが終わった母の終の棲家となる場所である。

「原節子の住んだ家」が母の居場所に一元化されていくのと同時に、家父長たちは無力化する。『女であること』の若い娘二人は、どちらも父の罪を背負わされた存在である。妙子は殺人犯を父に持ち、さかえの父は妻子を捨てて愛人と暮らしている。娘たちは、傷つけ傷つけられながら、父を越え、疑似的な父母の元からも巣立っていく。『女ごころ』の夫は、アプレ娘に夢中になった挙句に捨てられ妻に泣きついてくる。『秋日和』では、未亡人が亡夫の悪友たちが企んだ再婚話を一蹴する。

ならば、家父長制は、映画世界から放逐されたのか。答えは否である。『女であること』、『女ごころ』において、ヒロインたちは仕事をあきらめて専業主婦への道を選ぶ。『秋日和』において、母親は、娘によい結婚をさせることに心を砕く。映画の中の家父長制は、女性の自己決定という新しいルートを通じて、原節子演じるヒロインたちを自らの代理人に指名し、延命を図ったのである。

まとめにかえて

以上、一九三〇年代末から一九六〇年代初頭に至るまでの「原節子の住んだ家」を、冒頭の設問「原節子演じるところの、娘は、妻は、母は、どこに、誰と、どのように住み、いつ、どのようにして、なぜ、そこから出ていくのか」を念頭に観てきた。

戦時下、経済力を持ちはじめた娘たちは父の家から飛び出し、やがて、国家が用意した女子用宿舎に収容された。父は娘たちに忘れられた。娘たちは、より大きな家父長制度の中に吸収され、国家の娘として息子たちを乗り越えていった。占領期、温情主義をまとった父が復帰した。母娘は父の家からの脱出を試みるものの、低収入ゆえに永続的な住まいを確保することはできず、復縁と結婚によって、それぞれ婚家へと再回収され、家事労働に従事することになった。占領終結後の一九五〇年代前半、映画は、家から抜け出そうとする戦争未亡人の姿を通じて、男たちの戦時の罪について語り始めた。しかし高度経済成長のはじまりにあたる一九五〇年代後半には、戦争の記憶は一気に希薄になった。この時期、「原節子の住んだ家」は、形としては多様化する一方で、機能的には母の居場所へと一元化されていった。権力的な父たちは映画から姿を消し、代わって、住宅を確保した母たちが、自ら家父長制の代理人たることを選んでいった。

以上のラフな見取り図から見えてくる事柄を二点指摘しておきたい。

第一に、現実世界の家父長パワーの強弱と、描かれたそれとの齟齬である。強い家父長権を握っていたはずの戦前の父は、画面ではむしろ弱々しい。占領期においては、父たちが現実の権利を剥奪されていったにも関わらず、銀幕の中の父の権威は強化される。一九五〇年代、猛烈な勢いで経済成長の階段を駆け上っていった父は、イメージの世界においては、母の階下に沈み込んでいく。

第二に、二〇年間にわたる原節子の役柄と、その時々の資本が要請したジェンダーの秩序との親和性である。戦時中、産業界は、高まる軍需を背景に、娘＝女子の労働力を必要とした。占領期には、一転、帰還してくる男性の雇用確保に向けて、妻＝女性の家庭回帰を推奨した。そして高度経済成長期には、母＝女性に父不在の家庭の責任者たることを要請してきた。

この二つは、おそらくネガ・フィルムとポジ・フィルムのような関係性にある。資本の要請に適合するジェンダーの秩序をスクリーンに焼き付けるために、物語内の家父長パワーは恣意的に操作されたのである。その調節弁の役割を果たしていたものこそ「原節子の住んだ家」であった。

何人もの監督の作品をひとつながりの史料として扱うことは、乱暴のそしりをまぬがれないだろう。しかし映画は、監督や脚本家の創作力だけでは成立しない。観客の嗜好、それを見越した映画会社の販売戦略、その時々の行政の意図などが複雑に絡みって、映画という絵空事ができあがる。それを最大公約数的に述べたものが、冒頭で述べた「社会の心性」ということになる。

資本は、「社会の心性」を的確に捉えた。近代は、人々に移動を促す時代である。都市化と産業化によって都市に流れ込んだ人々は、新中間層と呼ばれる新たな家族を形成していく。彼らは、最新メディアたる映画の主たる観客でもある。しかし、ようやく育ちはじめた家族にとって、一九三〇年代から五〇年代は、厳しい時代であった。不況のたびに家計は崩れ、妻娘をも巻き込んだ総力戦の果ては、家屋の影すら残らない焼野原。アメリカの占領支配のもと、「三界に家無し」の娘・妻・母を背負って、男たちは、家族を土台から再建せねばならなかった。

スクリーンにその姿を留める「原節子の住んだ家」からは、日本の資本主義経済が、女たちの、そして男たちの家父長制への憤懣や諦念まで掬い上げながら、映画を通じて、自らが必要とした労働力の配置を促していった可能性が浮かび上がってくる。本論では、紙幅や残存するフィルムの少なさで限定的な検討に止まらざるを得なかった部分も多い。今後、さらなる立体視を目指して考察を重ねていきたい。

最後に、原節子にしばしば冠せられる『永遠の処女』という言葉について記しておきたい。「処女」という文言は、そもそもバージンを指すものではなく、単に「家に処る」女を意味する言葉であったという。[26]『永遠に家に処る女』。それは、なんと原節子にふさわしい称号であることか。

＊文中、歴史的用語として「未亡人」「婦人」「満洲」「外地」を用いた。煩雑さをさけるために括弧は省略した。

注

① 住宅政策の歴史については、図解住居学編集委員会編『図解住居学4　住まいと社会』（彰国社、二〇〇五年）を主に参照した。

②　女性と住宅問題に関しては、影山穂波『都市空間とジェンダー』（古今書院、二〇〇四年）を参考にした。
③　「家父長制」概念については、上野千鶴子『家父長制と資本制』（岩波書店、一九九九年）等を参照されたい。
④　『女囚とともに』（東京映画、一九五六年）の視聴がかなわなかった。
⑤　映画界は、早速、デビュー間もない美少女に、日本と中国大陸をまたにかけた役柄をあてがっている。李香蘭並みの中国人役も多い。
⑥　この他の系統として、「敵の女」が重要である。『上海陸戦隊』（一九三九年、東宝、熊谷久虎）では日本軍に恭順する中国人娘を、『女の教室』（一九三九年、東宝）では日本軍に協力する中国人女医を割り振られている。また日独合作作品『新しき土』（一九三七年　J．O．アーノルド・ファンク）は、国際プロパガンダ映画という他に類のない作品である。デビューから引退までの原節子作品を、比較文化史の観点から分析した四方田犬彦は、彼女を、「国家なり民族のアイデンティティをみごとに表象して余りある」「国民女優」と定義している（四方田犬彦「国民女優としての原節子」『ユリイカ』二〇一六年二月号、七一頁）。
⑦　戦時下の映画行政については、加藤厚子『総動員体制と映画』（新曜社、二〇〇三年）、古川隆久『戦時下の日本映画―人々は国策映画を観たか』（吉川弘文館、二〇〇三年）を参照されたい。
⑧　東京市社会局編『婦人自立の道』（一九二五年）。この冊子に記載された各種の統計からは、職業婦人の実態が、若い未婚女性による家計補助のための短期間就業であったことが浮かび上がってくる。
⑨　『東京の女性』を分析した宜野座菜央見は、「消費的なモダン・ライフのイメージ」が、観客に資本主義を是認させ、「戦争への裏書を促す社会的条件づけに貢献した」と結論づけている（宜野座菜央見『モダン・ライフと戦争―スクリーンのなかの女性たち』吉川弘文館、二〇一三年、一～一一頁）。
⑩　「満洲国」への配置については、雑誌『女性満洲』の記事で確認した。
⑪　女子通信士については、池川玲子『「北の三人」考――戦時下最後の映画が引き直したジェンダーの境界線』「敬和学園大学人文社会科学研究所報」No.10、二〇一二年五月、四七～五九頁、西田秀子「第二章旧陸軍北部軍管区司令部防空作戦室の開設と変遷」・「第三章聞き書き及び記録」『旧北部軍管区司令部防空作戦室記録保存調査報告書』（札幌市観光文化局文化部文

化財課、平成21年3月）を参照されたい。
⑫　詳細については前出の池川論文を参照のこと。
⑬　『女だけの夜』（一九四七年、東横映画）では、消息不明の恋人を待つ女性を演じている。フィルムの現存状況不明。
⑭　一九五五年から七〇年代前半にかけて、「主婦」という立場の評価、価値等をめぐって行われた論争。
⑮　原作では、由岐子は自分の稼ぎでアパートを確保している。彼女は「女子事務員の中ではナンバーワン」で、お給料も「たっぷり」もらっている。映画の由岐子の力量は、原作よりもかなり低く見積もられている。
⑯　原作者石川達三によれば、明子の原型は、「九人の子を産み、産み疲れて、三十七才の若さで卒然として亡くなった」石川自身の母にある。ひたすらに子どもを産み育てる「動物的」なあり方、「良人のために、あるいは子供たちの為に、惜しげもなく自分を捧げて、自分の自由だの権利だのということ」とは無縁のこのキャラクターを、石川は「地に足がついている」と礼賛する（石川達三「作中人物の系譜　1」『月報1　石川達三作品集』昭和四七年二月、新潮社、一～四頁）。
⑰　第二作『麦秋』（一九五一年）、第三作『東京物語』（一九五三年）。三作が関連を持たないストーリであるにもかかわらず、原節子が演じたヒロインの役名がすべて「紀子」であったことから、この名で呼ばれる。
⑱　「ドナルド・リチーからジル・ドゥルーズまでが重ねてきた」解釈の経過については、四方田が以下で整理を試みている。Yomota Inuhiko, 'Ozu, il Regista del' altro Mode di Rappresentazione' Art Studies, The Meiji Gakuin University, 1995, pp.7-11）。最近の研究として、高橋治『絢爛たる影絵　小津安二郎』（岩波現代文庫、二〇一〇年）、末延芳晴『原節子、号泣す』（集英社、二〇一四年）、中村秀之『敗者の身ぶり―ポスト占領期の日本映画』（岩波書店、二〇一四年）等。
⑲　この移動については、末延の前掲書で指摘されている。
⑳　隅研吾『建築的欲望の終焉』新曜社、一九九四年。
㉑　原作は今日出海の『この十年』であるが、映画とは全く異なった内容である。
㉒　加納実紀代は、遺族年金をめぐって紀子と義両親の間に緊張関係があった可能性を指摘している（加納実紀代『〈復員兵〉と〈未亡人〉のいる風景』「戦後日本スタディーズ①　40・50年代」紀伊国屋書店、二〇〇九年、九八頁）。
㉓　蓮實重彦は『監督　小津安二郎　増補決定版』（筑摩書房、二〇〇三年）において、「不在の階段」を詳細に検討している。

㉔　この他、『慕情の人』（一九六一年、東宝）、『小早川家の秋』（宝塚映画、一九六一年）がある。

㉕　里見弴の原作では、副院長という設定である。原作より映画の方が、ヒロインの地位や収入が低く再設定されるという傾向がここにもみられる。

㉖　本書Ⅰの今関論文２－Ⅲ参照。

本論の執筆にあたっては、池田忍、菅野優香、関口すみ子、尾藤三和子、堀ひかり、身崎とめこ、戦争とジェンダー表象研究会、らいてう研究会の諸氏から、多大なアドバイスをいただきました。記して感謝いたします。

〈コラム〉近代文学に見る「家」の変遷

若山　滋

洋風と和風

明治以来、日本の「家」は激変を続けてきた。

いわゆる和風建築に住み、土間になった台所で食事の支度をし、畳を敷き詰めた座敷の銘々膳で食事をしていた江戸時代から、商品化された戸建て住居や、２ＤＫの公共住宅や、３ＬＤＫのマンションに住む現代まで、日本人の「家」は、どのように変化したのか。

「文学の中の建築記述」の研究をしてきた筆者（若山）としては、ここでその変遷を、文学の中に探ってみたい。そこには家の形態だけでなく、そこに住む人間の心情が見えるはずだ。

まずは夏目漱石（一八六七〜一九一六）である。

漱石は、明治維新の前年に生まれ大正五年に没した、まさに明治とともに生き、日本に洋風建築が浸透していく時代に生きた作家であった。しかも彼は建築家になろうとしたことがあり、ロンドン留学の経験もあって、建築の描写が実に詳細でリアルなのだ。

特に前半期の小説には、登場人物とその住まいとの関係にはっきりしたパターンがある。

第一のパターンは『吾輩は猫である』の猫、『坊っちゃん』の坊っちゃん、『三四郎』の三四郎といった、狂言まわし的な役割をもつ若い主人公であり、文学的キャラクターとしてはニュートラルな存在、その住まいにもこれといった特色がない（猫はやや特殊）。

第二のパターンは『坊っちゃん』のマドンナ、『虞美人草』の藤尾、『三四郎』の美禰子といったヒロインであり、彼女たちはみな美貌で驕慢、男を手玉にとるようなところがあり、主人公はその女性にひかれはするものの結ばれることはない、棘をもった薔薇のような近くて遠い存在である。彼女たちは共通して、豪壮な洋風の建築におかれている（マドンナはやや特殊）。

第三のパターンは、『吾輩は猫である』の苦沙弥、『草枕』の「余」、『三四郎』の広田などで、いずれもどこか時勢に反発し、超然とした姿勢を保つ、漱石自身らしい壮年の知識人である。彼らは決まって、素朴で古錆びた和風の家に住む。これは「南画的世界」とも呼ばれ、江藤淳は漱石の「最も内奥の隠れ家」と表現した。

物語の中では、第二と第三のパターンすなわち「洋風」（西洋風建築）と「和風」（南画的世界）、この二つの空間が対立し、第一のパターンに属する主人公は、そのあいだを揺れ動くのだが、洋風の家に住む女性にはどこか抵抗があり、むしろ和風の家に住む知識人の方に共感を抱く。

たとえば『三四郎』（明治四一年一九〇八）における真砂町の美禰子の家は、第二のパターンの典型で、いかにも華麗な洋風建築である。

「門は締まっている。潜《くぐ》りから這入ると玄関までの距離は存外短い。長方形の御影石が飛び飛びに敷いてある。玄関は細い綺麗な格子で閉て切ってある。電鈴を押す。―中略―重い窓掛の懸っている西洋室である。少し暗い。―中略―正面に壁を切り抜いた小さい暖炉がある。その上が横に長い鏡になっていて前に蝋燭立《ろうそくたて》が二本ある。三四郎は左右の蝋燭立の真中に自分の顔を写して見て、また坐った。
するとと奥の方でヴァイオリンの音がした。」

ヴァイオリンを前奏に、美禰子は三四郎の見入る鏡に姿を写しながら麗々しく登場するのだ。三四郎が池の前で出会ったことから、現実にもその池が「三四郎池」と呼びならわされているが、そのシーンの背景には「派手な赤煉瓦のゴシック風の建物」がある。美禰子はまさに西洋建築を擬人化したような、キリスト教的な罪の観念と、近代的な自我とをあわせもつ存在である。

美禰子がゴシックなら『虞美人草』の藤尾はバロックで、甲野家のフランス風のインテリアに飾られた書斎におかれ、この書斎が野心家の小野を引きつけるという設定である。漱石作品の中で、「洋風」は、富貴権門の美女に結びついているのだ。

一方、『草枕』(明治三九年一九〇六)の冒頭で、「智に働けば角が立つ。情に棹させば流される。意地を通せば窮屈だ」と、主人公の画工がつぶやきながら分け入っていく深山幽谷は、第三のパターンの典型で、いかにも「南画的」である。

「茫々《ぼうぼう》たる薄墨色《うすずみいろ》の世界を、幾条《いくじょう》の銀箭《ぎんせん》が斜めに走るなかを、ひたぶるに濡れて行くわれを、われならぬ人の姿と思えば、詩にもなる、句にも詠まれる。有体《ありてい》なる己れを忘れ尽して純客観に眼をつくる時、始めてわれは画中の人物として、自然の景物と美しき調和を保つ。」

みずからを「余」と称するこの主人公は、山の中のひなびた温泉宿に長逗留する。その若女将の過去に興味を抱いて物語は展開するが、「余」は一定の距離を保って泰然としている。南画的世界とは、中国南部に広がった文人画(水墨)の世界で、日本では、和歌や俳句や茶の湯といった風流と一体化し、知を権力から切り離す「超俗」の空間となっていた。漱石が好んだ陶淵明（隠逸思想の祖とされる）の世界である。

実際、この時代の洋風住宅は、ジョサイア・コンドルが設計したのが三菱の岩崎家や宮家の住宅であることからも分かるように、明らかに富と権力の象徴であった。たとえば、明治村に移されている洋風の西郷従道邸を、その周囲に配されている漱石や露伴や啄木の和風の住居と比べてみると、群臣を睥睨（へいげい）する女王のように君臨する観がある。現在のように価値観が平均化した社会では想像できないような、住居様式という権力表象が存在したのだ。

明治の日本人にとって、「家」は、富貴権門の洋風と、風流超俗の和風との間で揺れ動いていた。

モダンな社会

大正の半ば頃から、日本社会は急速に近代化する。文学に現れる住まいも、洋風と和風の対立を超えて、モダンなものに変化するが、それがよく表れているのが、谷崎潤一郎（一八八六〜一九六五）の『痴人の愛』（大正一三年一九二四）である。

蔵前高等工業を出た電気会社の技師河合譲治が語り手であると同時に主人公で、浅草のカフェではたらいていたナオミという娘と生活をともにし、翻弄され、支配されていく物語。カフェで知り合った二人は、結婚という形式以前に、ともに生活する場を探す。

「所謂《いわゆる》『文化住宅』と云う奴、――まだあの時分はそれがそんなに流行ってはいませんでしたが、近頃の言葉で云えばさしずめそう云ったものだったでしょう。勾配《こうばい》の急な、全体の高さの半分以上もあるかと思われる、赤いスレートで葺いた屋根。マッチの箱のように白い壁で包んだ外側。ところどころに切ってある長方形のガラス窓。そして正面のポーチの前に、庭と云うよりは寧《むし》ろちょっとした空地が或る。—中略—いやにだだッ広いアトリエと、ほんのささやかな玄関と、台所と、階下にはたったそれだけしかなく、あとは二階に三畳と四畳半とがありましたけれど、それとて屋根裏の物置小屋のようなもので、使える部屋ではありませんでした。その屋根裏へ通うのにはアトリエの室内に梯子段《はしごだん》がついていて、そこを上がると手すりを繞らした廊下があり、あたかも芝居の桟敷のように、その手すりからアトリエを見おろせるようになっていました。」

この家が建つ大森は、新しい住宅地として発展しつつあり、そこに出現したアトリエを兼ねた住宅が、それまでとは違ったハイカラなものであったことは推測できる。ここで「文化住宅」というのは、関西地方に多い木造集合住宅を意味するのではなく、当時の先進的なモダン住宅をいう。

画家が建てたということを考えれば、この時代であるから、ウィーンのゼツェッシオンを模したようなスタイルであったとも思われる。

特に重要なのはアトリエの「広さ」ではなく「高さ」である。「アトリエの室内に梯子段がついていて」というのは「吹き抜け」の表現だろう。この「手すりのある廊下から芝居の桟敷のようにアトリエを見おろせる」という立体感が、西洋人に似たナオミの家として重要な要素である。

谷崎は、専門的な建築用語を使ってはいないが、明らかに「西洋の伝統」と「モダニズム」の様式の違いを意識し、女性像の隠喩的表現としている。しかもそれが男性を支配しその家に君臨する女性であることが、谷崎文学の圧倒的な特徴線である。

漱石の洋風は富貴権門の、谷崎のモダニズムは支配力の、どちらも女性のメタファーであった。

さて大正期、日本全体に資本主義が進行し、都市化が進み、第一次世界大戦で漁夫の利をえたあとは、今日いうバブル経済状況であった。東京の人口は肥大し、ホテルやアパートなど、プライバシーを有する小さな部屋が大量に出現する。

「個室の誕生」である。

そして「個室」は「密室」でもあった。そこにミステリー小説が誕生する。代表的な作家が江戸川乱歩（一八九四～一九六五）である。

その様相がもっともよく現れているのが、『屋根裏の散歩者』（大正一四年一九二五）という小説であろう。変装などの変わった性癖をもつ主人公は、東栄館というアパートに住み、自分の部屋の押入の天井板が打ちつけ忘れられているのを発見し、毎晩のように天井裏を徘徊し、その節穴からアパートの住人の生態を観察するのだが、やがて、普段から憎らしく思っていた人物の寝ている口に、天井の小穴から薬をたらす完全犯罪をたくらむ。

「天井からの隙見《すきみ》というものが、どれほど異様に興味のあるものだかは、実際やってみた人でなければおそらく想像もできますまい。たとえ、その下に別段の事件が起こっていなくても、誰も見ているものがないと信じて、その本性をさらけ出した人間というものを観察するだけで、充分おもしろいのです。」

この時代のさまざまな人間像とその秘された風俗が、天井裏からの視線によって赤裸々に描出される。『裏窓』という映画を思い起こすが、テレビもなく映画も未発達であった時代に、天井裏からの覗き見は、大いに猟奇的であったに違いない。結局は、名探偵明智小五郎の登場によって、屋根裏のルートが暴かれるのだが、この小説の圧巻が、その謎解きにではなく、屋根裏からの密室描写にあることは明らかだ。

東栄館は、それまでの下宿のように、普通の木造建築の空いている部屋を貸すのではなく、初めから貸部屋用につくられているのであり、それなりのプライバシーが成立していた。整然と並んだ部屋と部屋が壁で隔てられ、共用廊下からドアを開けて入る形式のもので、「新築の下宿屋」と表現されているが、厳密には、内部共用廊下型アパートというべきであろう。

「東栄館の建物は、下宿屋などにはよくある、中央に庭を囲んで、そのまわりに、桝型に、部屋が並んでいるような作り方でしたから、したがって、屋根裏もずっとその形につづいていて、行き止まりというものがありません。彼の部屋の天井裏から出発して、グルッとひと廻りしますと、また元の部屋まで帰ってくるようになっています。下の部屋部屋には、さも厳重に壁の仕切りができていて、その出入口には締まりをするための金具まで取りつけてあるのに、一度天井裏に上がってみますと、これはまたなんという開放的な有様でしょう。」

大正から昭和にかけて、日本人は、個室を得た。

建築学的には、モダニズムは、過去の様式にとらわれない、機能に即した形態の建築、あるいは立式の台所、中廊下型の平面、電気、水道などの設備としてとらえられるが、文学の中では、個室＝密室として現れる。そこにはきわめて個人的な嗜好の世界が成立したのであり、場合によっては犯罪的な行為の場でもあったのだ。

一方、これらは大都会の住まいであり、地方の山村では、人々はまだ封建時代の名残の中に生きていた。川端康成（一八九九〜一九七二）の『雪国』（昭和一二年一九三七）には、雪深い山中の温泉宿と、村の様子と、そこに生きる女性たちの生活ぶりが描かれている。

「国境の長いトンネルを抜けると雪国であった。夜の底が白くなった。」

という有名な書き出しで始まる物語において、主人公たる島村の相手として登場するのは芸者駒子で、そのお師匠さんの家に住み込んでいる。

「柿の木の幹のように家も朽ち古びていた。雪の斑な屋根は板が腐って軒に波を描いていた。土間へ入ると、しんと寒くて、なにも見えないでいるうちに、梯子《はしご》を登らせられた。それはほんとうに梯子であった。上の部屋もほんとうに屋根裏であった。

『お蚕《かいこ》さまの部屋だったのよ。驚いたでしょう。—中略—

島村は不思議な部屋のありさまを見廻した。低い明り窓が南に一つあるきりだけれども、桟の目の細かい障子は新しく貼り替えられ、それに日射しが明るかった。壁にも丹念に半紙が貼ってあるので、古い紙箱に入った心地だが、頭の上は屋根裏がまる出しで、窓の方へ低まって来ているものだから、黒い寂しさがかぶさったようであった。」

雪国の養蚕農家の冷え冷えした空気が伝わってくる。空間構造は合掌造を想わせる。この「朽ち古びて、黒い寂しさがかぶさったような」家に住む駒子にとって、東京から来る客を迎える温泉宿は、いわば「ハレ」の空間なのだ。しかし川端は、この家を汚い惨めなものとしては描かない。「屋根の板が腐って、暗く、寒く、古びて」いても、「いかにも清潔」であり、「駒子の透明な体」に結びついて、美しいのである。

雪国の生活風俗の描写には、江戸時代に北越の庶民生活を記した名著『北越雪譜』（鈴木牧之）が参照されている。しかし私たちが感じるのは、雪中生活の労苦や閉鎖村落の因習ではなく、やはりその情緒の深さであり、絵のような美しさであり、あくまで東京人の眼から見た「雪国」である。それが川端文学なのだ。

そしてここでも「家」の描写は女性の描写でもある。漱石や谷崎とは逆に川端は、常に、失われいく日本の美の中に健気に生きる少女（あるいは少女のような女性）を描いた。

太平洋戦争末期の爆撃によって、日本の都市は破壊されたが、それはこの国に続いてきた「家」という文化の破壊でもあった。

居住の箱

安部公房（一九二四～一九九三）は、満州からの引揚者であり、医師から転じた作家である。

作品における、特異でかつ決定的な要素は、「人間を囲うもの」であり、その「囲い」が主体（主人公）と客体（他者）との関係として、特に視線関係として現れることである。

『砂の女』の主人公は、空しか見えない砂丘の穴にとらえられ、そこに住む女と暮らさざるをえない。『他人の顔』の主人公は、火傷で崩壊した顔に他人の顔から型をとった仮面をつけて自分の妻を犯そうとする。『箱男』は、眼の穴だけが空いたダンボールの箱をかぶって街を歩く。この三つの作品の主題となるのは、「砂」にしろ、「仮面」にしろ、「箱」にしろ、生身の人間を囲うものであり、囲まれた人間は自分の本当の住まいとしての建築をほとんど意識しない。つまりその囲いは、ヤドカリやカタツムリの殻のように、身体でもあり巣でもあり住まいでもあるのだ。

『砂の女』（昭和三七年一九六二）は、激しかった安保闘争の余韻も消えようとするころの作であり、日本人は、否応なくアメリカの世界戦略に組み込まれるという無力感の中を漂っていた。物語は、砂地に棲む昆虫の採集を趣味とする男が、砂丘の中の集落に迷い込んで一夜の宿を求めるところから始まる。

「案内されたのは、部落の一番外側にある、砂丘の稜線に接した坑の中だった。―中略―

なるほど、梯子でもつかわなければ、この砂の崖ではとうてい手に負えまい。ほとんど、屋根の高さの三倍はあり、梯子をつかってでも、そう容易とは言えなかった。昼間の記憶では、もっと傾斜がゆるやかだったはずだが、こうしてみると、ほとんど垂直にちかい。―中略―この家は、いささか我慢しかねるしろものだった。馬鹿にされたのだと思って、すぐに引返していたかもしれない。壁ははげ落ち、襖のかわりにムシロがかかり、柱はゆがみ、窓にはすべて板が打ちつけられ、畳はほとんど腐る一歩手前で、歩くと濡れたスポンジを踏むような音を立てた。そのうえ、焼けた砂のむれるような異臭が、いちめんにただよっていた。」

この砂の中が、物語の舞台のすべてである。

一人の女が住む砂穴の家に入った男は、集落の人たちに梯子を外されて監禁状態となり、最低限の水と生活必需品を支給される代わりに、女とともに崩れ落ちる砂を掻い出す作業に従事しなければならない。そうしなければこの集落が保てないというのだ。飲料水の供給を止められることが最大の脅迫であり、暑さと、のどの乾きと、砂で湿った惨めな家が、彼の身体環境である。

砂はヒシヒシと浸すように、家を侵犯し、締めつける。男は自分が採集する砂地の昆虫のように生息せざるをえない。読み進むうちに、カフカの『変身』にも似た、身体と空間の切実な物理的関係の厳しさが迫ってくる。もちろんどちらもありえない設定だが、だからこそ「虫の身体」にも「砂の家」にも、これまでにないほどの建築的実在を感じざるをえない。「形態をもたない砂」の浸食力は、作家にとって、現実社会における権力というものの現れ方の象徴であろうか。

やがて得たチャンスにも、男は逃げ出そうとしない。彼は、かつて帰属していた社会へと復帰する意志を失っていた。というより、穴の中で女とともに砂と闘って生きることもすでに彼の人生となっていたのであろう。作者は、人間の社会性とはその程度のものであり、建築も住まいもその程度のものといっているようだ。

戦後文学は、爆撃という暴力に晒されたあとの「穴ぐら」のような住居から始まる。そしてここでも、住まいは女性と一体である。

こうしてみると、近代日本の「家」の変遷は、日本の男性にとっての「女性像」の変遷でもあったのだ。

「文学の中の建築」という研究を続けてきて筆者は、現実の空間（建築）が虚構の空間（文学）を生み出すだけではなく、虚構の空間が現実の空間を生み出すことを感じてきた。たとえば桂離宮の庭と建築は、日本文化の中に『源氏物語』という存在がなければ実現しなかったと考えている。その理由を書くと長くなるので別の機会に譲りたいが、われわれは、その虚実が表裏となった精神的空間の中に息づいているのだ。

日本の「家」には、そういった、従来の建築学（日本では工学部に属する）だけの視野からは見えてこない、深い奥行きがあることを想わざるをえない。

「リカちゃんハウス」という表象
――「人形の家」と戦後住空間のジェンダー

身崎　とめこ

はじめに

古来「人形」と「人形の家」は中国の唐三彩や日本の埴輪など、祭礼神事・副葬墓品に用いられ、人型やミニチュア家型として残されている。だが、玩具としてのそれらの歴史は意外に浅い。

西欧ではドールハウスの出現は十六世紀に遡り、一五五七年バヴァリアのアルブレヒト公が邸のミニチュアを作らせたのに始まると伝えられる。女児玩具としての人形も一般普及は、欧米でもおおむね人形の大量生産が可能となった産業革命以降のことであった。十七、十八世紀に裕福な貴族達は、競って自邸のミニチュアを作らせたといわれるが、それらは玩具ではなく、富裕階級の室内装飾であり、名声や地位の象徴であったと考えられる。また一説ではロシア皇帝ピョートル一世はヨーロッパ化を推進する一環にドールハウスを購入し、ニコライ二世は建築設計模型に「ドールハウスを作って参考にせよ」と製作を推奨したとも伝えられている。その後欧米ではドールハウスは子女の教育玩具の側面も併せ持ち、至第に中流家庭へも広がっていった。

日本では古くから精緻な工芸品として人形製作の発展をみたが、厨子や神棚、「ひいな遊び」の御殿屋台が作られたものの、無論それらは「人形の家」ではない。神々や殿上人の住まいであり、下段に家財道具一式を並べる雛御殿には人形の生活空間となるべき「奥ゆき」がないのである。同様に台所、店屋等の模型も人形で遊ぶ仕様ではなく、子供の人形遊びは什器類を傍らに、専ら戸外のゴ蓙上や屋内の見立ての仮想空間で行われたのである。大正期に「ヤマトヤシキ」という紙製の折り畳み式人形の家があったが、日本におけるドールハウスの本格的登場はずっと遅く、玩具メーカー「タカラ」による携行カバン型「リカちゃんのドリームハウス」発売にスタートする。一九六七年七月であった。

従ってこれまで「人形の家」に関する研究も、How to 本を除ききわめて僅少である。本格的なドールハウス研究では、「人が住む家、神が住む家—人形の住む家」と、重なり合う三つの住空間の構造概念から「人形の家」の本質を解き明かした増渕宗一の『人形と情念』[1]がある。増渕はまた『リカちゃん少女フシギ学』[2]で「リカちゃんとハウス—戦後の親子二重奏」と題し、このドールハウスの変遷を詳細に分析する。彼は続く『リカちゃんハウスの博覧会』[3]では現代建築家たちと対話し、戦後住宅の発展とリカちゃんハウス誕生をその相互補完性からあらたな視点で論じた。とくにこの対話集は、公団五一C型住宅に始まる戦後家族とその住空間の変遷と生成を、本邦初の「人形の家」である「リカちゃんハウス」という社会現象を通じて建築家たちの視座から考察するものであった。因みにリカちゃんハウスの背景ともなる少女漫画の世界に、女性の住空間を論じた藤本由香里の『私の居場所はどこにあるの？』[4]等も注目される。

図１　初代「リカちゃんのドリームハウス」

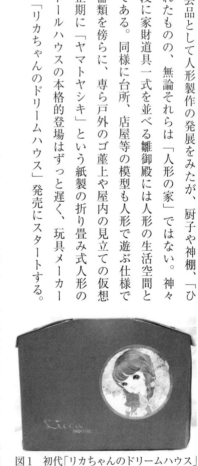

本稿はこれらの先行研究を踏まえ、半世紀を過ぎてなお女児玩具のベストセラーを続ける「リカちゃん人形」と「リカちゃんハウス」という商品の登場が、戦後家族の生活空間を縦横に往来しつつ、戦後女性の住空間にどの様な重層的ジェンダー構造を築き上げていったか、その表象としての「人形の家」の役割と意義を模索する試みである。

一、リカちゃんハウスの誕生

人形が「ひとがた」からの出発であったと同様、「人形の家」もまた時代の住いの写しである。一九六〇年代後半、すでに世界は冷戦期からデタント（緊張緩和）の時代に入った。戦災から復興した日本や西ドイツが未曾有の経済成長を続け、戦後家族は憧れの公団五一C型住宅によって敗戦による都市の住宅窮乏期を脱する。だが続く高度経済成長期社会になると人々は狭い団地を捨て、さらに豊かで清潔な美しい暮らしと住まいを求め、都市郊外の庭付き戸建住宅の取得へと狂奔し始める。同じ頃、アメリカでは一九五九年にバービー、タミーといった人形がドールハウスを伴って爆発的人気で登場した。バービーのデザイン開発はアメリカ・マテル社だが、当初人形本体と衣裳の縫製を中嶋製作所・セキグチなど精密金型技術のある日本企業が請け負う。この技術提携に養われた経験がリカちゃん人形とそのドリームハウス誕生の契機となる。一九六二年、バービーは「新しいアメリカのおともだち」として八〇〇～一五〇〇円で販売されたが日本では不人気であったという。原因は、顔貌・体形のあまりにも顕著な相違にあった。バービーは独製セクシードール、リリ（Lilli）をモデルにし、少女というより成熟した若い女性の身体を持つ。その上、図2、3のようにバービーの「ドリームハウス」[⑤]はかなり大きい。狭い日本の住宅事情と、小柄な日本の少女たちの小さな手には余るものであった。

一方、タカラの市場リサーチでは、当時アメリカでは「バービーのビニール製キャリングケースが売れている」との報告を受け、女児が簡単に持ち運べる「人形の家」の開発が始まった。バービーの身長約三〇cmに合わせて試作したハウスは、日本の少女が持ち歩くには大き過ぎて不便である。そこでバービーに代わる「先に住まいありき」の「人形と人形の家」のパラレルな開発がスタートしたのである。人形は少女たちが携行可能なハウスのサイズに合う、いわゆる「ドールハウス・ドール」[6]となる。ゆえに「リカちゃんハウス」の誕生は人形とほとんど同時発売であった経緯が重なる。こうして一九六七年、この後の半世紀にわたるベストセラー、「リカちゃん人形」とその「ドリームハウス」は誕生したのである。

例えば人の衣食住を「食」を外して人形に設定すると、衣と住が重なり合う。だが「着衣」とは単に衣裳・ファッションにとどまらない。衣の本質は人の身体の総括的保全にある。宗教儀礼を含め一般的には他者との差異化である化粧も身体の「ころも」の最初である。次に寒暖やケガ、外敵等からの護衣として、またはステイタスの誇示や差異化の象徴としての衣服がまとわれる。さらに身体の最も外縁に最終着衣として、雨露を凌ぐだけではない社会的身体をも確実にする「住宅」が立ち現われてくるのである。

以上の意味で、「リカちゃんハウス」は戦後家族と、とりわけ戦後女性の住空間のイメージアドバルーンとして機能してきたといえるのではないか。家庭という周縁化された住空間に主婦として位置づけられた戦後女性にとって、

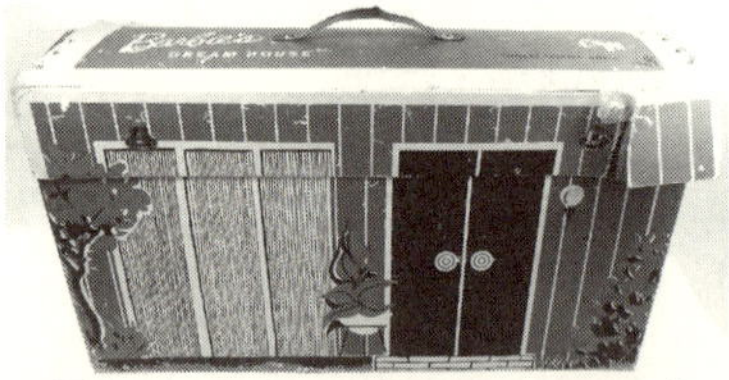

図2　バービーの「ドリームハウス」
85×35×20cm　1962年

図3　バービーハウス内部と
沢山の家具とキッチン

「住宅」はアイデンティティ発露の場であり、経済的生活と居場所を担保する重要な役割を果たしてきたからである。GHQの民主主義啓蒙と女性解放の広告塔となった「カマドの改善」は、公団五一C型住宅を間に高度経済成長期社会まで、長いスパンで戦後家族と女性の住宅幻想を牽引してきた。ではそのイメージを継承し創出された「リカちゃんハウスとは一体どのような住空間であったか。

二、リカちゃんハウスと戦後住空間

リカちゃんハウスは全くの架空お姫様空間から出発する。この点で雛人形の御殿屋台に似るが、人形遊びは見立ての遊びである。ゴ蓙の上で繰り広げられる女児の遊びには、自分自身を主人公に仮託しうる身近な人形が必要であった。タカラでは少女の夢や憧れに関する入念な市場調査の結果、人形にはフランスの混血児というイメージが設定される。そこで前述のようにハウス（住空間）というハコが先行し、その後で収納される人形（住まう少女）のライフスタイルが決定されたという。アメリカ郊外都市・サヴァービアの発展とともに登場したバービー人形の邦訳である。しかも増渕らによれば、女児の世界でも人形だけでは子供達の世界ですら十分なステイタスにはならなかったという。人形遊びには沢山の着替え用衣服やアクセサリーが必要であるが、何よりもハウスが揃って初めてリカちゃんの世界が完成したのだと報告される。

「やっぱり、おうちがなくっちゃね！」

という少女達の言葉は、そのまま六畳・四畳半に台所という狭く衛生的とは言い難い住宅に甘んじていた戦後の母親世代の暮らしと住空間へ差し戻される。

図4のように初代「リカちゃんのドリームハウス」はパッケージを開くと華麗な絨毯の敷かれた応接間とソファが出現する。このリカちゃんハウスはまさにヨーロッパ調邸宅であった。壁には書割のお姫様空間が出現し、本物のレースのカーテンがかけられる。中央にはシンデレラ階段が描かれ壁面の大半を占める。女児たちはこの応接間でリカちゃん人形に自己投影し、仮託のあるいは見立てのごっこ遊びに没入するのである。

日本は高度経済成長期社会に入ったとはいえ、多くの家庭はまだやっとダイニングキッチンを実現し、「卓袱台の昭和」を脱却したばかりであった。書割の応接間や応接セットに具現される人形の接客空間は、ドリームハウスと名付けられたように少女達ばかりか戦後女性の豊かな美しい暮らしへの憧憬、幻想風景そのものであったといえよう。設計監修は当時人気の少女漫画家・牧美也子が担当した。赤いハウスパッケージの窓絵には牧の少女漫画の主人公がバラやデイジーの花に縁取られ、リカちゃんの肖像として描かれる。タカラは漠然とした異国のお姫様空間のイメージを、少女漫画の平面世界から「家」という半ば立体的な世界に導引してみせて、少女たちを魅了したのである。

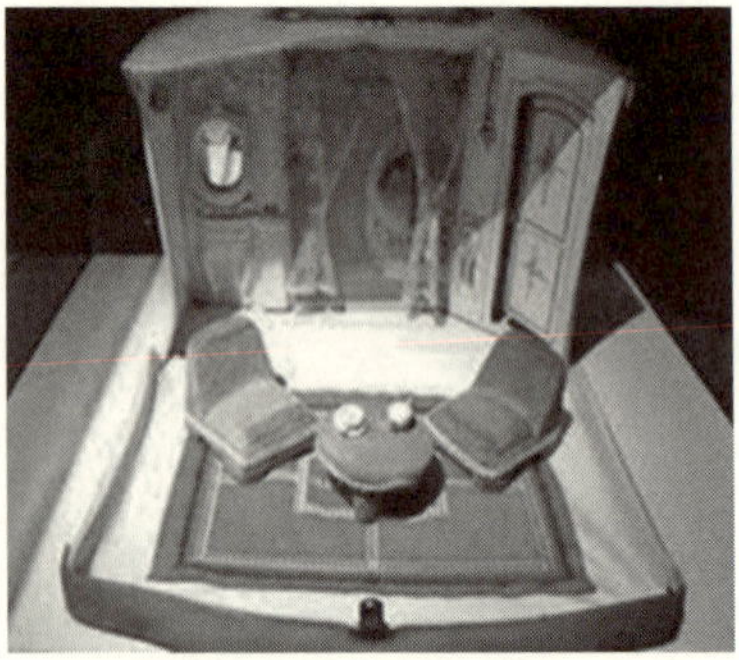

図4　ドリームハウス内部
外形約 34cm × 27cm

この「リカちゃんハウス」が六十年代後半の高揚する消費社会の中で、現実の戦後住空間と重なり合い、微妙な交差往来が始まる。リカちゃんの家はより広く・より美しく・より便利な住宅の実現に向かって、未来の主婦たる少女たちの道標となっていった。この人形の家と現実の台所電化を対比し、その変遷を検証する試みは、増渕宗一だけでなく、「戦後台所文化史」『百科年間１９８０』（平凡社）など各方面から詳細に行われている。リカちゃんハウスという住空間の表象は常に現実を数歩先行し、この一歩が少女たちの人形とハウスへの憧憬を増幅させ、玩具の再々にわたる消費を継続させてきたといえる。

結果として「リカちゃんハウス」という人形の家は、少女の遊びを通してイメージの仮想空間から戦後家族の生活に多大な影響を及ぼしていったのではないかと考えられる。半世紀にわたり、六千万体をはるかに超えて受容され続けるこの人形と人形の家は、そのイメージを世代にわたって母子間で継承され、再び実社会に還流されていった。

三、「リカちゃん」現象の拡がり

ここでリカちゃん人形とそのハウスが戦後家族と女性たちの住空間に果たした役割と足跡を二つの関連施設の調査から検証する。

①リカちゃんタウン⑦（二〇〇二年七月開園～二〇〇九年一月閉鎖）

富士急ハイランド内に設置されたこの施設は、リカちゃん世界を等身大で体験する夢の住空間「リカちゃんハウス」である。外観・内装ともに全面的にピンクで彩られたこの施設は、色彩とシンデレラ階段は人形の「リカちゃんハウス」と共通し、内装や家具、什器がすべてプラスチックであることを除くと、バブル期の住宅展示場と大差がない。この施設関係者の話では、入場者の家族連れのほとんどが、ほぼこの施設を訪れるということであった。

筆者の休日調査⑧では、一時間中観客数二一六人（大人一二四人、子供九二人）で、子供は幼児から小学生が圧倒的に多い。成人層では、「リカちゃん人形」受容の第一世代と思しき女性グループや、家族から別行動の母親や若い女性等、中年以下の女性客が大部分であった。中でも二〇代前半の若いカップルの姿が十一組あったことが目を引く。ここはリカちゃんハウスを将来の設計に夢見る若年層のデートスポットでもあったのである。

ハウス入り口で少女たちはお姫様衣裳を借りて記念撮影をする。タウン内前庭には等身大のリカちゃんが出迎え、ハウス内部へと向かう。ここでもシンデレラ階段が中央に位置し、観覧客はすぐさま階上のリカちゃんのお部屋に誘導される。このハウスではお姫様仕様のリカちゃんの部屋とキッチン、入口から見るだけのバスルームは丁寧に作られるが、「ママのへや」と「パパのへや」は壁面書割で略される。すべてプラスチックで再現されたこのハウスの実物は、キッチン出窓のカーテンと台所の壁にかけられた二枚のサロンエプロンだけであった。少女たちはリカちゃんのお姫様空間で遊んだ後、浴室をのぞき、シンデレラ階段を下りて、ストレートに階下のキッチンへ向かう。その台所はプラスチック製電化製品の展示場であった。無論コースの終着点はリカちゃんショップである。

この人形の家観覧コースの図式設定は、戦後そのまま女性とその住空間にイメージを重複する。戦後女性の最終着地点もおびただしい電化設備で溢れた「美しいキッチン」という住空間であり、そこでは消費する女性や主婦像が映し出され、かつ期待されたのである。実際、訪れた若い男女のカップルはエプロンをかけて記念撮影し、食卓に着席して「いつかこのようなキッチンを…」という感想を述べていた。

図5　「リカちゃんハウス」で記念撮影（2004年8月）

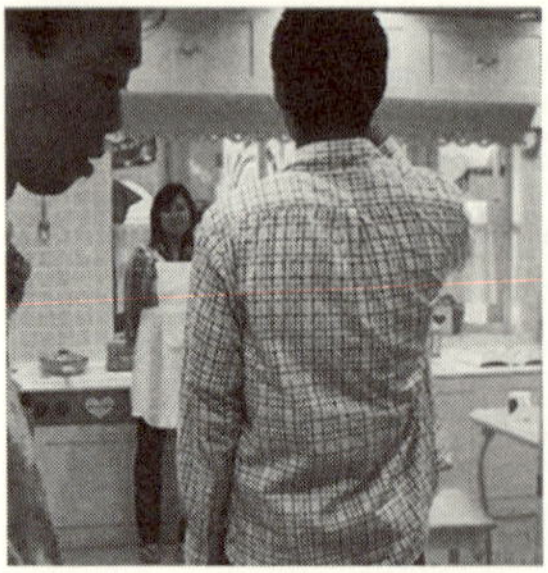

図6　キッチンで若いカップルの記念撮影

②リカちゃんキャッスル⑨（一九九三年五月オープン〜）

阿武隈洞に近い地方都市に位置するこの施設は、建物外観は全くのディズニーのシンデレラ城である。キャッスルと名付けられるが、内部はリカちゃん歴史館を兼ねる人形のオートメーション製造工場であった。観客はリカちゃんの製造過程を眼下に一望しながら、ガラス張り回廊式ギャラリーの歴代リカちゃん展示を楽しむ。このコース設定でも観覧者の終着は「リカちゃんタウン」と同様、リカちゃんショップのセレクトラウンジである。そこでは大人も子供も裸のリカちゃんを手に、ファッションやアクセサリー選びに余念がない。自分だけのオリジナルリカちゃん作りである。人形もグッズも全て眼下の工場が大量生産する規格品であることは看過されている。

この城・人形工場の特異さは、地方都市とはいえ密集した郊外住宅地のど真ん中に、突然おとぎ話の城が現れたかの如く聳え立つ点にある。道路を隔てすぐ隣には、建売り住宅群が規則正しく軒を連ねる。その小さな庭には芝生が植えられ、ベランダには洗濯物がたなびき、布団が干される。奇妙なコントラストである。このお城で生産されるお姫様「リカちゃん」が、城を取り巻くこの住宅地に着地し、直ちにこの住宅地で少女たちとその母世代にダブル受容される図式が連想される。いうまでもなく、シンデレラ城とは住宅の頂点・シンボルであり、少女たちの「私のお城＝リカちゃんハウス」はその延長線上に位置するといえよう。そのシンデレラ城を背景に、リカちゃんハウスと現実の住空間はイメージを交差し、オートメーションで絶え間なく生産されるリカちゃん人形とそれを贖い消費する少女たちの影が重なり合う。

図７　リカちゃんキャッスル外観

四、「リカちゃんハウス誕生」の背景

では、「人形の家」の歴史のない日本でリカちゃん人形の家は、どのように創出されてきたのであろうか。そのイメージの源流を遡ると、そこに戦後の住宅イメージ創出に関わった大きな二つの足痕が残される。一つは占領期GHQによる民主主義啓蒙政策の主戦力として機能したCIE（Civil Information Education Services）民間情報教育局映画の映画活動と、冷戦期にこのアメリカの対外文化戦略を継承し一九七〇年代まで活躍したUSIS（United States Information Service 合衆国広報・文化交流庁）アメリカ国務省教育映画である。いま一つは花森安治の率いた『美しい暮らしの手帖』であった。映画と雑誌、二つの視覚メディアによるアメリカナイゼーションの潮流である。

①占領期GHQ／CIE教育映画「ナトコちゃんがやってきた」

戦後GHQ改革の最大の課題は日本の非軍事化と共産主義防衛にあった。そこでGHQ／CIEは膨大な資材と人材を投入して全国に視覚教育網を敷き、津々浦々の農山漁村、とくに無電燈地区を重点に生活底辺から日本国民の映画による民主化と軍国主義的風潮の排除を開始したのである。

この占領下対日文化戦略は、映画によって「視るやさしいアメリカの民主主義」を喧伝することにあった。今日見る我々の生活スタイルが実証するように、別名「民主主義のセールスマン」と称されたCIEの活動は、敗戦国日本の暮らしの向上とアメリカナイゼーションに絶大な成功を収めた。通称ナトコ映画[10]と呼ばれたこの教育映画の多くは短編・ドキュメンタリーであったが、占領期の得難い娯楽として、地方寒村では「アメリカさんの贈り物」と熱狂的

に受容されたという。ＳＣＡＰ文書を始め各地の学校史や公民館史に多くの記録が残されている。この映画活動は占領期四年半の間、実に延べ十五億三千六百万人余を観客動員したのである。

このＣＩＥ映画初期では、女性の解放自立を描く映画『働くアメリカ婦人』[11]や、教育の平等を掲げる『アメリカの女子大学』[12]、台所の改善や衛生的暮らしを推奨するＧＨＱ生活改善普及活動映画『明るい家庭生活』[13]といった教育映画が数多く投入された。それらの映像中にはアメリカの家庭生活の豊かさ・清潔さ・電化製品の多さがとりわけ際立つ。その他の諸映画の背景にも、高度に電化されたキッチンや美しいリビングの様子が無数挿入され、戦後女性の目を奪ったと数多く証言される。

冷戦期になると、宇宙開発競争での米ソの冷戦は激化し、科学技術の急速な進歩を促して一層の家庭電化を進めた。アメリカ国務省はこの様相をＵＳＩＳ教育映画から最新の科学情報映像として一九七〇年代まで全世界に発信し続けたのである。これら冷戦期ＵＳＩＳの科学情報映画は一九七〇年代半ばまで全世界規模で展開された[14]。「人々の暮らしを変える科学の話」という共通のタイトルを冒頭シーンに始まるこれら科学情報映像は、全てアメリカ型民主主義と消費社会礼賛の文脈で製作されていた。アメリカの優位を誇示し、世界における経済覇権掌握の基盤となる対外文化戦略であった。無論日本の戦後社会は家族家庭の在り様に至るまで、その影響下に置かれたのである。

このようにアメリカが視覚映像によってもたらした豊かで美しく清潔な暮らしの情報と消費社会への勧奨は、戦後家族の憧憬と欲望を一層増幅し、「より広く、より便利な美しい住宅取得」へと駆り立てていったといえよう。「リカちゃんハウス」という人形

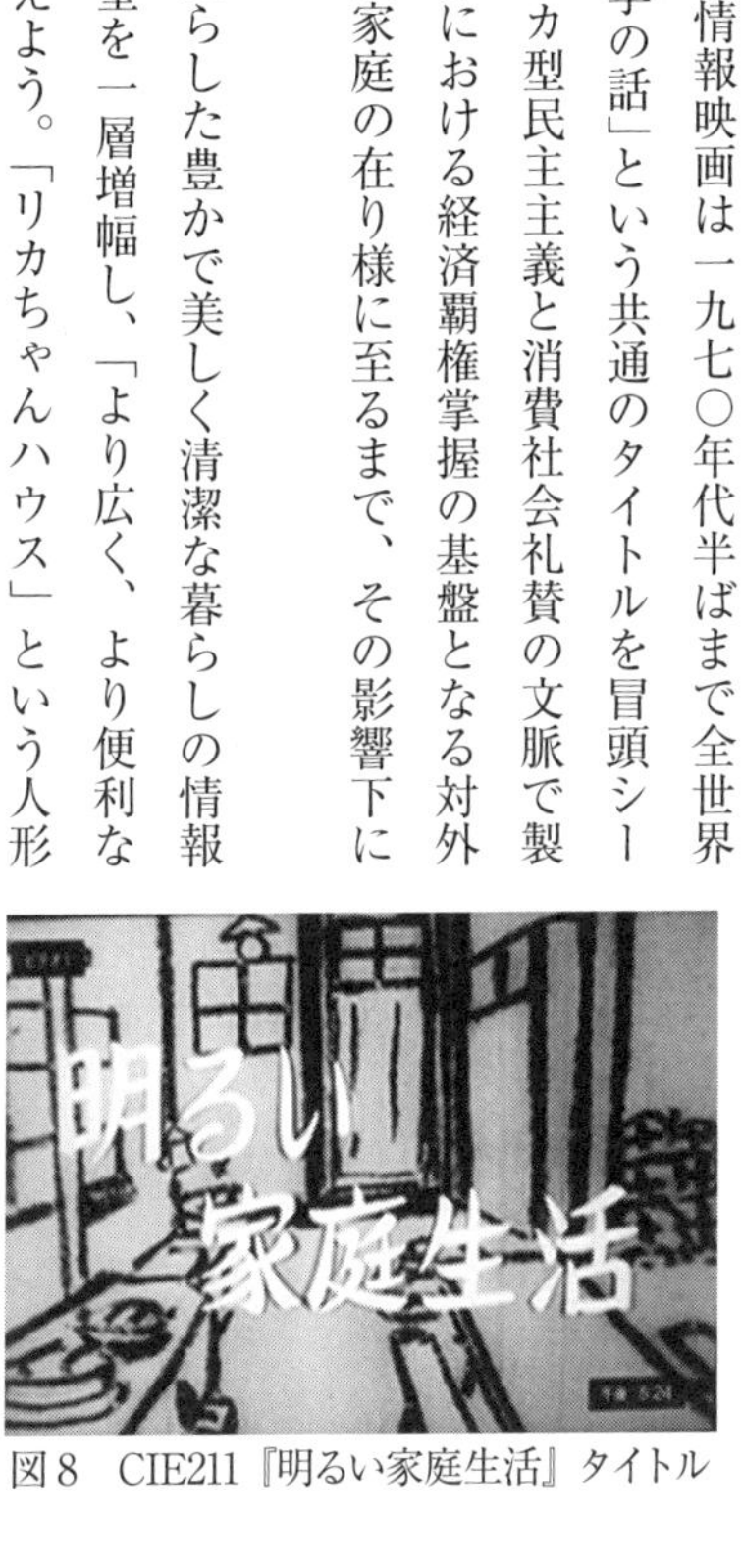

図８　CIE211『明るい家庭生活』タイトル

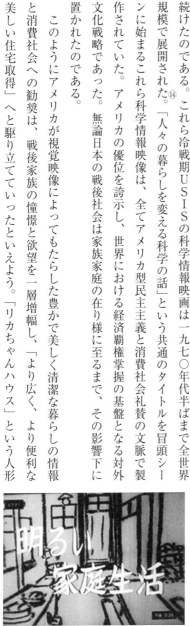

の家がまずその憧憬を代替具現し、若年層の将来に向かって、実現へのテープを切ったのである。

②「美しい暮しの手帖⑮」にみる住空間のジェンダー

この映像に見るアメリカの美しい暮らしの住空間を現実の家族空間として日本の消費者の生活サイズに縮尺・翻訳して見せたのが、花森安治率いる『美しい暮らしの手帖』であった。

昭和二十一年、花森安治と大橋鎭子は衣装研究所を設立し『スタイルブック』を創刊する。戦後女性の最初の自由と解放は、まず化粧と衣裳からであった。女性の身近な差異化は、生来の容貌を別にすれば化粧やファッションに集約される。戦時のモンペから解放された女性にとって衣服は化粧に次ぐ大きな関心事であった。戦後の洋裁学校の夥しい林立と婦人雑誌の隆盛が示すように、花森は第二の「身体着衣」である衣裳への女性の飽くなき羨望に着目したのである。しかし、当時日本女性の体型は、人形同様欧米女性とは明らかに異なっていた。映画や雑誌でみるアメリカやフランスの流行を日本女性がそのまま模倣をすることは難しい。そこで物資不足もあり着物を素材の「花森式直線裁ち洋裁のススメ」が人気を呼んだという。

衣服のみならず花森の時代を掴む感覚は鋭く、彼は暮らし全体を包含する「第三の衣」、すなわち住宅へと一歩先に視点を移してゆく。周知のように戦後の住宅事情はことの外厳しく、戦後家族の、まして女性の経済力の及ぶところではなかった。そこで花森は、女性の豊かな暮らしへの憧憬と欲望を、家庭内部の微細な「美しい暮らし方」に視覚化するのである。家庭内の努力と工夫、「おかあさまの手作り」による清潔ときれいさの提案である。戦後女性にとって、映画や雑誌にみるアメリカの暮らしはまだ憧憬であって、現実感に欠けるものであった。花森はこれを戦後女性のサイズに縮小してみせたのである。同時に「手仕事」の大切さを力説し、日本の風土環境と住宅事情に合わせた工夫、しかも合理的であることを軸にした清潔で美しい暮らしの提言であった。

この創刊号表紙には、タイムズ紙やアメリカの家庭の食品庫、鏡台などのイラストが雑多に、だが家庭婦人の「夢の住空間」として描かれる。シンデレラ階段こそないが、大人版夢のお姫様空間である。創刊号から第十号までの表紙絵は全て異国情緒あふれた国籍不明の家庭用品が占め、アメリカナイゼーションに関わって象徴的な図版となっている。舞台は主にアメリカのホームドラマを連想させる台所と居間である。第十号までのアトリビュートは、暖炉、食器、台所用品、雑誌・新聞、ランプ、『House Keeping』といった複数の洋雑誌などで、ほとんど外国物の図像で埋められる。続いて十四号までが、ヨーロッパ風の街並みがメルヘンタッチで描かれた。この傾向は一九五三年発行の『すまいの手帖』の表紙絵にも顕著であった。少女漫画のお姫様世界を象徴するようなクラシック家具群の品評会である。まさに「リカちゃんハウス」の書割空間にみる室内装飾であった。花森安治と「暮らしの手帖」は、占領期の女性の生活志向の中に、アメリカとは特定しないものの、確実に外国への憧憬を捉え、これを誌の顔としたのである。

日本の占領終結とともに、彼はただちに雑誌のイメージ刷新を図り、「美しい」を外して『暮らしの手帖』へ誌名変更する。第十四号からはアメリカのコンシューマー・レポートに倣う「商品テスト」の掲載を開始した。時代の新しい上昇気運と、人々の消費意欲の変化を素早く察知し、これをメディア化する点で、花森の感覚は非常に優れ、行動は機敏であった。

図9 『美しい暮らしの手帖』第一号の表紙

図10 『すまいの手帖』表紙 1953年

五、憧憬の実現に潜む問題点

確かに占領期のGHQによる生活改善普及活動は、GHQ／CIE／NRS（公衆衛生福祉局）三者が提唱したように衛生に重点を置く。公団五一C型住宅が台所設計に苦慮したことでも理解されるが、生活の戦後改革はまず食住の清潔から始められた⑯。戦後日本の住宅現状は一九六〇年代半ばでも実に狭く、「凄まじく」不潔で貧しい。では実際に花森の推奨した美しい暮らしとは何か。彼の提案は、美しい暮らし方の細部を主婦の家事労働に依存し、かつ「合理的」という美名の下に一括りにするものであった。その細にわたる彼の提言は、全く家事労働の軽減とは考えにくく、男女平等や女性の解放とは到底無縁であったといえまいか。花森が語る「手の仕事の大切さ」に想定される手とは女性の手、とりわけ主婦の手であり、より煩雑な家事労働の提案にほかならない。こうして彼は第二号で、真っ先に便所の衛生を取り上げる。茶室風に設えた便所の内部には、花が活けられ、便器にはGHQナトコ映画『健康は清潔から』と同じ提案、ハエや便臭を防ぐ木蓋が設置される。第三号の「便所と文明」という東大教授の一文も「便所は文明と野蛮のバロメーター」とする水洗便所のススメであった。第二号のグラビア写真には次のような花森の文言が附される。

「……タバコをのむ人がいるときはお手洗いに灰皿をおいておくといい。とにかく毎日のことなのだから、こんなところをまず美しくすると、どんなに家中の気持ちが明るくなるかしれない。」

ただし、誰が花を飾り、毎日の水を取り替え、灰皿や日々の掃除をするかについては全く触れられない。当然女性の手の役割なのである。

確かに花森には自身の戦中における大政翼賛会での活動という過去の自責があり、彼の戦後は女性の解放と豊かな暮らしの実現を理念に置くものとされている。しかし花森と『暮しの手帖』が戦後女性に勧奨したものは、戦前の文部省教育映画『台所の改善』にみる家庭婦人の努力と工夫のススメであり、占領期の「貧しくても主婦の働き至第で美しい家庭生活」といった文言と表裏一体で、いわば花森式アメリカナイゼーションの文脈での焼き直しであったといえるのではないか。そこに描かれる女性像とは、『暮らしの手帖』が推奨する「知的ファッション」をまとった、まさに「家庭の天使」であり、第十号の表紙絵に登場する雑誌『House Keeping』の読み手となる専業主婦であった。CIE映画『働くアメリカ婦人』の戦後が目指した「子供たちに良い教育といい暮らしを」[17]というコンセプトの翻訳であったといえるのではないか。花森が想定する「幸福な戦後女性」とは、公的領域では「働かない日本婦人」即ち専業主婦なのである。

こうして人間の手の仕事に拘った花森は、雑誌全編に「おかあさまの手作り」を主張し、女性の家事労働を神聖視して、家庭内の「手仕事」すなわち主婦の家事労働の重要性を主婦化に合致させるのである。「家庭・ママ・アップルパイ」に代表されるアメリカの「明るい家庭生活」のイメージを、日本の実状に合わせた翻訳であり、アメリカンドリームの日本版再構築であった。バービーからリカちゃんへとアメリカに見る暮らしと消費の在り方を、『暮しの手帖』は形を変えて戦後女性の生活に連結し、終局女性労働を家事に収斂する。結果として戦後女性は家内住空間に閉塞させられることとなった。女性の解放と自由を標榜した花森の初志にもかかわらず、それによって『暮しの手帖』は女性の周縁化を促進させる一翼を担ってしまったと考えられる。

この様な戦後の住空間にもたらされた視覚メディアによるアメリカ社会の影響を全く無視はできないはずである。占領初期、CIE民間情報教育局はニューディール左派の人々で構成されていた。ルーズベルトのアメリカ大恐慌収拾を支えた彼らの多くは、大戦の勃発とともに戦時情報局等に配置される。戦後、彼らはアメリカでは実現できなかった理想を掲げて各分野で日本の復興に尽力したのである。とくに本国アメリカをも超える憲法の婦人の権利に関する条項は、その最たる功績である。彼らの信念は「清潔で健康的な生活こそ社会の豊かさと幸福を培う」という理想に基づいていた。だがアメリカの共産主義への脅威が増大すると、彼らは早々に戦後改革の表舞台から姿を消す。その結果、女性解放の旗印であった「台所改善」は家事労働の軽減ではなく、逆に女性の家庭回帰を促す大義へ変容してゆくことになる。日本の高度経済成長期を駆動したエネルギーこそ住宅消費であり、その中心に消費する主婦像が望まれたのである。

一九五〇年代、アメリカではすでに兵士の帰還によりアメリカの銃後を支えた「ロージー・ザ・リベッター達」[18]の家庭回帰が進行した。消費社会の出現で豊かで美しい電化されたアメリカの郊外住宅は、真っ先にアメリカ女性の主婦化を促す。その映像はCIE／USIS映画によって日本の戦後女性ばかりか世界の家庭を魅了し、人々の憧憬と消費欲望を増幅していったのである。アメリカ社会の「ロージー・ザ・リベッターのバービー化」であり、「バービーのドリームハウス」はその象徴であった。

おわりに――リカちゃんとその家はどこへ行く？

従来住宅取得はどの時代、どの国においても人々の生涯最大の消費であり、また財産のシンボルとなってきた。人形の家もまた然りである。また文学や映像にも様々な生活描写に住宅は原風景となって登場する。例えば『今昔物語』では死してなお己が屋敷に執着した源融左大臣が幽霊となって現れる。[19] またアガサ・クリスティの『葬儀を終えて』の映画化では、原作を変更し邸宅の相続を謎解きの中心に置く。邸宅は株や預金よりも財産として強烈な視覚印象を観客に与えるからに違いない。しかもその遺言書は客間に置かれた伝来の見事な人形の家に隠されるストーリーであった。さらに少年マンガ『花田少年史』[20]にも子供たちのエピソードにリカちゃん人形が少女の大切な宝物・アトリビュートとして登場し、さりげなく初代「ドリームハウス」が数か所点景で挿入される。

二〇〇一年、リカちゃんハウスは民間デベロッパー[21]とメディア連携する。住宅メーカーのナショナルパナホームがリカちゃん家族とコラボレートし、住宅販売のイメージキャラクターに採用した。この企業と人形メーカーの提携は女児玩具の世界を介して親世代の憧憬に焦点を合わせ、消費意欲を再び喚起しようとする試みに他ならない。住宅展示場は休日子供連れの家族で賑わう。そこで住宅細部を検討するのは主婦である。住宅メーカー・パナホームはリカちゃんハウスを装い、細部で主婦＝消費者の関心を引き寄せるのである。

この五〇年に渡る「リカちゃんハウス」による戦後女性の住宅イメージの受容と蓄積を軽んずることはできない。リカちゃんハウスは毎年のように建て替えられ新築される。その影響力はＣＩＥ／ＵＳＩＳ映画が四半世紀にわたって戦後世代に行った対日文化戦略にも匹敵しよう。人形の家の進化もまたＧＨＱ／ＣＩＥが啓蒙教化の誘蛾灯とした台所の改善から始まった。次々新築される「リカちゃんハウス」の台所はあらゆる電化製品とモノとで溢れ、リカちゃんも又ひたすら「電化主婦」となってゆく。精巧な「キッチンのあるリカちゃんのおうち」は、戦後女性の住空間に連続され、食卓から溢れんばかりの洋風料理に、タカラはリカちゃんに次のように言わしめる。

「食卓（しょくたく）は、せいけつ感と美（うつく）しさがたいせつだと思（おも）うわ。」

このようにリカちゃん人形とそのドールハウスは、団塊世代の母親たちから次世代へ手渡され、幼年期女児から少女たちにくり返し消費されていった。増渕が言及した

図11　「リカちゃんキッチン」で若いカップルの記念撮影

図12　パナホームと「リカちゃんハウス」提供

「親子の二重奏」をはるかに超え、七〇年代以降「母子の歴代多重奏」の様相を呈する。人形の家は、現実の住空間と横軸で往来し、この少女文化は縦軸で母子世代間に継承されてゆく。住宅バブルが弾けてもなお「リカちゃんハウス」という住宅表象は、夢の住空間を象徴して受容され続けた。そして台所を中心とした様々な住空間のジェンダーと女性規範を母子間で伝達する役割を果たしてきたといえる。

バービーもリカちゃんもハウスは常に人形より高価であった。戦後女性の住空間とは、台所とモノの消費が象徴するまさにこの人形の家ではなかったか。増渕宗一のいう「リカちゃんハウスの博覧会」であった。発売時に父親不在の母子家庭であったリカちゃん家族は、父親の帰還とともに双子や三つ子、祖父母と次々家族を増加させ、その住空間を進化させてきた。確かに商品に付加価値をつける企業コンセプトには違いない。しかし今日少子高齢化社会を迎え、この多産な人形家族と豪華な住空間は近未来にどのように変容し、いかなる現実の家族空間に着地するのであろうか。

さらにこれまで「リカちゃん人形」には数々の「ウェディングバージョンのリカちゃん」[22]が登場し、リカちゃんの結婚願望が「人形」と「ハウス」をつなぐ触媒機能を果たしてきた。シンデレラやリカちゃんの幸福な結婚は、夢のお城に住むことで可視化される。粗末なアパート暮しでは駄目なのである。そこに経済的弱者であった戦後女性が、結婚により半ば積極的に家庭内周縁化を受容し、社会的経済的「安寧の着衣」である住宅と相互補完の、言い換えると共犯関係を取り結んできた理由の片鱗が垣間見える。上野千鶴子らが論じた戦後住宅「家族を容れるハコ」である。リカちゃんハウスはその象徴であり、中心には消費するシンデレラ・リカちゃんの主婦像がセットされたのである。何度も衣裳を換えて繰り返されるリカちゃんの結婚は住空間の取得実現に向かうに一種の通過儀礼であったともいえる。

しかしながら住宅バブルの崩壊に加え、今日の少子高齢化や若年層の非婚、郊外住宅都市の空洞化等々、複雑な要因の絡み合った時代の到来は、女性のみならず家族自体を根底から揺るがし、その在り方を住空間から問い直すことを求めている。

二〇〇一年、妊娠するリカちゃん人形が発売された。リカちゃんの産む女児の父親はフランツ・シブレーという名と略歴のみが設定され、人形は発売されない。父親不在のまま妊娠出産するリカちゃんをどう捉えるか、人形とハウスの蜜月がどう連続又は乖離するのか、多くの問題が今後の研究課題として残される。

注

① 増淵宗一『人形と情念』(現代美学双書〈4〉)、一九八二年。
② 増淵宗一『リカちゃんの少女フシギ学』新潮社、一九八七年。
③ 増淵宗一『リカちゃんハウスの博覧会』INAX、INAX Booklet 19、一九八九年。
④ 藤本由香里『私の居場所はどこにあるの? 少女マンガが映す心のかたち』朝日文庫、二〇〇八年。
⑤ 一九六二年発売の初代「バービーのドリームハウス」はカードボード製で取っ手の付いた鞄型である。開くと内部に台所やベッド、応接間が現れる。
⑥ 十八世紀欧米では、抱き人形とは別に人形の家に合わせたミニチュアビスクドールが多く製作された。
⑦ 現在のドールハウスのスタンダード「十二分の一模型」という設計は、一九二四年制作のメアリー王妃のドールハウス(Queen Mary's Dolls' House)による。
⑧ 平成十六年八月二四日(火)、九月二〇日(月・祭日)の二回調査による。
⑨ 二〇一一年八月二十五日(木)調査。週日のため訪問客が僅少であった。
⑩ GHQは当初一九〇台前後の陸軍慰問用ナショナル・カンパニー製十六㎜映写機を投入した。この頭文字の略からナトコ映画、あるいは「ナトコちゃん」と呼ばれて親しまれたという。

⑪ CIE225『働くアメリカ婦人』*American Working Woman* 一九五〇年十二月公開。
⑫ CIE83『アメリカの女子大学』*American Women's College, An* 一九四八年一月公開。
⑬ CIE211『明るい家庭生活』*For a Bright Home Life* 民間情報教育局の女性文官であったモード・ウイリアムソンの監修で製作された台所の改善をテーマとする教育映画。一九五一年公開。
⑭ 吉見俊哉／土屋由香『占領する眼 占領する声』東京大学出版会、二〇一二年、五～六頁。一九五九年で観客動員数は八〇国で年間延べ五億人。
⑮『暮らしの手帖』は創刊号から十四号まで誌名を『美しい暮らしの手帖』とした。
⑯ CIE211『明るい家庭生活』は台所の衛生をテーマし、便所の衛生に関してはディズニー制作のナトコ映画CIE239『健康は清潔から』*Cleanliness Brings Health* がある。
⑰ 朝日新聞学芸部「Iかまどからの出発 3.ナトコ映画の衝撃」『台所から戦後が見える』一九九五年、三一頁。同書では『働くアメリカ婦人』の映像から、「この子たちは大学にやって、もっと良い暮らしをさせなくては…」というアメリカ戦後女性の中流への上昇志向を取り上げる。
⑱ 出征兵士に代替し、軍需工場で働いた戦時女性労働者総称。ウエスチング・ハウスなど多方面で活躍したが、軍艦製造に従事した女子リベット工で代表される。この女性たちの住環境についての「研究が、ドロレス・ハイデン『アメリカンドリームの再構築―住宅、仕事、家庭生活の未来』勁草書房、一九九一年に詳細である。
⑲ 諏訪春雄『日本の幽霊』岩波新書、三六頁～三七頁。
⑳ 一色まこと『花田少年史第一巻』講談社、頁記載なし。二〇〇二年。
㉑ 二〇一四年、ナショナルパナホームはタカラ・トミーと連携し、住宅のイメージキャラクターにリカちゃん家族を設定。
㉒ リカちゃんのウェディングバージョンは「リカちゃん電報サービス」(Very Card:(株)ヒューモニー Humony Co. Ltd)で六態、発売三五周年では花井幸子デザインによる「1000万円のプラチナウェディングドレス(花婿は「イサム君」)と少女たちのシンデレラ・コンプレックスを助長した。
㉓ 上野千鶴子／他『家族を容れるハコ 家族を超えるハコ』平凡社、二〇〇二年。

《インタビュー》造酒屋の伝統を継ぐ

株式会社佐浦代表取締役　佐浦弘一氏に聞く

聞き手　今関　敏子

——お久しぶりでございます。東京へご出張のお忙しいところ、お時間を割いて下さいましてありがとうございます。「浦霞」をいつも美味しくいただいております。ファンの多いお酒ですね。佐浦家は歴史のある古い造酒屋なのですね。

佐浦　そうですね。享保九（一七二四）年からですから、二九三年になりますね。

——江戸時代から三百年近いのですね。鹽竈神社や伊達家と歴史的にずっと繋がりがあるようですが。

佐浦　御承知の通り、江戸時代はもちろん免許制度にのっとってやってまいりましたから、酒造免許は、仙台藩からの免許ということになるわけで、弊社も免許を取得して創業したわけです。地元の鹽竈神社は仙台藩伊達家の崇敬が厚かった神社です。佐浦家は、一八〇〇年に入ってからは、直接には鹽竈神社の御神酒酒屋です。鹽竈神社と伊達家、両方に縁があるということになりますね。

——十二年ほど前に「乾杯の文化史研究会」(注)で、佐浦さんにお目にかかったのですが、あの研究会で様々な時代や文化のお酒の儀礼などがわかって勉強になりました。日本の場合、貴族社会では、お酒というものは元来、平等の立場で割り勘で飲むというものではなく、献上するとか頂戴するものでしたね。

佐浦　そうですね、貴族社会はまあ、特殊なと申しましょうか、宮中中心ですね。おそらく室町時代以降は経済が発達してきますので、変っていきますし、江戸時代に入ってからは、都市部におきましては比較的自由に飲むようになったのではないですかね。

——六年前の東日本大震災の被害はおたいへんでしたね。

佐浦　幸いに、社員は全員無事でした。最初はどうなるかと思ったんですが、ハード的には壊滅的な被害ではないな、と。基本的なところは大丈夫でした。幸いにも建物が流出するということはなかったのですが、それでも撤去した建物はありますし、壁が落ちることはもちろんありまして、だいぶ修繕もしましたけども。

——長い歴史の上では災害も多々あったでしょうね。

佐浦　もともと塩釜は平らな土地が少なかったので、埋め立てて発展してきたという経緯があるんですね。その上港町ですので津波も押し寄せてきますが、湾の中に島がありますので、島々が天然の防波堤のように津波の威力を弱くしたということがあって、塩釜も松島も被害は比較的軽くて済んだということはあります。歴史的には宮城沖の大きな地震が周期的にやって来るとか、伊達政宗公の時代にも今回のような大きな津波で大勢の方が亡くなったという記録があるようですし。私が生まれてからでも昭和五三年の宮城沖地震がありましたし、チリ地震の津波もありました。そのほか塩釜は狭いところに建物が密集していますから火災が多かったですね。何回か大きな火事があったようで。そういう災害は、まあ、起こってしまう…

――大火事の時に佐浦家が近隣の人々を救ったということがあったんですね。

佐浦　地元に佐浦家の山の土地があったので、木を伐り出して木材を提供するとかですね。

――地域社会への貢献も大きいのではないでしょうか。

佐浦　大正時代に鉄道が塩釜に通ったときに、佐浦家の土地を削った土砂で湿地を埋め立てたということもあったりしたようですね。また、これは造り酒屋ですとどこでも多かれ少なかれあると思うんですけれども、江戸時代の飢饉のときは米を供出したりとかいうことは、まあ、あったようですね。

――造酒屋さんというのは、地域の指導的な立場に自然に立たされたり、文化の担い手でもあると思われますが。

佐浦　地方に行きますと、大きな商売が出来る業種は限られてきますよね、材木屋であったり輸送関係であったり、米問屋とか造り酒屋とか。商売してますから、現金が入ってくるわけでもありますし、徐々に土地持ちになっていったり。酒造業というのは、早くから成立した産業の一つですから地元においてはある程度の存在感があったと思います。それだけに責任のある地位に就くこともあったんじゃないですかね。

――造酒屋さんは教養人として尊敬されていることが多かったのではありませんか。

佐浦　お酒を造っているということで、文人墨客から声がかかったでしょうし、食と結びついていますから、地元の文化、社会でそれなりの交流があったりしたでしょうね。私のところでも大伯父とか祖父などは文人・文化人とのつき合いがあったようです。

――「浦霞」は源実朝の「塩釜の浦の松風霞むなり八十島かけて春や立つらむ」という歌に因んだものだと伺いましたが、誰もが知っている歌ではないだけに目のつけどころがすてきだと思います。いかにも実朝らしい繊細な感性で、実朝研究者の端くれとしてはうれしく、親しみを感じておりますが、いつ付けられた銘でしょうか。

佐浦　大正末期ですね。当時の摂政の宮、後の昭和天皇が東北に陸軍の演習で訪れたときにお酒を献上する機会があって、それを機に新しく「浦霞」という酒銘で作るようになりました。それまではいくつかの銘柄を使っていて、並酒とか上級酒とかグレード別に変えていたのですが。上級酒のさらに上のお酒ということで。

――塩釜という風光にぴったりの「浦霞」ですね。銘をお考えになったのはどなたですか?

佐浦　大伯父――祖父の兄なんですが、昭和一〇年代に四〇代の若さで亡くなってしまいまして祖父が家督を継ぐことになったんですが、その大伯父がなかなか風流な人で、土井晩翠とか地元の文化人と交流があったようなんですね。ですから、おそらくその大伯父がつけたのではないかと思います。全国清酒品評会というのが明治時代からありまして、その昔の記録を見てみますと、出品種の名前がある時まで「富政宗」―先祖の「富右衛門」の名前を一字とったのですが―、大正末期の出品目録には「浦霞」とあります。出品するくらいですから、弊社の中でも特上酒という位置づけです。

――一般の理解といいますか、通念では酒造りというのは、男の社会で、女性は入る余地がない、縁がないのではと考えられているかと思うのですが、佐浦家には茂登さんという女性の当主がいらしたんですね。これは新鮮な驚きでした。

佐浦 酒造りの現場そのものは、いくつか理由があるんでしょうが、昔から女性禁制ということになっていましたが、経営の方には特にそういうことはないのですね。私は十三代目になりますが、私どもの先祖も途中途中では、たとえば、主人が亡くなった後、奥さんがしっかり家を守って、ということがありましたし、私の四代前かな、祖父の祖母に当たる佐浦茂登（一八五〇～一九三八）が、一度嫁いだけれど戻ってきて、病弱の弟に代わって九代目当主として商売を取り仕切るようになったのですが、時々そういう人が出てきて、意外とそういう人が、中興の祖であったり家業の立て直しに尽力したり、ということがあるようですね。

――茂登さんという方は、日本が近代社会に移る幕末から明治維新という、要のところにいらっしゃる象徴的な印象を受けますね。

佐浦 江戸末期に生まれて昭和十何年かまで家業を仕切って、私の父が小さいころまで存命でした。地元の歴史を調べた方が、女性だけれども家業に尽力したという、明治・大正・昭和という時代の変化の中で、そういう役割を担った女性として、ひとつのモデルというか、そんなふうにお書き下さったことがありました。

――家を大きくして、幅広く活躍なさった方なんですね。本が一冊書けそうな人物ですね。

編集者 ＮＨＫの朝ドラの主人公にぴったりですね（笑）。

――経営の面で女性が活躍することはあっても、杜氏の女性はいらっしゃらなかったのですか。

佐浦 女性の杜氏の先駆けと言いましょうか、広島の――どこだったかな、昭和五〇年代か六〇年代頃からですね。地酒ブームで女性の杜氏もいらしたんじゃないでしょうかね。

——歴史的には新しいわけですね。やはり、女性の穢れとか、そういう理由でしょうか。

佐浦　ひとつにはそういうこともあるんじゃないでしょうかね。弊社には社員としての製造のスタッフと、岩手から一一月から四月まで泊まり込みで手伝いに来る蔵人たちがいるんですが、ご家庭でお子さんが生まれたりすると、しばらく蔵に入るのを見合わせようかということが、最近まであったりしましたね。また、伝統的には出稼ぎでしたので男の仕事で、そういう職場に女性がちらちら出入りするのはよくないのではないかとか、そういうこともあったでしょうね。ふつう、男の職場と捉えていますからね。


——長い歴史を持つお家を当主として継がれるということは、重くありませんでしたか?それとも自然なことでしたか?

佐浦　きょうだいは男が私一人でしたので自然の成り行きでした。何となく小さい頃から後継ぎということで自然に刷り込まれたような感じですね。

——抵抗を感じたり、反抗をしたりということはなかったわけですね。暖簾を継ぐのだということだけではなく、お育ちになる過程で、ゆとりがおありだったのではありませんか。ピアノを習われたとうかがいましたが。

佐浦　習い事は書道、絵…お茶は全然やってないですけど。ピアノは好きで小学校五年生くらいまでやってましたね。今はめったに弾かないですけど。時間がなくて。

——一つのことだけをまっしぐらにやって来たのではないという余裕を感じますね。アメリカに留学なさいましたね。

佐浦 はい、二年ほど。一九八九年から九一年です。ニューヨーク大学ビジネススクールに。

——ああ、同じ頃、私はサンパウロ大学の客員で教鞭とってまして、ニューヨークに二度ほど飛んで滞在しましたので、街ですれちがっていたかも知れません（笑）。そこで学ばれたことはお酒造りに関係が？

佐浦 まったくないですね（笑）。大学を出て外資系の日本コカ・コーラに三年ほど勤めた後でした。

——すぐに家業をお継ぎになったわけではないんですね。

佐浦 日本にコカ・コーラが入って来た時、各地にボトリング会社―フランチャイズ系が設立されたのですが、祖父と先代がそれに魅力を感じて、宮城・山形・福島の設立に携わったんですね。コカ・コーラのビジネスは本来の家業とは違いますが。その頃企業がビジネススクールに社員を派遣するＭＢＡが流行っていまして。実際に人材を育てて活用する会社もあったでしょうし、新卒に対してそういうのがあるよ、という会社の魅力にするためにも。私も時間的な猶予をもらってもいいかなというところで。ニューヨークは世界の中心地でもありますし、活気溢れる、エネルギーのあるところですね。当時治安が良くなりつつあるという時期でした。ちょうどその頃は湾岸戦争の時期でもありますし、世界が動いているときにいたんですね。何がどうということはありませんが、父も元気でしたし、違う世界に身を置いてみるというのもいいかなと。最終的に自分が戻るところが日本の伝統産業でありましたので、まったく違うところに身を置いてみるのもいいかなと思いまして。

——目に見えないところで、力になる、身に着く経験ですね。

佐浦　学校で習ったことは忘れましたけど（笑）。今、多くの蔵元が営業に海外に行ったりということはありますけれども、海外経験がありましたので、英語圏に行くことがさほど苦ではない、抵抗感がないですね。自分が住んだ経験のあるところで自社製品が売れてくれると嬉しい、というのはありますね。

――ニューヨークの日本食はおいしいですしね。

佐浦　そうですね、まあ、お金持ちもいますからね。高級なものでも受け入れる幅が広いですね。

なぜ、私の祖父と父がコカコーラ産業に関わったかといいますと――。私のところで、今、ゴルフ場を経営してるんですね。もともと戦前の昭和一〇年に当時の地元のゴルフが好きな酔狂な人たちで、本格的なゴルフ場を作ってしまったんですが、それに祖父が関わっていて、戦争が始まって解散になりました。戦後進駐軍が来たときに、レクリエーション施設に使いたいということで、整備して、再度オープンしたんですね。祖父が戦前の関係もあって支配人のような形でコースの整備とか進駐軍との対応をしていたものですから、おそらくその時にコカ・コーラと知り合う機会があったと。それはいいビジネスになるからということで、取り組むことにしたと思うんですね。

――酔狂とおっしゃいましたが、酔狂が出来る余裕がすばらしいですね、身上潰してしまうことだってありますから。それが広がりと深さにつながるんだなと、お話を伺いながら思いました。

佐浦　戦後は土地もお金もきびしいですし、そういうところでは苦労もしたと思いますけどね。何とか土地を取得して経営を続けたということのようですが。

――これまでの伝統を継ぐという責務がおありと思いますが、一方で世界に発信していくとか、新しいことをお考えですか。

佐浦　両面あるとは思いますね。ひとつは、地方はだいたいどこでも経済的に疲弊していたりしますので、酒造り、食を通して地域への発信が出来るということかな。それが地域の活性化の一つにつながり得ると思います。地域で役職に就くことも多いとは思いますので、そういう立場から貢献出来るかと思います。我々の場合、子供を除いて皆様がお客様になりますので、社会的な貢献が必要になりますし、地域の信頼を得ていくというのが大切と思いますね。そういう点で地域の活性化に繋がるようなことがまた、廻り廻って商売のプラスにもなりますので。

海外への発信。取り組みということについては、国内の市場というのは、人口減でどうしても縮小していきますから、新たな市場ということは必要であると。また、海外で評価を得ることが出来たとすれば、それがまた国内でのブランドイメージの向上へも繋がる。幸いなことに日本食というものが、広く普及しつつありますので、それに合うのは日本酒ということで、日本酒の発信の可能性も広がってきているという状況です。

——日本酒ブームでもあると聞きますが……

佐浦　海外ではまだまだ限られてます。輸出先の一番大きな市場はアメリカで、西海岸には移民した日系人のマーケットがあったわけですし、それにテレビドラマの影響ですとか、日本食が広がり、そこに日本酒が入り込んで関心が高まってきたということがあります。

あとは、米を食べる食文化のあるところで、アジア圏。アメリカの次に輸出が多いのは、昔は台湾でしたが、今は韓国が二番目、台湾・香港・中国の順です。アメリカとアジアですね、量的には。

ワインをたしなむ国での日本酒に対する関心というのは徐々に出てきてはいます。ヨーロッパでも昔からパリには日本食レストランが進出していましたし。でもヨーロッパ主要国の都会にまで広がるにはまだ至ってないですね。

東アジアでは比較的大きな需要がありますけれども、南アジアとかアフリカの暑い国ではなかなか。気候ですとか、食の浸透度とか、その辺がむずかしいですよね。

――味というのは、単に味だけではなくて、料理、酒器、食器、テーブルセッティング、周りの雰囲気、ひいては芸術性という要素と相まって微妙ですよね。まさに文化としてのお酒という面がありますね。

佐浦　酒文化・食文化がしっかりあるところは日本酒が普及する可能性があると思います。もともとそういう習慣がないところではむずかしいということはあるかな。

地元でどんなお酒を造っていて、どんな時に飲まれるのかということもありますよね。儀式などの限られた機会だけで、日常的に食事と合わせて楽しむという食文化のないところでは、そもそもまずむずかしいですね。

――これからどのような展望をお持ちですか。

佐浦　先のことを考えるときりがないのですが――。まず、今後とも、原料の米が生産され続けるのかと。以前のように自社で使っているすべてを自社で米を作るというのは、まず無理ですし、やるとしても経営栽培ということしかないわけですが、どうなるんだろうという思いはあります。

まあ、そこまで考えても仕方がないので、ハード的な面では東日本大震災もありましたし、目下のところは、今後二〇年、三〇年、老朽化をしっかりと計画的に直すことによって生産体制をしっかり作っていくということですね。もう一つは、消費者の嗜好は時代と共に変化していきますので、それをどう捉えてどういう商品を作って行こうかということは常に市場の状況を見ながら考えていかなければなりません。ハード面とソフト面で、今、将来の基盤をしっかり整えていく時期かなあと思っています。

編集者　我々素人から見ると、大変なお家を引き継いでいらっしゃるのに、軽々と、というか――。

――そう、楽しんでいらっしゃるようにお見受けしますが、ご苦労もおありでしょう。

佐浦　潰れるかどうかの瀬戸際までの苦労は味わっていないですね。幸いなことにこれまでの先祖の蓄積があるので、楽天的なところがあるかも知れないですね。何とかなるような（笑）。

編集者　お人柄ではないでしょうか。

佐浦　いえいえ。先祖から受け継いだ会社を自分の代で潰してしまっては、将来あの世に行ったときに先祖たちに合わせる顔がない（笑）という思いはあります。

注　乾杯の文化史研究会……平成一七年から一九年にかけて、「日本酒で乾杯推進会議」の設立に伴って設けられた研究会。成果を『乾杯の文化史』（神崎宣武編　ドメス出版　二〇〇七）として出版。

（二〇一七年一一月）

V　家と人の現代

これまでとこれから

イエと家族の現代的景色

清水　新二

はじめに

敗戦直後の流行歌に、〝うちへおいでよ、遊びにおいでよ〟と唄われた。この〝うち〟とはなんだろうか。建物とも、わが家とも、あるいはミウチの境界内に入っておいでよとでもいうのだろうか。おそらく少なくとも、そのすべてについてすれ違うものではあるまい。〝うち〟は封建遺制ともあるいは生活共同体だとも議論されたこともある。アメリカではファミリーといった場合、それはしばしば形態的な核家族を越えた親類縁者全般を指すこともある。

専門用語としてのイエに収斂されない〝うち〟のイメージは多彩である。むしろこの多彩さからある特定の核心部分を生活事実に即しながらも論理整合的に整序化したものが学術用語としてのイエだともいえる。私たちの日常生活での多彩な〝うち〟と学術的専門用語としてのイエの距離、間にあって立ち上がってくる各種のイメージが、ここでいう生活風景である。現代の日本においてほぼ消滅したかのようにも言われるイエは、私たちの生活の中では地域的、階層的な偏差を示しながら多彩な形を纏《まと》ってなお生存しているのではないだろうか。地域や職業階層によってはなおイエが形を変えつつも現存する状況があり、社会文化的にもイエ的要素を観察することが可能である。現代の社会状況に適応するように再構成されていく家族・イエの姿に、今後とも注目し関心を持ち続けたい。

一、文化・制度としてのイエ

1　日本社会の家族的構成

明治政府による近代国家建設に向けた日本社会の再編成から戦前そして戦後のしばらく、日本の社会が家族的原理によって成り立っていることを指摘したのは川島武宣である。すなわち国家家族主義による統治とその下でのイエの生活倫理が、いかに戦後の民主的社会原理と異なり対立的であるかを、彼はその著『日本社会の家族的構成』(1950)において明晰に論じている。川島の所論を少しく追えば次のようである。

旧民法における家族制度の影響が絶大であった日本社会は、戸主権の廃止、イエよりも個人の尊重を前面に出した新民法（一九四八年）が施行された戦後になっても、なお根深くイエ制度の影響を残存させていく。その当時の新生日本社会のありようを川島は次のような四つの特徴から述べている。①権威の絶対性、②規範の命令の仕方、③一方的な支配－服従の社会関係、④個人的責任観念の欠如、といったこれらの特徴は、川島に言わせれば民主的＝近代的な関係原理とは対立的なものだとされる。親や夫に口ごたえする、理屈を言うことが親や夫の尊厳を冒す大罪にも等しかった旧民法の武士的家族制度規範は戦後になってもなお残存した。たとえば、人格の相互尊重という民主的人間関係にそぐわない権威への一方的な支配服従関係は、決して個人の内面から発する自主的なものではありえず、外部からの強制、強要によるところが大きいという。したがってそうした権威的秩序の違反に対する制裁は、個人の内面的悔い改めによるものでなく、外的な制裁すなわち身体的打擲、叱責や勘当などによることが多い。その結果、外形的な服従行動は一定の形式・儀礼的行動となり、それさえ尽くされるならばそれで義務は尽くされたとみなされる。内心の個人的な価値判断から生じる義務観念、謝罪でないため、総じて個人的責任観念の欠如が社会にはびこることになるという。

こうした見方は川島に限らず、一般的には「封建的残滓」論として当時多くの論者によって指摘された。戦前＝封建的、戦後＝民主的という歴史的変遷図式は、今から見ればあまりにも単純な認識であったと言わざるを得ないが、「残滓」の語には理念や司法の変革だけではそう簡単には社会変動は進まぬとするリアリティ感覚、問題視覚も多分に内包するものであった。戦時体制下における統制システム「隣組」制度に見られる根拠の無いいびつな連帯責任メカニズム、そして第二次世界大戦への突入と敗戦への責任検証もないまま「一億総懺悔《ざんげ》」といった形で曖昧模糊とした無責任きわまる連帯責任へとすり替えられてしまった事実は、いびつな連帯責任メカニズムの国家的延長である。翻ってわれわれの現代社会においても、生じた問題の原因・プロセスの検証究明はさらりと触れられるだけで、結局は責任の所在も曖昧なまま「今後の再発防止に努めます」などといった他人事のようなパターン化した外形的謝罪の会見で済まされることが顕著に目につく。

2　文化としてのイエ

川島はこうした社会的メカニズムを「家族制度の原理は、家族の内部においてだけでなく、その外部においても、自らを反射する」とも述べている。家族内部の秩序尊重思考は、外の世界を無秩序なものとして受け止めさせ、その結果家族外部の世界と関わりを持つ場合家族主義的人間結合のスタイルをこの外の世界にも持ち込もうとするという。いわゆる擬制的家族関係である。この指摘の系譜に、後の時代に中根、土居、井上らが展開することになるウチとソト、甘えと義理人情などの所論を位置づけることができるが、これらについては後段でイエの生活意識・行動として再度取り上げる予定でいる。

現代日本社会でも秩序、和を乱さない、つまり相手への忖度と同調を優先して異論を唱えず、できるだけ〝空気を読んで〟場の秩序を乱さないことが、大人の社会でも子どもたちの世界でも尊重される。周囲に同調しない個人、異を唱える個人は大人気ない変わり者であり、友達からは疎んぜられ独り〝ボッチ〟に追いこまれ、ラインやメールからつまはじきにされるにとどまらず、時には集団的ないじめが隠微な形で進行する。「生きにくい」「死にたいほどにつらい」という子どもたち、若者の呻吟が聞こえる背景には、個人の自主的判断に媒介されるというより外からの拘束、強要、期待として家族的、仲間内的、つまり情緒的な秩序関係が優先される人間関係のあり方が影を落としている点を指摘することができるだろう。

イエの原理を無理矢理に現代日本社会に投射するわけではないものの、かつていみじくも中根（1967）が指摘したとおり、〝文化〟とは外形的、表層的には別物のように変化したと見える場合でも深層部分では、とりわけ人と人との関わり方や思考において体幹のごとくあるいは尾骶骨のごとく温存されていくものであろう。よく言われる文明（技術）と文化の相違論もこの点と関連して想起される。ともあれ本稿では以下に、まず制度としてのイエという視角から「家」問題の概括的整理をしておこう。

3　理念型　類型　分類

理念型は論理的なレベルでの家族制度の仕分けである。したがって世界に拡散する各種の家族制度を論理整合的に、すなわち普遍的に仕分けするものである。周知のように家族制度の三理念型といえば、①夫婦家族制、②直系家族制、③複合家族制である。②と③を合わせて拡大家族制とも呼ぶ。仕分けの基準は主に居住規則で、①は夫婦と子どもからなり、子どもはいずれは皆結婚、就職などで他出する。夫婦の双方の死により家族は一代で消滅する。②は二組（時には二組以上）の夫婦が二世代にわたって同居し、そのことによって家族は順次継承され永続する。③は親夫婦のもとに二組以上の子ども夫婦が同居するもので、②は世代間のタテの系譜が重視されるのに対して③ではきょうだい夫婦間のヨコの繋がりが重視される。日本社会ではとりわけ武士社会以降、②の直系家族制を取り入れ、階層や地域、職種によって偏差を含みながらもイエと呼ばれる具体特殊的な規範を組み込んだ家族制度を展開させた。理念型としての直系家族制度は日本においては、典型的には家産の長男一子相続、家父長的な家督権・先祖祭祀権（責任）などの具体的要素に彩られる「イエ」制度として、わが国の直系家族制の類型を成している。

ただし望ましいあり方としてのイエ規範下であっても、現実にはすべての家族が理念型や類型・典型の条件を満たすとは限らない。家族規範と家族の現実形態とのずれはごく自然に発生する。規範としてイエ制度を内面化していても、家族周期変化途上の谷間で先代夫婦双方が死亡すれば、次世代の若夫婦が結婚し同居するまでしばらくは夫婦家族の形態で過ごすことになり、あるいは戦前窮乏期における海外移民や開拓移住など不測の事態でどちらかの世代の夫婦がイエから離脱する場合、さらには現代社会でも転勤など子夫婦側の諸事情により二世代の夫婦が別々に暮らすケースも多い。それでもいずれはイエを継ぐとの意識が暗黙裡に両世代に共有されていることは決して稀なことではない。ここに、イエの認識をめぐる規範（類型）と現実生活（分類）の二つのレベルを切り分けて考えておく必要性があるのである。したがって国勢調査の家族の分類統計を見る際にも、形態からして「核家族」と分類されていても、規範意識にまで踏み込めば実は直系家族制のイエとみなすべき事例はなお相当にあるはずである。このことはまた逆に、介護や相互扶助のためか形態は二組の夫婦の同居形態をとっていても一子長男相続の意識も実態もない家族も少なくなく、この場合は現実形態としては二世代夫婦同居であっても直系家族制/イエとは区別されるものといえる。つまりルールはルール、現実は現実であり、形態的には核家族と分類されても規範的には直系家族であったり、その逆もまた真なのである。したがってイエの問題は現実としての家族形態としてではなく、むしろ規範として、すなわち人々の家族の在り方に関する見方や考え方(あるべき姿、物語、イデオロギー、政策)として議論されるべき問題といえよう。

4 イエの基本2類型

日本社会の中でもイエの類型は一つでなく、階層や地域による偏差も指摘されてきた。姉家督制や末子相続制などである。そうした中でその基本的なバリエーションとして柳田国男らによって、武士(江戸時代)およびこれを受け継ぐ官僚・サラリーマン(明治時代、旧士族中心)のイエと、民衆(庶民・農民)のイエの二つの基本型が指摘されてきた。さらに有賀喜左衛門、喜多野清一、あるいは福武直らは家と家の地域連合体である同族団や講組連合の在り方についても議論を展開させ、結合の契機と基盤が上下の庇護恭順関係かあるいは本家—分家の系譜関係か、さらにはイエの単位二重構造性をめぐる議論を展開し、あるいはまたその地勢的条件により東北型村落と西南型村落の分布差異などが指摘提案されてきた。ここではイエの基本類型に関心を限定してみると、庶民のイエでは「絶対的な権威と恭順とではなく、もっと協同的な雰囲気が支配する。(むしろ生活再生産の生存のため—著者注)各人が固有の生産的労働を分担することに対応して、各人は家族内で固有の地位をもち、したがって戸主権とともに父権、夫権、主婦権等々が分化して成り立っている。人が人を支配するというあの儒教的な上下関係の代わりに、ここにはたがいにむつみあうところの横の協同関係が存在する」(川島、1950)。

また柳田国男も、次のように指摘している。「先ず戸主権の絶対性は常民の家においてより小さい。武士の家では夫権はより明瞭な存在であり、……また婚姻に関する男女の自主性のごとくも、武家にあっては全く無視されていたが、常民にあってはそれは戸主権から独立したものである場合さえあった。……さらに父系尊重や、妻の無力、一夫多妻などに関する観念も常民の間では武家におけるほどには顕著ではなかった」（柳田、1967）。神島二郎（1961）も「一系型家族」と、そこから中間型式が造出され祭祀権の分割などを特徴とする「末広型家族」へと展開したとして、この二類型を区別している。蛇足ながら、神島はさらにこの末広型家族への変革エネルギーは、近代日本資本主義を推進する主体的エネルギーでもあったのだとして、M.Weber のいう西欧のプロテスタンティズムの禁欲的職業倫理に比定し得るものとして「家」の倫理を挙げている。

このように常民の間では武家におけるほど顕著ではなかったとされる一方、一般庶民のイエでもやはりなお、制度的には長男はイエ継承者として特別の待遇を受けていた。大本教に対する政府弾圧をテーマとする高橋和巳の小説『邪宗門』（1966=2004）中には、大本教会員への赤紙召集に関して次のようなくだりがある。「一家を養う戸主や家の跡継ぎは、普通はあとまわしになるというように、一般の人々の次三男よりも早く、戸主や長男であるものまで令状がきた」（二九九頁）。この記述は政府・軍隊による大本教への弾圧を通して、いかに一般にはイエの後継者・長男を優遇していたかを、問わず語りに示している。さらに重要なことは圧倒的大多数を占める庶民のイエが、国家・社会統治に向けた家族制度化に否応なしに巻き込まれたことであろう。こうして庶民の日常生活でのイエにおける親、年長者への敬い・恭順は、イエ＝ムラ＝国家へと拡大適用され、親への孝行や忠義、すなわち「孝忠」倫理は天皇を頂点とする「忠孝」に置き換えられた。またイエ・ムラでの素朴な先祖祭祀や氏神信仰の慣行も天皇を最上位とする祖先崇拝へと義務化され、ムラ・イエの生活に根付いていた神仏習合慣行も廃止され神社社格の国家序列化を伴なう天皇制家族主義国家の建設がすすめられた。このようにして、近代国家建設に向けた国家制度の統一はイエの多様性を否定しつつ、武士階級の家族制度をモデルとした国家家長としての天皇を頂点に抱く家族イデオロギーの強要と天皇制家族国家による庶民のイエの抑圧をもたらしたとされる（川本、1978）。その結果、武士的イエの世界のみならず庶民的イエの生活世界にあっても、双方のイエ原理の齟齬ひいては制度と現実との乖離が多くの義理と人情の葛藤悲劇、相克の物語を引き起こしたことは想像に難くない。

こうした指摘を踏まえてみると、戦前のイエをもって「伝統的な家族」とか「古来からの日本の家族」と言うものの、それはそう歴史の古いものではないことに留意しておくべきだろう。伝統的家族の特長とも誤解されている「男は外、女は内」に代表される性別役割分業は、武士階級ではともかくも庶民の間では戦後の現象であることは近年の家族社会学研究からも指摘されている。①ちなみに専業主婦優遇策とされる配偶者控除制度の導入は一九六一年であり、性別役割分業の庶民的浸透をシンボライズした即席麵ＣＭ「私つくる人、僕食べる人」）が物議をかもしたのも一九七五年である。

二、生活世界としてのイエ

1　社会心理的二重性問題

和洋折衷、前近代と近代の同居。かつてＲ・ベネディクト（1946＝1972）は日本人の特徴的社会心理を〝奇怪至極〟と呼んで、次のように述べている。「まじめな観察者が日本人以外の他の民族について書いている時、そしてその民族が類例のないくらい礼儀正しい国民であるという時、「しかし又彼らは不遜で尊大である」と付け加えることは考えられない。ある国の人々が比類なく頑固であるという時『しかし又彼らはどんな新奇な事柄にも容易に順応する』と付け加えはしない。ある民族が従順であるという時、同時に又彼らは上からの統制に従わない、と説明はしない」と。一切の来日経験無しに膨大な文献的渉猟によってまとめ上げた名著『菊と刀』の執筆過程で、〝しかし又〟の表現の連発に面食らわざるを得なかった彼女の戸惑いが透けて見える記述である。日本に滞在経験のない、この意味で日本文化との直接的接触と観察を持たなかったベネディクトには多少見えづらかっただろうが、この両価性、二重性は単に「しかし又」の頻発頻度だけではなく、日本的二重基準問題ともつながっている。つまり、私たち日本人の日常的生活において具体的な人間関係の状況や文脈に依存しつつ、性質の異なる、時には相反する二重性が広く観察されるのである。

一般的には、本音と建て前、外面と内面といったものがよく知られているが、これをもう少し整理してみると垂直的関係における二重性と水平的近縁関係における二重性が指摘できる。前者の垂直的な二重性とは上下関係によって（規定されて）人が示す態度が、時に豹変ともいえるほどに大きく異なり、一方水平的な二重性では上記の本音と建て前、外面と内面といったように人々の相互作用する場や相手との近縁カテゴリーに応じた二重性の使い分けである。

規範的に言えば二重基準とも、あるいは社会心理的に言えば二重人格的ともいえる、こうした日本人の特徴はこれまでいろいろな論者と立場によって取り上げられてきたものである。川島武宣（1950）、中根千枝（1967）、土居建郎（1971）、少し下っては川本彰（1978）、井上忠司（1984）らである。個人責任を取ろうとしない態度や人間関係のありようは、川島にあってはM.Weberの対内道徳と対外道徳論を踏まえた「家族生活の外部における非近代的＝非民主的社会関係を必然たらしめる」との指摘につながり、土居や井上においてはミウチの甘えとソトに対する無遠慮、セケンへの遠慮の図式となって展開された。

ウチとソト、タテとヨコの関係を同時に持たざるを得ない場合、ソトやヨコの間柄を相応の甘えを期待してミウチ化してかかり（川島、中根）、あるいはセケン化して遠慮をまぶしたほどほどの甘えを期待する。それが十分かなわぬ場合には、義理と人情の両価的葛藤に苦しむことにもなる（井上）。

また川本も権威のヒエラルヒー論としてイエに関わる権威・人格の二重性を論じている。「家」における人間の価値は、その帰属的地位の高さによって決定され、あるいはヒエラルヒーの頂点からの距離によって決定される。ある「家」の家長は家族員に対して絶対的権威をもつ。しかしより高い権威者、たとえば本家家長に対しては絶対的随順を示す。その頂点には天皇がいる。これが「家」の論理であり、そこに権威と随順、あるいは傲慢と卑屈の同時存在、二重構造があったとする。この二重性はウチとソトに対する甘えと無遠慮・無関心の相互反転性と相通じている。

とりわけこのイエ的ヒエラルヒーは女性の忍従によって支えられていた。夫＝家長、義母＝姑との二重の関係において嫁の地位に置かれた女性は自己主張することなく耐えたのである。士族的な家族主義をとるイエのみならず、ごく一般的な庶民家族の生活にあっても嫁の地位にある限り女性は少なくとも表面的、形式的には忍従を余儀なくされたのである。「女はどんな不満や悲しみがあっても、ひとたび嫁げば、その夫に従うものとされ、そして彼女もその道徳になんの疑いも抱いていなかった」。先の高橋和巳の『邪宗門』にも、このようにごく普通の家族生活にあってもイエにおける女性の忍従の重さが当然のようにさらりと触れられている。この「彼女」とは大本教の教祖であった出口なおであり、神憑りが起きる前にはごく平凡な極貧層の女性であったことをことさらに強調する段の記述である。つまり、多くの家族生活でごく当たり前に見られた光景としてのイエにおける女性（嫁）の忍従の姿である。また別の段では「駒はけっして強圧的に嫁に何かを命令したりすることはなく、辛い仕事はすすんでやる性質だし、信仰に鍛えられて世間の姑には望めないやさしさを身につけていた。けれども姑はやはり姑だった。夫の言葉によってでなければ、真向うから姑の意思には反対できない」と姑と嫁との微妙な関係を描いている。単によく言われる嫁－姑にとどまらない、夫＝家長としての男性をも絡めた関係性に触れている。この意味で、小説とはいえ、当時のイエにおける嫁を底辺とするヒエラルヒー構造を彷彿とさせるくだりである。

2　出稼ぎ型労働

日本における労働力の特殊的なあり方に「出稼ぎ型」労働があり、これがわが国の農民層の分解を不徹底なものに押しとどめ、ヨーロッパの労働者との対比で日本には真のプロレタリアート階級は育たないなどと議論されていた時代があった。大河内（1963）らの労働経済学理論である。いま社会政策論や労働経済論を離れて、この出稼ぎ型労働をイエとの関連でとらえなおしてみれば、生活困窮が極まっても労働者が団結して「革命」へと沸点を高めるのではなく、いよいよとなると故郷のイエである実家を当てにする対処スタイルといったものが浮き上がる。その典型例は「労咳」患者の〝転地療法〟という名による、故郷への放擲である。あるいはまた時代が下った太平洋戦争末期の都市労働者の「疎開」現象も、大きくみればその背景にわが国の労働者がどこかに付帯させてきた出稼ぎ型労働者意識の緊急時表出とも言えよう。日本の労働力がどこかに宿すそうした労働者意識が、戦時国家政策として大規模に援用されたものが国の強制疎開対策だったと言ってもいいだろう。

では、どのようにそうした出稼ぎ型労働者意識がイエの世界と結びつくのであろうか。元来わが国の農業は、農閑期の冬仕事などとともに、一定期間生活の本拠である農村を離れて、その後またムラ＝イエに戻ってくるという出稼ぎ労働を組み合わせて成り立つことが、とりわけ二毛作地域以外では広く見られた。低い農業生産性からしてしばしば余剰労働力が発生し、それがプッシュ要因となり都会へ出稼ぎという形で流出しバランスをとってきた。加えて一子長男相続を旨とするイエの生活様式からして、とりわけ次三男と女子はイエの余剰労働力になりやすく、彼らはどの程度にか出稼ぎ型労働者意識を携えながら外の世界に出ざるを得なかった。その結果、彼らにとって都会は働く場であり、必ずしも根を張る生活の場ではなかった。当時は都会でも労働者の福利厚生体制などほぼ皆無で、②なにか生活困窮が発生すれば故郷のイエを頼るしかなかった。そうした意味で都会に出て働く次三男女子はなお故郷のイエに半分足を残している状態でもあった。

とは言うものの、実際にはそう簡単に帰郷はかなわず、遥かな異郷の空のもとでその流浪・孤独の身をかこちながらふるさとへの断ち切り難い想いを強め、時に涙をぬぐうだけの生活にならざるを得なかった。

兎追いしかの山　小鮒釣りしかの川
　夢は今もめぐりて　忘れがたき故郷
いかにいます父母　つつがなしや友がき
　雨に風につけても　思い出ずる故郷
こころざしをはたして　いつの日にか帰らん
　山は青き故郷　水は清き故郷

（高野辰之作詞　岡野貞一作曲『故郷』）

名も知らぬ　遠き島より　流れ寄る　椰子の実ひとつ
　故郷の　岸を離れて　なれはそも　波に幾月
もとの木は　生いや茂れる　枝はなお　影をやなせる

われもまた　渚を枕　ひとり身の　浮き寝の旅ぞ
実をとりて　胸にあつれば　新たなり　流離のうれい
海の陽の　沈むを見れば　たぎり落つ　異郷の涙
思いやる　八重の汐々　いずれの日にか　国に帰らん

（島崎藤村作詞　大中寅二作曲『椰子の実』）

3　ふるさと喪失とイエの解体

こうして都会に流浪する出稼ぎ型労働者たちの多くは、困難があるたびに帰郷はままならぬまでも故郷のムラ・イエへの想いを馳せ、〝ふるさと〟を想う唱歌などに自らを慰めるしかなかった。イエあってのムラ、ムラあってのイエであればこそ、ふるさとへの想いはイエへの想いと重なる。こうしたイエの時代に都会で多く歌われた歌には、ふるさとへの想いを込めた歌詞のものが多いことに着目して、日本の出稼ぎ型都市労働者のありようを分析したのは高橋勇悦（1974）であった[3]。

柳田国男、神島二郎らの所説、とりわけ見田宗介（1967）の所説を援用して高橋は次のように時代とともに変容する人々のふるさとへの想い、向かい合い方を整理している。すなわち、明治期の日本では「一時都会に移住致しても亦再び田舎に引環えすと云う習慣がまだおこなわれている国」（柳田、1962）であった。明治時代、故郷は人々にとって「帰れる故郷」であり、「帰るべき故郷」としてあり、出郷者にとって都市は一時的滞留の地、仮住まいの地であったという。この時期、人々にとっては「身も心も故郷《くに》」にあったと柳田はいう。しかし大正時代から昭和二〇年代半ばには、帰るにイエなき都市労働者が増大し、故郷は「帰れない故郷」に変容してゆく。不況、恐慌、戦争なども重なり農村の疲弊がはなはだしく、故郷のイエの方でもそうおいそれと出郷者たちを再度迎えいれるという余裕は少なくなっていた。ただそれでもなお精神的には都会は旅先であり、「心を故郷に、身を都に」（神島、1961）として形容されるように、いずれにせよ都市居住者にはなお家郷があったとされる。帰るべき、帰れるところから実際には帰れなくとも精神的な支えとなる意識的世界へと変容したのである。

高橋によれば、さらに昭和三〇年代後半から日本社会が急速な産業化、都市化、過疎過密化の波に洗われると、いよいよ家郷は消失・喪失の事態に至る。すなわち、「家郷に帰る」は既に幻想化し始め、いやがおうにも都市に生活の拠点を置かねばならなくなった。「身も心も都に」という事態の到来である。昭和三〇年代「団地族」や家庭電化品の「三種の神器」などが流行語として流布する時代で、見田（1967）はこの時期にはもはや戦前のような〈都会の孤独〉対〈農村の暖かさ〉といった対比は流行歌の世界でも崩れつつあったことを指摘している。この間問題化した都市問題・住民運動の発生は、都市は労働の場であると同時に、あるいはそれ以上に生活の場となり始めたことを物語っていると高橋はいう。

余談ながら、太平洋戦争中の国策としての強制疎開により故郷の実家、イエに一時的に帰郷し居候した都市労働者家族の多くはその窮屈でみじめな体験を通して、故郷が既に大きく変わり果てていることにいやが応にも気づかざるを得なかったであろうし、この疎開体験が「身も心も都に」といった事実を受け入れる大きな契機を成したと考えられる。それはまた、イエの解体とふるさと喪失体験でもあったろう。

こうした分析をとおして高橋は「帰れる故郷」（身も心も故郷に）→「帰れない故郷」（身を都会に心を故郷に）→「失われた故郷」（身も心も都会に、故郷崩壊）というように、明治以降の都市居住者と故郷との関係性を三つのパターンに要約した。

三、文学にみるイエ

「農村の知識階級であった自然主義作家たちにとって、旧い道・因習は農村であるだけ強く彼らの近代的自我を押しつぶそうとしていた。……彼らは村八分にされ、勘当され、放蕩息子、極道者、やくざ者というようなありとあらゆるレッテルをはられた。彼らは村にあっては闘うには力が弱かった。東京に逃げてきた。「家出人の文学」或いは「逃亡奴隷の文学」と呼ばれるのもそのゆえんである」。日本近代文学は自我の確立を賭けた「家」に対する反抗から始まったと読み解く川本彰（1973）の言葉である。

著者は必ずしも文学に詳しいわけではないが、日本の近代小説について、これを西洋と比較して「逃亡奴隷と仮面紳士」と題して論じたのは伊藤整（1948 = 2006）である。彼は日本の近代小説家のありようを次のように特徴づけている。現世の絆（＝世俗的しがらみ）から逃避し、現実に直面して立ち向かうこともなく、古の鴨長明、西行、芭蕉らのように現世脱出という形で人間像を描こうとしたのではなかろうか。したがって、「日本近代小説の随筆的自伝的特性、物語り的造形への反発は、小説技法の遅れなのではなく、現世の造形は現世への絆なしにありえないことを感じた作家たちの本能的回避なのではないか」と問いかける。小説家自身の逃避的生活の実践をありのまま描く、いわゆる私小説への疑問である。現世的利害の世界に身を置きつつ人格や実生活と異なる物語を散文造形するヨーロッパの作家たちは、いわば紳士の仮面をかぶって創作活動をしていることとされ、これと対比して、「一般の日本の文士は逃亡奴隷であり、仮面の必要なく、執着する世俗的約束を持たなかった」と伊藤は断定する。

川本が取り上げる主な自然主義文学者は、高村光太郎、田山花袋、志賀直哉、島崎藤村らその他であるが、一方伊藤整は社会（ムラ、イエ）の逃亡奴隷の典型例として川崎長太郎や太宰治を挙げている。とりわけ太宰については「旧家の勘当息子、嘘の名人の無責任な愛嬌者が、酒とコカインに狂い、次々と女をだましては、だまし切れなくなって死の中に引きずり込まれる」と手厳しい。

ただ太宰の出郷には現世のしがらみや絆の本能的回避のみならず、本人が自覚していたか否かを問わず弘前の旧家によどむ重苦しいイエ規範の拘引とそれからの自己解放という動機もあったのではないだろうか。イエの世界に疑問を抱き、否定し距離を置く、そのためしばしば家督を放棄してまでの〝イエ出〟であったのであろうというのが、私の個人的な推測である。こうした動機はその後の自然主義文学にも少なからず認められるように思える。にもかかわらず、〝イエとの闘い〟は近代文学をもってしても中途半端な形に終わってしまった。とはいえ、このことを作家の限界だとか時代の制約だと突き放すことは容易なことだが、私はむしろそうした限界や制約のもとで個人が何とかよりよく生きようとする姿勢と悪戦苦闘の努力のほうに眼を向けたい。あがきのような〝闘い〟であったかも知れぬが、やはりそれは無為とはおよそ異なる性質と軌跡を示すものといえよう。そうした結果に終わった背景として、戦前は言うまでもなく、戦後になってもイエの残滓を含めてイエの影響は社会の強大な壁として在ったことが挙げられる。

その代表例は、自伝的小説を多く残した志賀直哉である。川本（1973）の志賀解釈を参考にしつつ、自然主義作家がイエとどのよう闘ったのかの一例をみてみよう。直哉の晩年の私小説作品『和解』では、実際に廃嫡にまで至った自身の現実体験を下敷きにしてイエを体現する父親との対立葛藤が描かれている。父子の不和対立をきっかけに縁を切ったはずの意固地な父親との和解は志賀自身の実生活でもなにかと模索されていたのだが、厳しい確執や批判の裏側にあるイエ・家長に関する中途半端な直哉の距離感は『和解』の最期の場面に次のような形で現れている。長く続いた厳しい父子の不和が、無意識のうちに求め続けてきた「或る表情」を父親の瞳に読み取る瞬間に一気に氷解してしまうのである。作品中の光景とはいえ、それまでの確執と行き違いは一体なんであったのかと感じさせる和解の場面として描かれている。そして実生活の上でも直哉は父親とまもなく和解を果たしている。

自我をめぐるイエ・家長に対する思想的な対立批判というよりも、感情的な行き違いや不愉快感覚レベルのイエ批判でしかないという直哉評価がしばしば提起される所以である。川本も次のように言う。「直哉の場合、論理的判断はありえず、何事も感情によって判断される。ゆえに「家」と争い、父と対立しても、単なる感情的反発に終わり、一つも思想的意義が自覚されていない」と。実際敗戦直後の昭和二〇年代、千葉県我孫子での直哉の家族は妻と子供と暮らすいわゆる核家族であったが、妻に対する態度、行動は家長的そのものであったという。彼の実質的母親であった祖母は武家階級の出であり大変厳格であったというが、その武士的イエの規範を体現するこの祖母と、直哉は一心同体のような心理的距離を保持していた。彼のイエ意識にはこの祖母の影響が色濃く取り込まれていた。

この点に関しては、冒頭で触れたイエをめぐる理念と現実的家族形態の区別の要を想起しておこう。つまり直哉のとった家族形態には一見近代民主的な家族観念を認めることはできても、その内実家族規範的にはなお大いにイエ的色彩を強く残したものであった。

むろん感情の潔癖さに直哉の評価を置く立場と異なる主張もある。太宰や荷風らは現世脱出の先に自由世界を夢想し遊行と私小説というスタイルに向かったが、他方志賀らは中産階級的な現世生活の中でイエと論理的、倫理的に向き合ったというのが、先の伊藤整の指摘である。

ただいずれにせよ、太宰ら自然主義作家がイエの生活世界に疑問を呈し批判的であったとしても、川本の表現を借りれば結局は彼らの多くがイエにあぐらをかきながらイエと闘っていたといえよう。ムラから逃げ出て多少なりとも自由な文壇の世界に逃亡し、都会で自身の生活、家族を背負い始めると今度は自分自身が家長的な思考、振る舞いを見せ始める点に、日本社会における準拠規範としてのイエはしぶとく存続してきたのではないだろうか。現在でも自死した者に対して「家の恥」だと侮蔑するシーンが認められるが、この場合の「家の恥」とは一体どのようなものであろう。逃亡したもの達とちがって、ムラに遺された者たちにはなお、生活の危機時には鵺《ぬえ》のごときにイエが立ち現れるのであるまいか。④

四、現代社会とイエ

1　現代社会と家族変動

現代社会にあって人々の生活は大きく変わった。戦後の石炭から石油へのエネルギー革命、アナログ社会からデジタル社会への移行を強要させたコンピューターが闊歩する情報革命、国民国家の存立基盤を揺るがせるボーダーレスな人・モノ・情報の迅速な移動を可能としたグローバリゼーションとネットワーク革命。その一つ一つが、われわれの自覚の有無にかかわらず、社会を、人々の生活意識と行動を、広範かつ甚大な規模で変化させるものであった。加えて人口構造の急速な高齢化が進むわが国では、当然にもイエも家族も地域も変貌を迫られる。単に核家族の量的増減論争にとどまらず、規範としての直系家族制のイエの終焉期問題（高齢家族成員をめぐる扶養規範の変容、先祖祭祀の継承の困難化等）、夫婦家族制における家族周期最後の消滅段階（家族の身終い、家族成員個人の身終い）に多くの家族が到達した結果、これまでには見られなかった様々な家族現象が生じている。中山間村限界集落化と地域解体、先祖祭祀・墓守もままならぬイエの解体、大都市における一人暮らし単独高齢世帯の増加と介護、さらに空き家問題や骨壺の無縁仏化とその行方、処理問題等々。むろんこれらの個々の具体的問題の発現、ありようは、地域や社会経済的階層によっては一様ではない。そうした個々の具体的現象もさることながら、ここではいま少し一般的で、そしてそれだけに多くの家族、地域に共通する基本的な家族の動向、現象に目を向けたい。

2　家族の多様化

これまで家族社会学などでは、一九八〇年代以降盛んに家族の多様化が指摘され、これに続いて家族の個人化が喧伝されてきた。実は家族の多様化と個人化の論議は一つの繋がった流れの議論の風にみられるが、実は繋がっている部分と断続している部分の双方がある。多様化現象としては、離婚・再婚、シングルマザー、夫婦別姓選択、国際結婚、子どもを作らない共働き夫婦（DINKs）、専業主夫、同性婚、さらに生涯未婚率の上昇もあり、これらの動きを反映した形でシングル単位の社会システムへの期待も盛んに言及されてきた。ただ実際には、欧米諸国に比して日本ではこれらの動きは社会の変化をリードする基本潮流としては力の弱いものであったと筆者は考えている。日本社会ではこれらの動きは人々の日常生活の中でそう明確な現象的、形態的変化として位置づけするには躊躇を感じさせるものであり、つまり実際の現象的変化はなお〝常態（normal）〟化しておらず、多くの家族多様化言説は欧米の言説、現象を紹介あるいはなぞるものであったり、あるいは研究者の帰属する社会経済的階層の部分的特徴といえるものであった。つまり、私たちの社会ではまだ実質的にはそこまで多文化状況の様相を呈していないと考えるものである。

未婚の母による出産は国際比較上相変わらず異常なほど低比率にとどまり、選択的夫婦別姓の制度化は足踏みしており、⑤男は外・女は内の性別役割分業も相変わらずで人口減と労働力需給の要請から「女性が輝く社会」と付け焼刃的に育児保育支援策がことさらに喧伝される。女性の社会参加も、男女雇用機会均等法（一九八六年）や男女共同参画基本法（一九九九年）以降の実質的進展は決してはかばかしいものではなく、常態化してきた離婚でさえその後のひとり親家族問題（とりわけ女性の場合の貧困世帯状況）は放置されたままである。

あるいはまた、若年層の未婚化は本当に〝選択〟の結果であろうか？と問うこともできよう。かつての独身貴族論やパラサイトシングル論などは社会経済的階層や地域性を無視した〝おもしろい言説物語〟であったが、むしろ現在の若年層の特徴は日本的雇用慣行システムの崩壊の影響による非正規就労の広範化と、以前は可能であった生活設計見通しの非現実化であろう。

このように考える筆者の立場からすると、日本における家族の多様化に関して注目すべきは、現象的な多様化ではなく、むしろ家族規範の柔軟化に求められるといえる。現象形態的にはなかなか家族の多様化を見通すことは簡単ではない一方、それでも人々の意識においては多様化に向けた一定の柔軟性の蓄積も認められる。端的には離婚であり、先進的には同性婚の社会的認知の始まりなどである。人々の意識では既に離婚は病理でも逸脱でもなくカミングアウトをはばかるでもなく、長い夫婦関係のライフコース上で十分に起きうる自然な生活出来事の一つといった性質で受け止められている。他方同性婚の場合には、いまだ多くの人々にとってそこまで自然な生活出来事とは受け止められてはおらず、制度的にも権利としてというよりは自治体による行政対応レベルでの受け入れ段階にあるといえる。それでもＧＬＢＴＱの用語変換とそれによって新たな光が当てられ始めたＧＬＢＴＱ問題への理解は少なくとも表層的には、広範な社会の支持を受けているように思える。とりわけメディアの好意的反応が特徴的である。

「表層的」と限定したのは、この社会的支持の深まりには位相的レベルがあり、ごくありていに言えば〈建前〉と〈本音〉、学術的に言えば〈社会的態度〉と〈個人的態度〉とも記せる、〈許容〉と〈受容〉の距離問題を無視することができないとの理由からである。すなわち筆者の整理法によると、許容的とは他の人がやることは認める、構わない、無視できるといったレベルでの社会的理解だが、事がひとたび自分自身やミウチの領域に迫ってくるとそう簡単には受け入れられない、時には苦渋の拒否といったことも生じる場合がある。他方受容的と言う場合、各種の厳しい現実をわきまえながらもなお当事者（自分・ミウチも含む）への理解、寄り添い、受け入れを可とする個人的な接触態度である（清水、1989）。乱暴な物言いになるが、〈許容〉とは他人事（タニンゴト）への理解であり、〈受容〉とは自身にとっての受け入れ理解である。事柄への理解の深さにかかわる問題ともいえよう。

離婚は自分自身が遭遇しても、いろいろの心労を伴いつつも、今や多くの人にとって自分自身の問題として引き受ける生活出来事である。一方同性婚は社会の理解は広まってきたものの、自身の家族の問題としてはなお〈受容〉するにはハードルが高いといえよう。今日、なお多くのＧＬＢＴＱ当事者が直面している周囲との関係における当惑、悲観、孤絶感と、時に自死、そしていわば隔離されたようなかれらだけの間での「自由な出会いの場」形成はこのことを示しているように思われる。

3　家族の個人化

現代における家族生活の各種変化のうち、多様化論議はそう深まることもなくかつてのようなキーワードの位置からいつの間にか退場し、これにとって代わったように現れたのが家族の個人化論議である。

二〇世紀末頃から日本でも盛んに「近代家族」の相対化論議（落合恵美子、1989; 2000: 山田昌弘、2001: 善積京子、1997）が起こり、私たちが「家族」としてイメージする家族像は、それが伝統的家族であれ現代的家族であれ歴史全体からすればごく一時期（近代）の家族パターンでしかないことが強調されるようになった。ポストモダン論やバウマン（2000 = 2001）らの個人化する社会論とその地平線上に「家族の個人化」用語が家族社会学、家族関係学のどのテキストにも登場するようになった。実は、その頻出度の割には家族の個人化とはどのようなものなのか、どう理解したらよいのかについての議論の進展は深まったとは言い難い。用語の一人歩きないしはマジックターム化が生じて頻繁に使用される「家族の個人化」であるが、この用語の意味をきちんと吟味する工夫は意外に少ない現況にある。そこでいまこれらの論議を最大公約数的に整理すると、その特徴としておおよそ次のような三点を指摘することが可能であろう。すなわち、①制度的な家族規範による拘束や②夫婦・カップル相互規定性原理（自己の欲求充足は同様に相手のそれと折り合って初めて可能となる）による拘束以上に、③個人の選択性・嗜好性を最重要視し考え行動する傾向性である。これら三つは独立した別々の特徴でなく、とりわけ③は①と②の要素との連動を含んだ複合的現象と言える。個人の選択性が重要な要素であり、結婚するもしないも、子どもを作るも作らないも、離婚・再婚するもしないも、親との同別居も、夫婦別墓（個人墓）にするか否かも、家族生活の諸相が、さらには家族それ自体が個人にとってone of themの選択肢化する現象を指し示している。家族の生活は今やいわば個人を単位とした選択的ライフスタイルの一つとさえ言われ、規範・制度や拘束性の強い人間関係から比較的自由になって、自分自身の嗜好、関心、意思によって居住様式、結婚、出産、職業継続、性別役割分業、介護、人生の身終いスタイル等々が選択の対象となる。家族の多様化よりも、むしろ個人の多様化といった方が適切な現象である。

一方、そうした家族の個人化の進展にあって各人にとって選択性が担保されているか否かは別問題で、このことは介護問題一つとっても理解されよう。当然これをバックアップする社会システムの変革が希求され期待され（伊田、1998）、シングル単位論もそれなりに展開している（久保田、2009）。

4　戦後日本の家族の個別化と個人化

個室化、個食化、個計化、通信コミュニケーションツールの個別化や夫婦別墓、個人墓。確かに、現代の家族生活では家族一緒というより、同じ家族でありながらもその成員それぞれのスタイルが尊重、優先されるベクトルが強まっている。ただこれらの現象を即〈家族の個人化〉とみなして問題はないだろうか。とりわけ戦後日本社会で地域社会の変容も含めて家族がたどった歴史的、具体的変化を勘案すると、決してそれは即家族の個人化への道のりと議論するわけにいかない。筆者の立場を先取りして述べれば、〈家族の個別化〉現象と〈家族の個人化〉現象を概念的に区別して検討すべきだろうというものである。

①家族の個別化

戦後の日本社会での家族の変化を大まかにたどれば、農村から大都市に流入した多数の次三男たちがその後形成することになる核家族は、ムラやイエから自律し（せざるを得ず）、とはいえ都会の地域社会も「隣は何をする人ぞ」が常態化しており、まずここにマイホーム主義という家族集団の求心性を特徴とする生活様式が出現する。隣の家族や社会のことはさておき、とりあえずわが家の安泰を最優先に考え、家族揃っての生活向上と〝水入らず〟を楽しむ生活態度である。わが家の安泰をなによりも重視するこのマイホーム主義の時代には、〝家族揃って〟の意識と行動が明瞭になり、それまでは一部の中・上層階級家族にしか見られなかった家族揃っての行動・時間パターンが一般庶民の間でも多くみられるようになってくる。成員の個人時間よりも家族時間が優先する家族集団への求心的ベクトルである。ファミリーカー、一家に一台の生活家電、家族旅行、みんなのマイホームである。〝一億総中流化〟ともいわれた折からの日本経済の成長に後押しされ、さらに出生児数の減少も加わり子どもを中心に据えた家族の求心性は強まっていく。

豊かな社会の実現が顕わになる一九八〇年代、この家族の求心性に大きな変化が生じる。個々の家族員が別々に経済的稼得資源にアクセスすることが容易になり、それまでなにかと家族に依存していた家族成員諸個人が、次第に家族に全面的に依拠しなくても生活ニーズが充足できる余地が広まってくる。中流化、生活平準化した家族にとって、家族が一体となって生活を守り維持向上させるニーズも動機も弛み、前述のごとく、従前には家族単位で共有していたものが成員個人単位で所有されたり機能したり、夫と妻の外部との関係さえも、友人関係にとどまらず時には親戚関係までもパーソナルネットワーク化してくる。かつて核家族が地域や親族ネットワークから次第に自律してきた（私事化）のと同じように、今度は家族内で家族成員個人が家族集団からの自律度を高めてきたのである。その結果、家族時間の優先権も成員個人の時間請求権に押され始め、家族の個別化現象が目立ち始めた。家族の遠心化ベクトルの作用と言える。

②家族の個人化

しかしながら家族の個別化は即家族の個人化を意味しない。集団の中での個の動きを尊重するもので、個別化はあくまで家族集団生活を前提とした動きである。したがってまた、個別化のモーメントに対抗するかのように、あるいはむしろ個別化ベクトルゆえに、その一方では家族成員間の共同化、一体化への工夫、努力も観察される（長津、2007）。夕食を自宅でとるかどうかなど、メモボードにそれぞれの今日の行動予定を記して知らせあったり、あるいは休日にはファミレスで一家揃っての〝家族する〟光景も珍しくなかった。

他方、家族の個人化とは家族を形成するかしないか（結婚）、子どもを設ける否か（出産）、家族をやめるか否か（離婚）を含めて、制度的規範や家族メンバー同士の相互規定性よりも、個人の選択をなによりも優先する態度と行動に関するものである。となれば、家族研究の分析単位も家族集団から個人へとシフトすることが必要だと主張、要請されるのは自然の流れである。ただ実際には家族社会学研究の主流はそこまでは進展しておらず、あくまで主張、指摘にとどまっているのが現状である。家族社会学研究が家族自体を否定ないしは軽視することには、アイロニカルな葛藤が存在する。こうした状況の中で、個人を分析単位とする以上当然にも社会システム全体のありようが問われねばならず（目黒、2007）、必ずしも家族の存在を前提としない社会システムへの期待、到来予測を積極的に展開しているのが先の伊田らの研究である（伊田、1998; 山田、2004）。

家族の個人化問題は、今後個人単位の社会システムづくりの論議など、全体的な社会システム再構築を伴う大きな社会変化の中で考えていくべき研究課題である。ただこのように進化してきた家族研究の知的成果の一方で、現実社会ではいつのまにか非正規労働がここまで汎化し格差が固定化し、社会的排除現象も観察されるという状況の変化も進行した。一人で生きてゆくのが精いっぱい、したくとも結婚できない、子どもをつくれない、あるいは結婚したとしても家族関係が安定しない、健康保持もままならないといった、いわば〝強いられた自己選択〟が拡散する社会状況も他方で観察される。かつてイエが有していた、人々の生活水先案内役のごとき行動規範・準拠点機能も、またより死活的な社会的保水力も雲散霧消したかのようなこれらの現実は、家族の個人化と軌を一にする方向性なのか否か、当然家族社会学研究もこの現実を看過するわけにはいかない。単独世帯の増加等表面的には家族の個人化に類似する現象を指摘することも可能だろうが、そうした現象的個人化傾向と個人の選択性を強調するアカデミックな家族の個人化論議との異同、関連性をどう整理検討し、新たな社会システムづくりに結びつけてゆくのか、難題というべき研究課題である。

五、これからの日本社会とイエ

国立社会保障・人口問題研究所の推計によると、二〇三五年には単独世帯の割合が全世帯中の約四割、生涯未婚率では男子三五・四％、女子二七・一％と予測されている。延命治療を忌避し自然死（老衰死）を望んだとしても、自身が独り住まいであったり看取る方も老々介護や認知症を抱えていたりと、自然死もままならない。新聞報道によれば最近では、納骨堂にあふれる引き取り手のない無縁遺骨の保管に自治体が苦慮している現実も伝えられている。個人を抱え支えてきた家族・イエが宿していた「社会的保水力」は確実に減退してきていると認識せざるを得ない。

にもかかわらず、一方で原発事故による避難解除地域のコミュニティ再建問題があぶりだしているのは、やはりイエなくしてコミュニティはなく、コミュニティなくしてイエは存立しえないという厳しい現実である。そうした機能的側面からの困難にもかかわらず住民が帰還の希望を捨て去ることができずにいるのは、自分を支え生かしてきたイエの重さとイエへの想いであろう（長泥記録誌編集委員会、2016）。今なおアイデンティティの問題ともいえるイエや地域・ふるさとへの想いに、改めてリアリティと迫真性を伴って現代におけるイエの存在がたちあがってくる。家族の個人化論議だけではおよそ向き合うことの不可能な、現代家族のもう一つのリアリティである。

明治以降「帰れる故郷」であり、「帰るべき故郷」として人びとの「身も心も故郷《くに》」にあったふるさとは、その後「帰れない故郷」からそれでも「心を故郷に、身を都に」へと変容してきた。その故郷も、機能面のみならず規範面でもイエやムラは解体しつつある。高橋（1974）が指摘するように、ふるさとは喪われていった。ＩＴ革命、グローバリゼーションの席巻する今日、イエもムラもほぼ消滅したかのような時代である。しかしそれは大都市の一部階層のイメージであるのかもしれない。家族社会学の専門知に過ぎる議論かも知れない。大震災や原発事故など激甚災害の度に繰り返される「家族のように」とのレトリックの上滑り感は別にして、やはりいざという危機時にあるいは己のルーツを模索、確認するときに、イエ、ムラといった心の中の家郷に立ち戻る人びとも少なくない。盆暮れ、正月や同窓会などの折に、そうした人々の古くて新しい心象風景が立ち現れる。同時代、同世代のヨコの繋がりもさることながら、先祖、子孫へとタテに繋がる累代の時間、記憶も私たちを根底において支えている。

私たちの日常的な生活様式の中身、実態がどうであれ、古くからの伝統的スタイルであれ新しい生活スタイルであれ、人々はその時代時代においてそれを「家族」と呼ぶのかも知れない。言い方を変えれば、状況変われど「家族」は時代時代に応じて社会文化的に更新され再構築されてゆくものとも言える。この意味で、現代のふるさととは帰れる〝こころの居場所〟なのかも知れない。このこころの居場所としてのふるさとを、歴史的実態と区別して平仮名表記の〝いえ〟と呼んでみるのも悪くない。むろんそれは高野辰之の「ふるさと」とは違い、既に具体的なムラやイエでもなく、個人化傾向を考慮すれば必ずしも「家族」である必要もなく、またしばしば地理的空間にも限定されないSNS的なサーバー空間の場合も今後あり得るのかもしれない。

注

① 一方で落合恵美子（2004）は、人口学的データを基に日本家族の主婦化戦後仮説にいくつかの疑問を呈している。ただその疑問は、主婦化がいつ頃から始まったかという点に向けたもので、隆盛期に関する疑義ではなかった。

② とはいえ、そのような中でも富豪でありかつ労働者の社会福祉にも大いなる関心と福祉実践を進めた倉敷紡績（クラボウ）の社長であった大原孫三郎のような特異な例もある。彼は従業員の教育、保健医療にも社会的関心を寄せ、明治、大正、昭和にわたって各種労働環境の改善、教育支援、病院設立と医療ケアの実施などを推し進めた。今日われわれに周知の法政大学大原社会問題研究所や倉敷市の観光シンボルでもある大原美術館も彼の開設によるものである。

③ もちろん社会に流行する歌は、人々の生の声というより製作者の想いが媒介要因として反映しているものである。その結果、見田宗介が指摘するように、様式化とか彩色極限化といったプリズム様の屈折がかかっている。しかし一方で、人々の心情や時代的気分に支持されねば、歌謡がそもそも広く社会に流行するわけもないことも事実である。

④ 「文化的、社会的な恥を恐れるため日本で性犯罪が報告される率は低く、自分は捕まらないと思っていた」。二〇一六年沖

縄県で発生した強姦殺人罪で起訴された元米兵の言葉である。唾棄すべき意見だが、日本社会の在りようの一端を鋭く射抜いている。従前よりわが国の低い犯罪率に関する説明として、公的な処罰・統制以外に逸脱・犯罪に対するインフォーマルな抑止力、コントロールが指摘されてきた。イエや地域などの具体的な実体の他に〝世間〟といったつかみどころ無い無視できぬ規範規準が、これまで日本人をしてどれだけ逸脱境界への越境を思いとどまらせてきたことか。このインフォーマルなコントロールは逸脱に対する抑止力のみならず、既に起きてしまった逸脱ついてもその社会的可視化を大きく妨げる抑止力ともなってきた。イエはしばしば、このインフォーマル・コントロールの具体的チャネルとして機能してきたのであり、イエのもつ鵺のごとき多面性である。

⑤ 政府は二〇一七年九月に公務員についても公文書において通称的呼称として別姓標記を認める方針を表明した。しかしながら、平成三年ならびに平成八年の法制審議会が選択的夫婦別氏（姓）制度の導入を目指して答申した「民法の一部を改正する法律案要綱」はなお意見、立場の違いがあるとして国会に提出されぬままの状態に押しとどめられている。

文献

Bauman,Z., Liquid Modernity, Polity Press, 2000.（森田典正訳、『リキッド・モダニティ―液状化する社会』、大月書店、二〇〇一年）
Benedict,R. The Chrysanthemum and the Sward: Patterns of Japanese Culture, Houghton Mifflin, 1946.（長谷川松治訳『菊と刀―日本文化の型―』、社会思想社、一九七二年）
土居建郎、『「甘え」の構造』、弘文堂、一九七一年
伊田広行、『シングル単位の社会論―ジェンダー・フリーな関係へ―』、世界思想社、一九九八年
井上忠司、『世間体の構造―社会心理史への試み―』、日本放送協会、一九八四年
伊藤整「逃亡奴隷を仮面紳士」、『新文学』第5巻8号、一九四八年（伊藤整『小説の方法』岩波書店、二〇〇六年、所収）

神島二郎『近代日本の精神構造』、岩波書店、一九六一年
川島武宣、『日本社会の家族的構成』、日本評論社、一九五〇年
川本彰、『近代文学に於ける家の構造』、社会思想社、一九七三年
川本彰、『家族（ファミリ）の文化構造』、講談社現代新書、一九七八年
久保田裕之、『他人と暮らす若者たち』、集英社新書、二〇〇九年
目黒依子、『家族社会学のパラダイム』、勁草書房、二〇〇七年
見田宗介、『近代日本の心情の歴史―流行歌の社会心理史―』、講談社、一九六七年
中根千枝、『タテ社会の人間関係―単一社会の理論―』、講談社現代新書、一九六七年
長泥記録誌編集委員会編、『もどれない故郷（ふるさと）ながどろ―飯館村帰還困難区域の記憶―』、芙蓉書房出版、二〇一六年
長津美代子『中年期における夫婦関係の研究―個人化・個別化・統合の視点から―』、日本評論社、二〇〇七年
落合恵美子、『近代家族とフェミニズム』、勁草書房、一九八九年
落合恵美子、『近代家族の曲がり角』、角川書店、二〇〇〇年
落合恵美子、『21世紀家族へ―家族の戦後体制の見方・超え方―』有斐閣、二〇〇四年
大河内一男、『社会政策（総論）』改訂版、有斐閣、一九六三年
清水新二、「精神障害と社会的態度仮説の実証的研究―アルコール症の場合―」『社会学評論』、40・1、31-45、一九八九年
高橋勇悦、『都市化の社会心理：日本人の故郷喪失』、川島書房、一九七四年
高橋和巳、『邪宗門（上・下）』、河出書房新社（一九六六年）＝二〇一四年
山田昌弘、『家族というリスク』、勁草書房、二〇〇一年
山田昌弘、「家族の個人化」『社会学評論』、54・4、341-354、二〇〇四年
柳田国男、「時代と農政」明治四三年、『柳田国全集・第16巻』、筑摩書房、一九六二年
柳田国男監修、民族学辞典、東京堂、一九六七年、家族制度の項
善積京子、『〈近代家族〉を超える―非法律婚カップルの声―』、青木書店、一九九七年

高齢者と家意識
——子どもとの同居率の変化をめぐって

直井　道子

はじめに

高齢者と一口に言ったとき、どのような人々を思い浮かべるだろうか？　六五歳以上の人、退職をした人とか、社会的な立場を考える人もいるだろうし、白髪、腰が曲がっている、しわがあるなどという外見的な特徴に目を向ける人もいるだろう。だが、本章を読む場合には、ぜひ、その歴史的経験を思い浮かべてほしい。八〇歳を超えた人々の多くは戦前の「貧しい暮らし」を経験し、そして色々な立場での戦争の経験がある。これは多くの人にとってつらいものだった。そして、敗戦、そのあと日本は「民主化」を旗印に制度的に大きな変化を経験した。それに続く高度経済成長、これも日々の生活を劇的に変えたであろう。

今の日本の大体八〇歳以上の高齢者はこのような劇的な変化を一代で経験してきたという意味で世界でも類まれな人々である。世界でもトップクラスの急速な近代化を遂げた国で生き抜いてきたということは、ランプで光をとり、井戸に水を汲みに行き、薪や炭を使って煮炊きした生活から、水道やガスが引かれるようになり、自宅に電話があるようになって、さらに携帯電話を使うまでの変化を経験してきたということである。村や町を一歩も出ない生活から新幹線に乗るようになり、さらには海外旅行まで経験した人も少なくない。もちろんこれほどの劇的変化を経験をしてきたかどうかは、育った地域や貧富によっても異なる。この年齢でも都市で育ったある程度豊かな人々であれば、生まれたときから水道はもちろん電話もあったという人もいる。さすがにテレビや洗濯機、携帯はなかったはずだが。そしてさらに団塊世代の高齢者ともなれば、高学歴化が進み、ＩＴ業務を推進し、海外勤務をこなしてきた人々も増えてくる。このように、現在の日本では一口に高齢者といっても、急速に平均寿命が延びて後期高齢者も多くなった結果、その年齢幅が大きく、歴史的経験、価値観や生活習慣も非常に異なる人々を含んでいる点が特徴的だといえよう。

さて、生活に身近な電灯や水道の話は、いつごろそれが変化したのか当事者には鮮明に記憶されていることが多い。他方、実は身近な家族が急速に変化したことについては、あまり明確には意識されていないだろう。もちろん戦後に憲法や民法がかわったことは重要なきっかけではあるが、それによってすぐに家族が変化したのではなかった。では、いつ頃から高齢者の独り暮らしは珍しいことではなくなったのか？　修身の教科書にある「人が親の話をするときは寝ていても起きて聞け」という教えがすっかり死語となったのはいつごろからか？　いつ頃から「できちゃった婚」は恥ずかしいことではなくなり、若者の同棲が一般化したのか？　多くの人は「いつの間にか」と答えるのではないだろうか。

この章は、「いつの間にか」起こった家族の変化を可視化することを目指す。焦点は家族についての根幹となっていた「家制度」、特に高齢者にとってはその中心であった「老親と子どもとの同居」の実態や、それを支える家意識に置き、それが戦後どのように変化してきたのかを、調査データによって見ていく。本当は戦前の家族についても、また、戦争中、あるいは敗戦直後の混乱についても示したいが、調査データの入手が容易なのは戦後、それも多くは七〇年代位からになる。本章ではあくまで調査データ、それも全国データに限定して引用しつつ、その変化をとらえていきたい。

一、序　背景・目的・定義・方法

1　目的と用語の定義

戦前には「家制度」のもとで、長男夫婦が老親と同居して孝養をつくすという慣行があったといわれる。戦後、家制度は廃止されたが、同居慣行やその背後にある家意識はどう変化したのだろうか？　本稿はこの問題を戦後可能な時期から最近までの高齢者の目でとらえることを目的としている。高齢者の目でとらえるとは、当時の社会調査データの中で高齢者の部分を抜き出して、それが年次ごとにどう変化したのかを見ていくことである。

このような目的に即して、本稿で用いる言葉を定義しておきたい。まず、家族について。本稿では家族を時代とともに変化するものとして、社会の変化と家族の変化を関連付けてとらえていきたい。それゆえに、ここでは、異なった時代の家族（三世代家族、夫婦のみの家族など）を広く包み込めるような定義として、「家族とは、親子、兄弟など少数の近親者を主要な構成員とする第一次的な福祉追求集団」（森岡、1993）としておく。

次に、家制度とは何か、についてはは多くの議論がある。ここでは「家」とは実態的な家を指すのではなく、時代を超えて人々に「家」として思念され再構築されてきた文化的な体系をさす（米村、1999）ものとする。これが制度化されたものを家制度というが、この場合の制度化という意味は、戦前の日本における旧民法などの法制化のみならず、修身教育で使われた教科書に書かれた規範なども含む。したがって、社会制度としてではなく個人の意識に近い視点からとらえるならば、家規範という言葉を用いた方が適切な場合もある。なお、家意識は、家規範に関連するより広い範囲の意識について用いるが、その内容は次項で触れる。本稿では、高齢者と家族の在り方と、人々がそれに関して抱く意識である「家意識」が、戦後、年を経てどのように変化したのかを追っていくことになる。

さらに、世帯という用語にも触れておく。「世帯とは居住と大部分の生計を共にする人々の集まり」をさす。しばしば家族の統計のように語られることが多いにしても、多くの調査や政策は世帯を対象にして行われている。本稿で焦点とする同居とは「老親と子どもが一世帯である」ことと規定するが、いわゆる二世帯住宅の場合などどこまでを一世帯として線引きするのかの判断は難しい。国民生活基礎調査（旧・厚生行政基礎調査）では「世帯の定義」に準じて、住居と生計を共にするものとしているので（厚生労働省c）、二世帯住宅で住居は一緒でも生計が別の場合には別世帯とみなすことになる。国勢調査の方は居住しているそれぞれの部分が、専用の居室、出入り口、炊事用流し、トイレがある場合は二世帯とする（同居とみなさない）としているが（総務庁b）、生計が一部一緒の場合については細かい規定はない。このように、以下で示されるデータは微妙に同居の定義が異なっているものを含むばかりか、同居の定義が示されていないデータさえある。

同別居の判断が困難なケースはそれほど多くはないとはいえ、このようなデータを比較してその趨勢をとらえることには問題がある。そこで、以下では可能な限り、時系列調査を重視しつつ議論する。時系列調査とは、本稿では同じ調査名で、ほぼ同じ地域、対象者年齢がほぼ同一で複数の時点で調査したものをいい、少なくともその範囲内では同居の定義は同じであり、変化の趨勢を追うのに適切であると考えられる。ただし、時系列調査は期間が限定されていることもあり、その両側のデータについては個別のデータで補う。時系列データの多くは一定の趨勢が見られるので、個別のデータはなるべく新しい時点のデータを利用する。

2 家意識の内容

それでは具体的に、家意識とはどのようなものか？ これについては諸説があるが、ここでは主として川島（川島、1957）の議論に準拠しつつ述べることにする。川島によれば、家制度とは二つの大きな柱からなる。一つは、家族成員の死亡、出生、結婚などによる変動はあっても同一性をもって継続していくという信念を伴うものだという。家制度をめぐる論者の多くはこの点において一致しており、その「系譜性」に着目している。このことは具体的には

①家は先祖から子孫へと、後継ぎを媒介として継承される。

②後継ぎは長男がいれば長男、息子がいないときには養子をとってでも後継ぎとする。

③すなわち、先祖から子孫へという系譜は父系でたどられることを意味する。

もう一つの家制度の要素は家父長制である。ここでいう家父長制とは，家長が家族員に対して支配・命令し、家族員はそれに服従するという関係である。とくに子供の親に対する絶対服従は「孝」という徳目として修身教育の中で強調された。具体的には

④子は親の恩（産んでくれた恩、育ててくれた恩　財産を譲ってくれる恩）に対する恩返しの義務がある。

⑤なかでも長男は財産を譲ってくれる恩に対して特別な（他の兄弟姉妹以上の）恩返しの義務があり、老後の親と同居し、孝養をつくすべきである。

⑥さらに旧民法では、「妻は婚姻によって夫の家に入る」と規定されていたため、長男の妻は嫁と呼ばれて夫の親の系譜に属し、夫の親に対して孝養をつくす義務をもつ。

このほかに、家意識としては子どものしつけ、家族の中の序列、介護、相続、墓など述べるべきことは多いが、紙数の都合上それは別稿にゆだねる。そして上述した家規範や先行研究（直井b、1993）を参考にして、「家制度的同居」の特徴を次の五点に定める。1．長男が後継ぎとして同居（息子がいない場合には養子をとって同居）2．1．に付け加えて、同居相手として息子が娘より優先される　3．後継ぎの結婚時以降、老親と継続同居　4．当然のこととしての同居　5．生活全般の共同（それによって老親の生活の面倒を見る）である。

3　データの比較についての留意点

なお、「どう変化したのかをみていく」といっても、具体的に入手できるのは各調査時点での調査結果の数値である。その比較から変化を追うためには、調査対象の年齢や地域、同居の定義、質問のしかたなどが統一されていることが望ましい。そこで、既に述べたように、なるべく時系列データを先に示す。これらはほとんどが既発表の全国データである。これを補うための個別の（時系列でない）データをそのあとで引用することとする。

ところが、対象年齢や対象地域が同じ時系列データを示した場合でも、調査対象の年齢構成は人口の高齢化、都市化、高学歴化などを反映して変化している。たとえば同じ六五歳以上のデータでも平均年齢は後の時代が高くなっている可能性が高く、特に家族を扱うと、人口学的変化の影響はかなり大きいことに留意する必要がある。ただし、比較のために数値を調整するようなことは本稿では行わない。なお、時系列データでさえ比較にはこのような困難を伴うのだから、これと個別のデータを比較することはさらに難しい。調査の対象年齢が六〇歳以上、六五歳以上などばらつきがあり、発表に際しての年齢の区切り方や家族類型の作り方が違う場合もあり、また類型づくりの詳細は公表されていないことも多い。このような問題はあるが、変化の大まかな流れをつかむには問題がないと考えている。

もう一つ、この問題を扱うに当たって、高齢の親と子どもの関係は、子ども側からみた場合と高齢者側からみた場合の二種類があることに留意する必要がある。本稿ではほとんど高齢者側からみたデータを引用したが、子ども側から見たデータを示した時には【子→親】という注意書きを添えている。

二、五年おきに見た高齢者と子ども（夫婦）の同居率

最初に老親と「子ども」との同居率に着目するが、発表されたデータによって、「子ども夫婦」との同居率だったり、孫も含む「三世代世帯」であったり多様なので注意して見ていく必要がある。ここでは家意識との関連という意味で三世代家族に着目する一方、未婚子との同居も視野に入れながら論じる。西欧社会では成人した子は未婚でも生家を離れることが多く、未婚子が生家に居続けるのも日本的特徴といえなくもないからである。

図1からは六五歳以上の高齢者の三世代世帯の比率の推移、さらに未婚子を含めた子どもとの同居率の推移を見ることができる。三世代世帯の比率は一九七五年の54.4%から二〇一五年の12.2%まで減少している。三世代同居世帯の比率がほぼ五年で5%、大体のところ一年に1%ずつ減少したことになる。未婚子同居の比率を加えて「子どもとの同居率」を算出してみると、一九七五年の64.0%から二〇一五年の32.0%まで、これも半減していることがわかる。

それでは一九七五年以前はどうだったのか？　幸いにも厚生白書（厚生省a、1974）がそれまでの総理府や厚生省の調査を図2のようにまとめており、直井他（1975）には図の下に書かれた引用元のほとんどの調査の該当する表が掲載されている。いくつかの時点での同居率は本来折れ線グラフではなく図1の様な帯グラフで示すべきものだが、紙

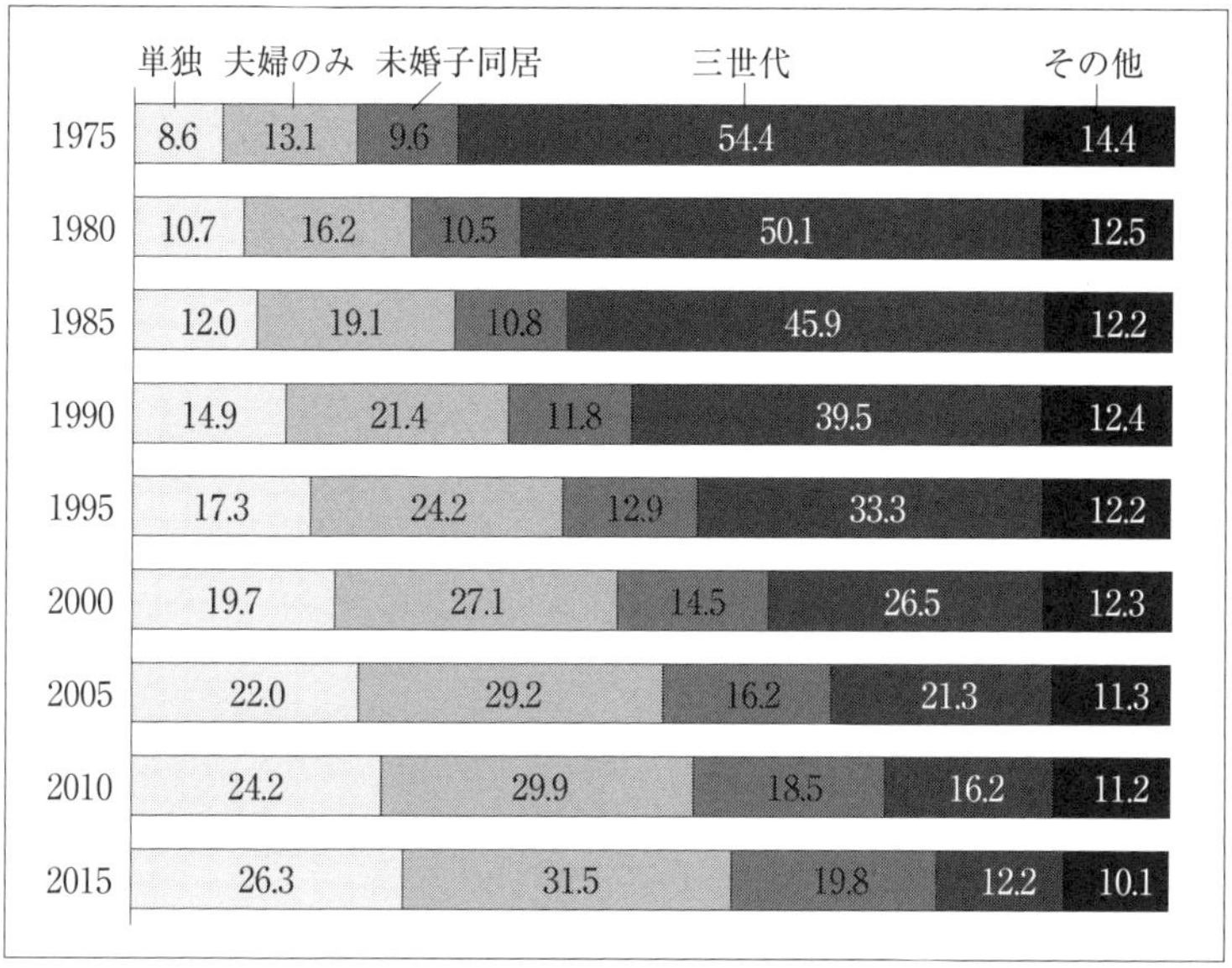

図１　65 歳以上の者のいる世帯の世帯構成の推移
（厚生労働省ａ　国民生活基礎調査）

面の都合上以下ではしばしば折れ線グラフを用いる。図２は子ども（未婚を含む　以下未婚含と記す）との同居率であり、六〇年代に至るまでは八割前後の高さを維持し、全体の六割程度が子ども夫婦との同居率であったようだ。同居率は六〇年代に低下の兆しを見せ、一九七〇年代から、少しずつしかし確実に低下して現在に至ったように見える。

以上から「高齢者と子どもとの同居率は低下してきた」と判断してもよいと思われるのだが、実はそれに対しては否定（異議を唱える三つの説）と肯定（この判断を是認して説明する）の立場がある。異議から述べていく。

三、同居率低下説への異議

１　途中同居説

家族社会学の中で、途中同居を根拠に「高齢者が子どもと同居する傾向は変化していない」と主張したの

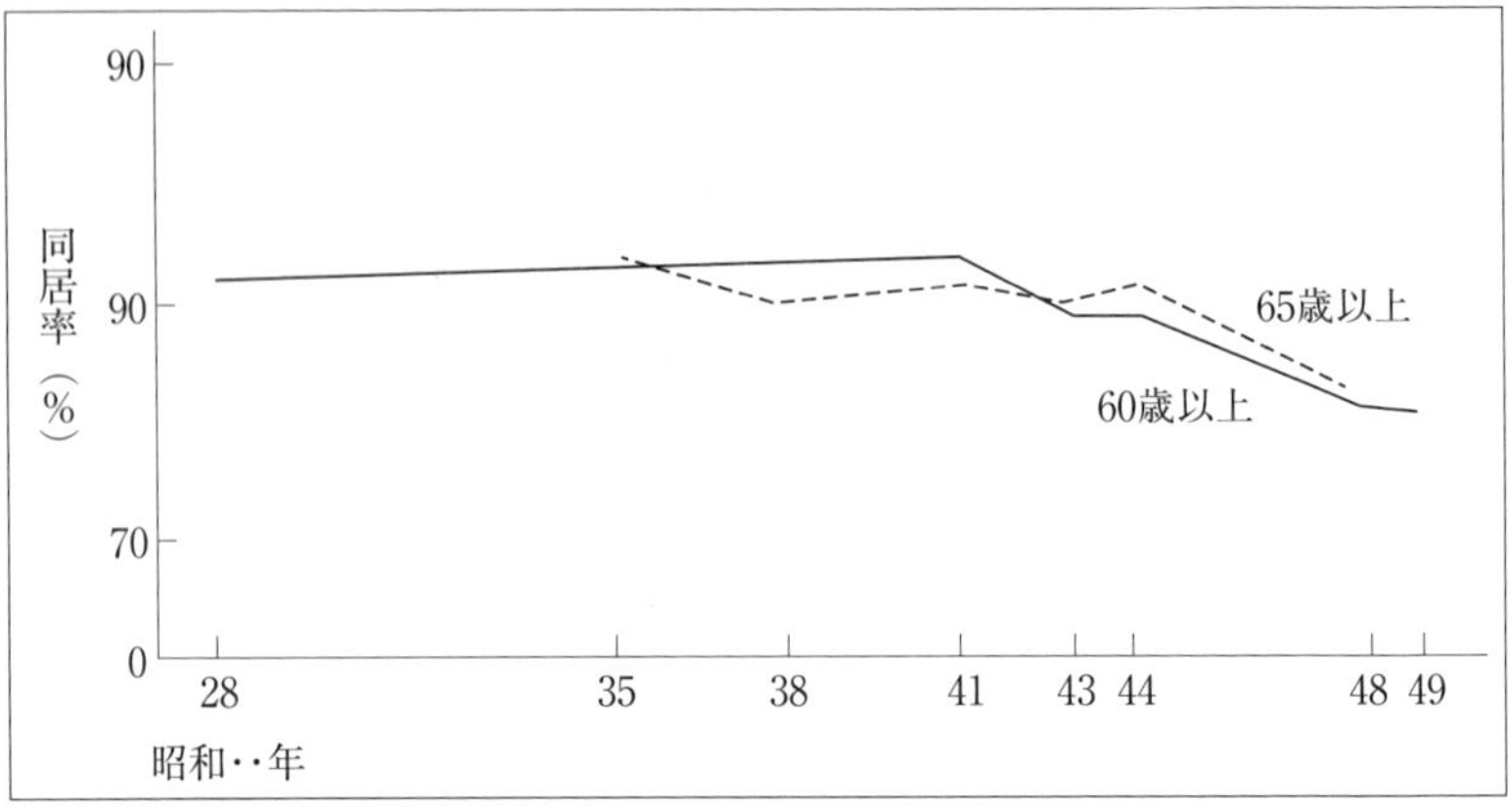

資料：28年　総理府　「老後生活についての世論調査」
35年　厚生省統計情報部　「高齢者調査報告」
38年　〃　「高齢者実態調査報告」
41年　総理府　「老人福祉に関する世論調査」
43年　厚生省統計情報部　「高年者実態調査報告」
44年　総理府　「老後の生活に関する世論調査」
48年　〃　「老人問題に関する世論調査」
49年　〃　「老後の生活と意識に関する調査」
「昭和49年版厚生白書」より.

図2　子ども（未婚子を含む）との同居率の推移（1974年以前）

が加藤彰彦の研究（2009）である【子→親】。彼は一九二〇年代出生コホート（現在後期高齢期の人）から一九六〇年代出生コホートまで一〇年ごとのコホートについて、子ども世代の結婚後年数と親との同居率の関連を比較した。（コホートとは同種の人々の意で、出生コホートとは同年代に生まれた人々をさす。本稿では年齢層ということばと相互互換的に使うが、文中で時代背景を強調する場合にはコホートを用い、以下では「出生」を省略する。）その結果、結婚時の親との同居率は後のコホートほど低下しているが、結婚一五年後の同居率は妻のコホートによってあまり異ならないことを発見した。すなわち、子どもは結婚すると一度は親元を離れ別居するが、そのうちに老親と同居する場合が少なくないというのである。「子どもの結婚以来の継続同居」が「途中同居」に変化したために、図1と図2のような「ある時点での同居率」が低下してきたように見えるという主張である。あるいは、あえて同居率低下の議論と対比すると、「子どもの結婚後一五年の同居率」をとれば同居率の低下はほとんどないという異議である。

途中同居に関連する議論は九〇年代からいくつかあり、その多くが、世帯動態調査（社会保障・人口問題研究所）に関連している。たとえば一九七〇年と一九九五年を比較すると【子→親】、後の時代ほど親との同居開始が遅くなっていることが指摘され、これは長寿化によって親が夫婦でいられる期間が延び、それに伴って子との同居が「後送り」されたのだろうと指摘された（西岡、2000）。また、第三回の調査報告書（1994）では国勢調査に基づいて、同じコホートが加齢とともに同居に転じる比率は多くはない【子→親】という指摘がなされた。一方、この調査には継続同居か再同居かというデータがあり、古いコホートほど再同居の比率が高いことを持って、同居タイミングは八〇歳以上まで遅くなったという主張も出てきている（千年、2013）。ただし、このデータは未婚の同居子も含み、進学や就職で一〇代の未婚のうちに親の家を離れた場合もカウントされているので、八〇歳を過ぎると再同居する、というようなデータの読み方が正しいかどうかは疑問が残る。再同居の詳細（きっかけ、子どもの未既婚やタイミング）がわかると、疑問が解明されるかと思う。

なお途中同居という現象をコホート単位でとらえるのではなく、各世帯に着目してみるという視点もある。一つのコホートの中で別居から同居になった高齢者もいるが、同居から別居になった人もいるはずで、その差し引きの結果が同居率の推移として表現されているという視点である。直井c（2015）はほぼ三年ごとに調査したパネルデータで一九九九年と二〇一二年の一三年間の子どもとの同別居の変化（子どものいる人のみ六五歳以上）を分析した。その結果、一九九九年に子ども（未婚含）と同居していた高齢者のうち別居になった者が20.3％一一七人、別居から同居になった者が17.8％八八人で、同居から別居になった者の方が多かった。個人の世帯移動という面から見る限り、途中同居は同居率の維持には貢献していない。ただし、このデータは一九九九年当時平均年齢七〇歳の人々が対象であり、かつデータ数が多くはないことから、一般化にはもう少し今後の検討が必要である。

これらを通して、途中同居が増えていること、同居開始時期は先送りされてきていること、そのことによって五年おきの同居率は図1のように次第に低くなったと推定できる。その意味では同居率低下への異議というよりは、その説明の一つだともいえよう。

2 子どもがいない高齢者の影響

子どもがいない高齢者（以下、無子高齢者）が増えており、無子高齢者を母数に含んだ同居率は図1のように低下しているが、子どもがいる高齢者（以下、有子高齢者）だけを母数とした同居率はあまり減っていないという主張がある（中村・菅原、2014）。彼らは国民生活基礎調査の二〇〇一年から二〇一〇年まで無子高齢者は7.9%から15.7%へと急増したのに、この間有子高齢者の子どもとの同居率はあまり変化がなかったとする。中村らの研究の表2から有子高齢者に限定して同居率を計算すると、二〇〇一年から三年ごとに52.8%, 51.4%, 53.7%, 51.8%となり、とうてい同居率が減少しているとはいえなかった。二〇〇一年以前はどうだったのかが気になるが、表には別居子有無不明なども少なからずあり、これ以前の調査について彼らと全く同様に計算してみることは難しいと考えて断念した。図1に見る「同居率の低下」と対比して結論を述べると、無子高齢者を除いた同居率の計算をすると、少なくとも二〇〇一年から二〇一〇年までは同居率の低下は見られなかったと結論でき、また、このことによって、途中同居説も有子高齢者に限定されたデータであることが思い起こされた。高齢者の子どもとの同居率と老親と子どもとの同居率ということばは今後使い分けていく必要があるといえよう。

3　同居規定への異議

すでに序論の中で述べたとおり、同居か別居かという線引きは決して簡単ではない。世帯とは「居住と大部分の生計を共にする人々の集まり」と規定されるが、被雇用者世帯が増大している今日、高齢者と子どもが「生計を共にする」事は次第に減ってきているのではないだろうか。この点において、国民生活基礎調査では住居が同じでも生計が異なると別居とみなされ、他の面では同居同然の暮らし方も同居率の低下に含められた可能性がある、というのが私の主張である。さらに私は都市部の調査データをもとに「同居世帯における核分離説」を唱え、高齢者と子どもの住まい方は同居・別居の二分法ではもはや捉えられず、生活の共同度と分離度という連続体としてとらえた方がいいと提案した（直井ａ、1984）。そして、同居度は空間的な側面、時間的側面、対外的側面、金銭的側面、生活行動面などいくつかの側面から規定できるとし、同居度が非常に小さくなると、それはいわゆる「準同居」と重なってくるとした。準同居の定義は確立していないが、通常は同一敷地内の別棟、あるいは一階と二階、玄関の右と左などで居住部分がかなり明確に分離されているケースを指す。同一敷地内別棟となると「隣」とほぼ同義であり、これは「歩いて五分以内」にかなり近いといえよう。

すなわち、厳密な規定における同居率は低下しているかもしれないが、仮に同居と同じような機能を果たす近距離居住までをゆるく含めてみるならば、それはあまり低下していないとも見える。近年の健康に関する調査（内閣府ｄ、2009、2013）や地域参加についての調査（内閣府ｅ、2009）を見ると「頼りにする子や孫との時間的距離」が「歩いて一〇分未満」はおよそ四割を占める。これは準同居ではなく「別居」に分類されるだろうが、今後は準同居同様の機能を持つケースも少なくないことを考慮に入れる視点も必要ではないか。

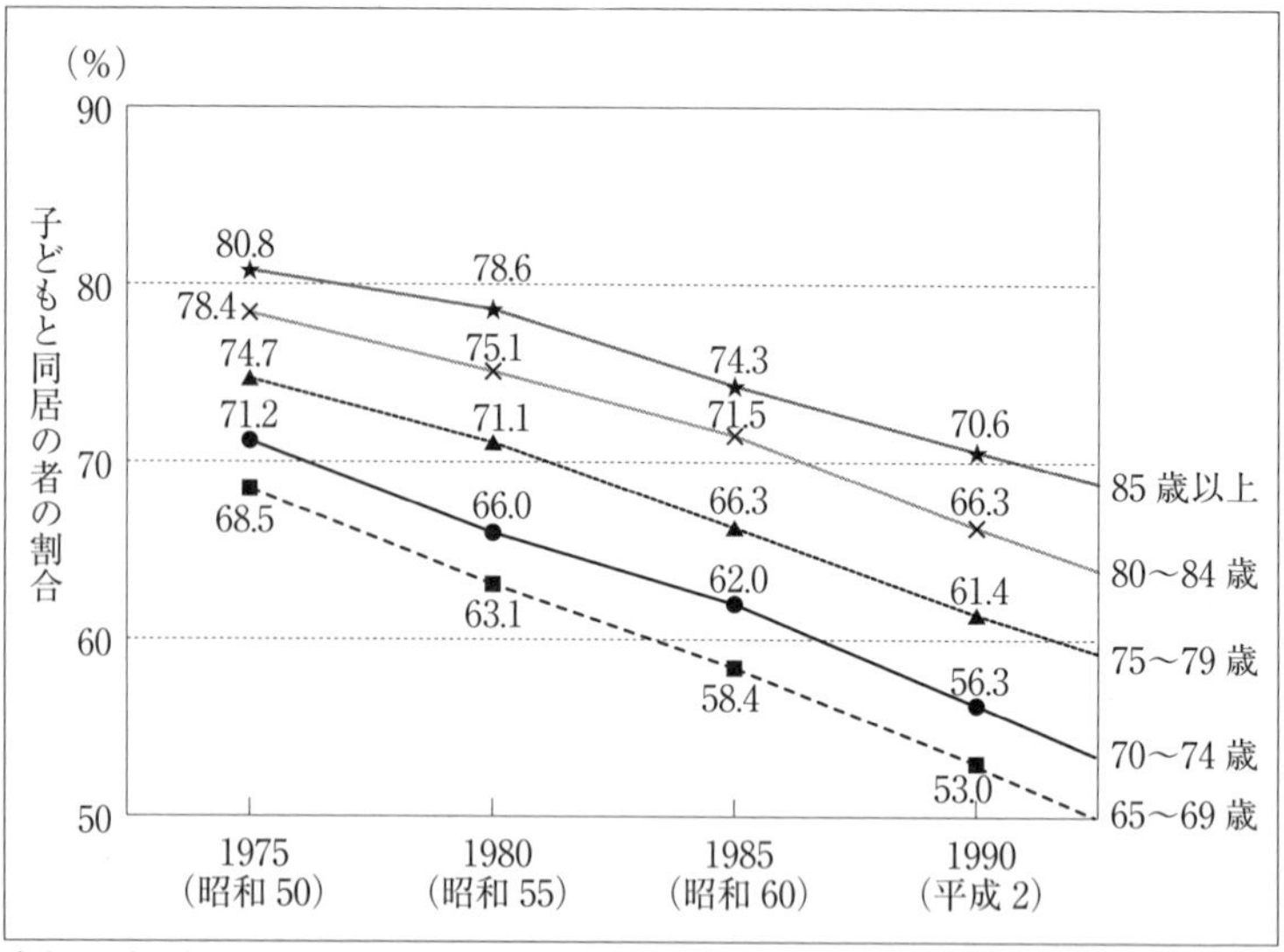

資料：厚生省人口問題研究所「高齢者の世帯状態の将来推計：1」
(注) 総務庁統計局「国勢調査」に基づく。

図 3　年齢層別の同居率（未婚含）の推移（厚生省 b、厚生白書 2000）

四、同居率低下についての説明

ここからは、図1を同居率の低下を示すデータとして肯定し、低下した理由を説明しようとする説を検討する。

1　コホートによる差異という説明

図1は高齢者を全年齢でひとくくりにした同居率の推移であるが、このような変化はどのように生じたのかを検討するために、子（未婚含）との同居率の推移を年齢層別にみた図3（厚生省b、2000）と図4を示す。図3ではグラフは年齢層ごとにほぼ並行で右下がりであり、①高齢層ほど同居率が高いが、②同じ年齢層でも後の時点ほど「同居率」が低いことが明らかである。すでに「年をとると同居する」という可能性は低いことが指摘されているから（厚生省社会保障・人口問題研究所編。1994）、家意識を強く内面化した年齢層

の同居率が高く、その人々が高齢化してだんだん退場（死亡）していき、より若いコホートが調査対象者として残った効果が同居率の低下を招いたと説明できよう。

図4は異なったデータセットであるが図3のその後の推移を示した。図を見やすくするためになかほどの年齢層の数値を消してある。この図でも年齢層が高いほど同居率が高いが、六五～六九歳と七五～七九歳の同居率は二〇一四年にはかなり近くなっている。戦前の教育を受けた期間が短い高齢者の間では、年齢層・コホート間の差異がなくなってきたとも解釈できる。

2　同居希望が減少したという説明

このあとは「コホートの差異」とは具体的にはどういう意識の差異なのかを解明する作業になる。まず、親・子は同居を望んでいるのに何らかの理由でそれがかなわないのか、それともそもそも同居を望んでいないのか（同居希望）を検討する。時系列調査のデータとして一九八〇年以降の変化については子や孫との望ましい関係を質問した結果の図5が参考になる（内閣府a）。この調査の対象は六〇歳以上であるが、「いつも一緒に生活する」は同居と読み替えてもよいと考えると、同居を望む比率は時代とともに減少して二〇〇〇年には「時々会って会話や食事するのがよい」と拮抗し、さらに三割台まで低下した。すなわち、同居はそれほど希望されなくなり、したがって同居率が低下したのだと解釈できるだろう。

しかし、図5のように択一式の調査に基づいて二〇〇〇年前後からはしだいに同居を望まない高齢者が多くなったと解釈してよいかどうかには若干の疑問も残る。というのも、二〇〇六年の六〇歳以上の調査（内閣府b、2006）で、単刀直入に「あなたは今後、子ども世帯との同居を希望しますか」という質問に43.9%が「希望する」と答え「希望

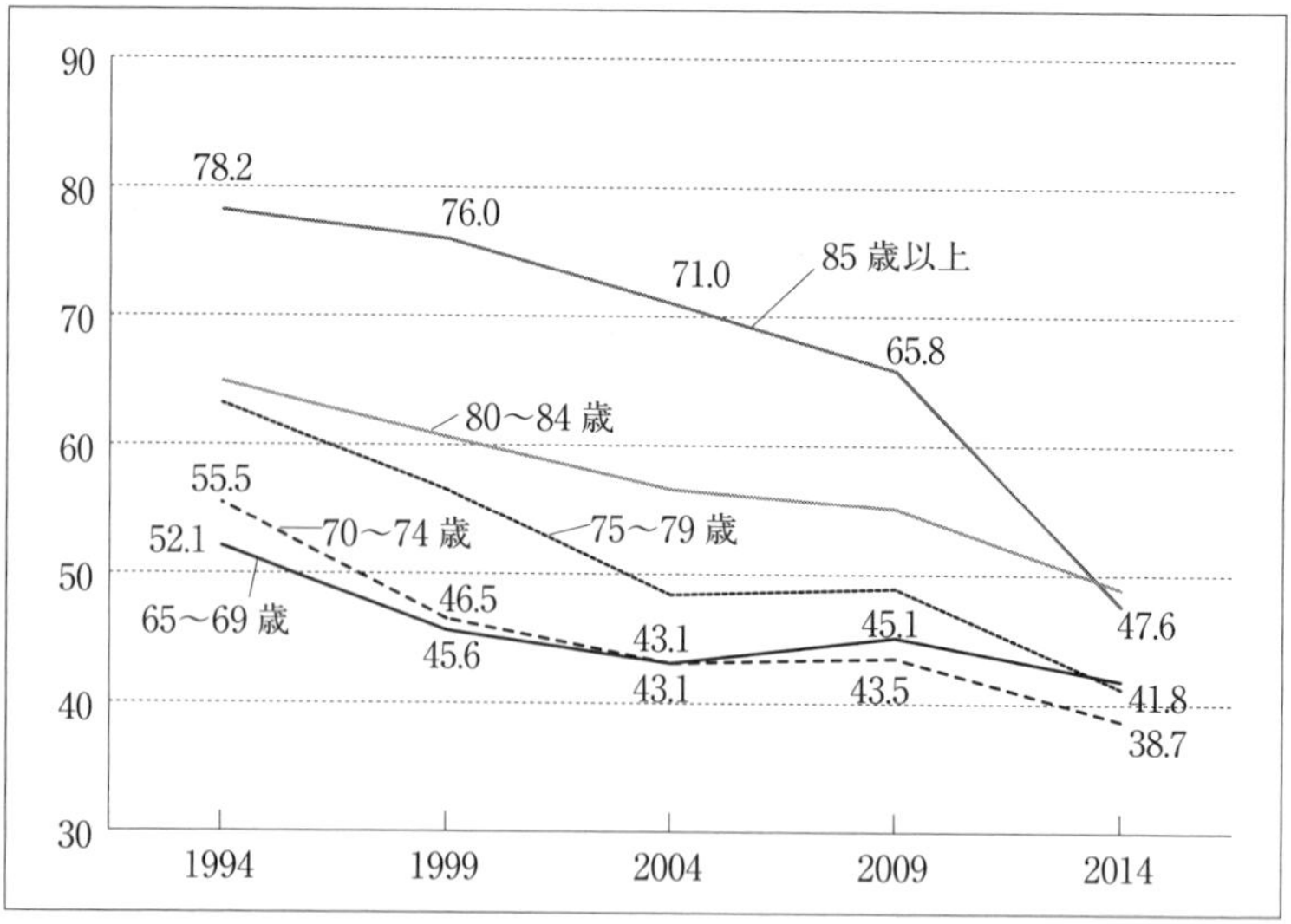

図 4　年齢層別の同居率（未婚含）の推移

厚生労働省社会保障・人口問題研究所世帯動態調査

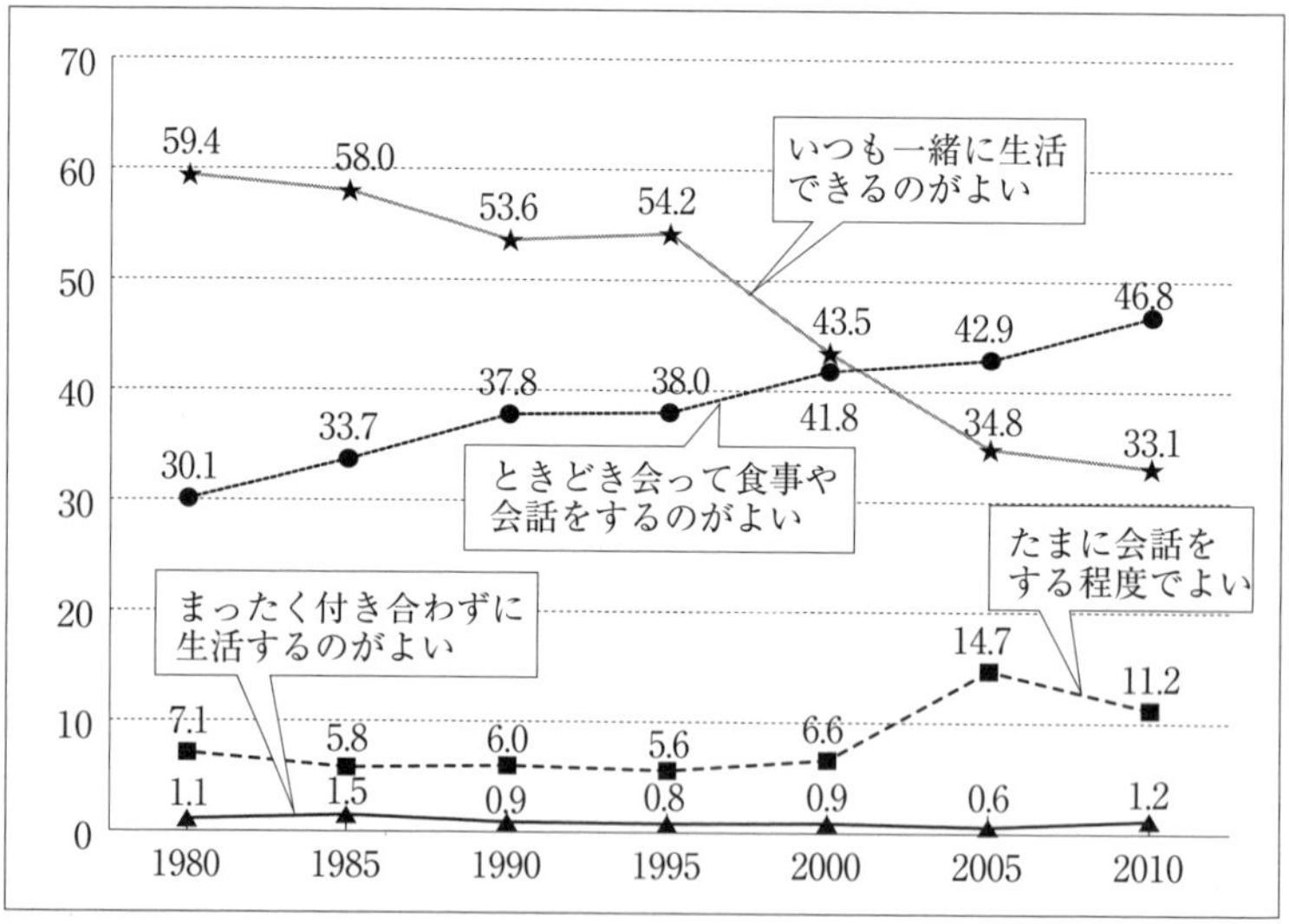

（注）時系列は全国 60 歳以上の男女が対象。2000 年以降は「分からない」がある。
　　　国際比較は各国 60 歳以上の男女が対象（施設入所者を除く）。
（資料）内閣府「高齢者の生活と意識に関する国際比較調査」

図 5　高齢者の子どもや孫とのつきあい方

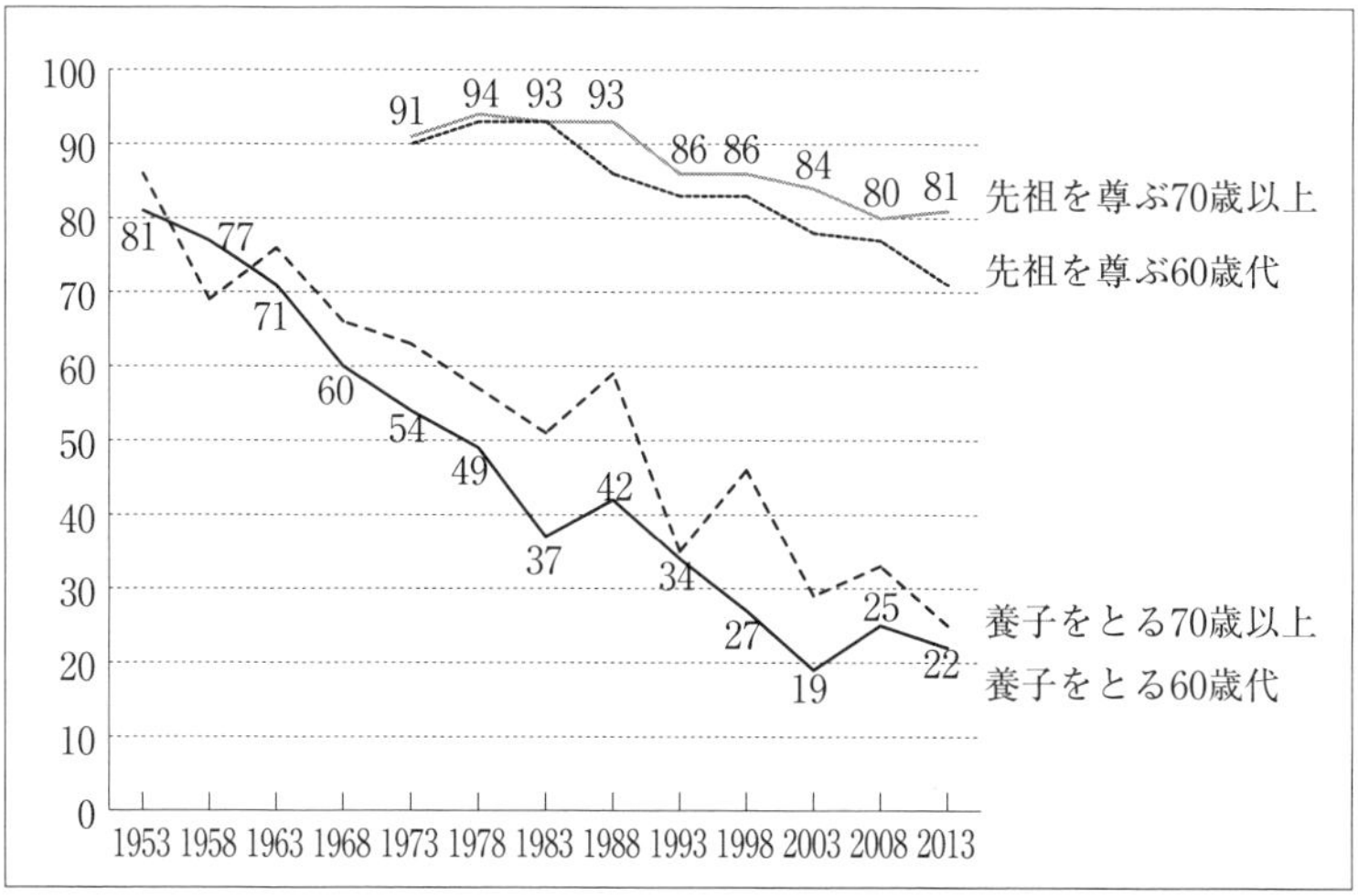

子供がないときは、たとえ血のつながりがない他人の子供でも、養子にもらって家をつがせた方がよいと思いますか、それとも、つがせる必要はないと思いますか？「つがせたほうがよい」を選択した比率（他の選択肢は「つがせる必要はない」）「あなたはどちらかといえば，先祖を尊ぶ方ですか，それとも尊ばない方ですか？「尊ぶ方」を選択した比率

統計数理研究所　国民性調査

図6　先祖を尊ぶという意識についてのデータ

しない」35.9%をしのいでいる。このあたりについては、後に「要支援期の同居」のところで再度言及する。

3　同居理由と継承意識の変化という説明

次に同居理由を聞いた調査を検討する。同別居希望を聞いた後で、同居希望者にその理由を聞いた複数回答の調査（総理府a、1969）では、「身の回りの世話をしてもらえるから」が六五歳以上の五割前後で最も高率で、ついで「現在同居しており、同居が自然だから」が四割台、ついで「経済的な問題から」が二割ほどであった。選択肢の種類やワーディングは若干異なるが、四年後の別な調査（総理府b、1973）もこの三つ同様のカテゴリーの割合が高い上に「夫婦だけ（一人）ではさびしいから」の比率も高かった。またその頃の六〇歳以上七四歳以下の調査でも（内閣総理大臣官房、1975）単一回答で「同居が自然だから」が五割近かった。

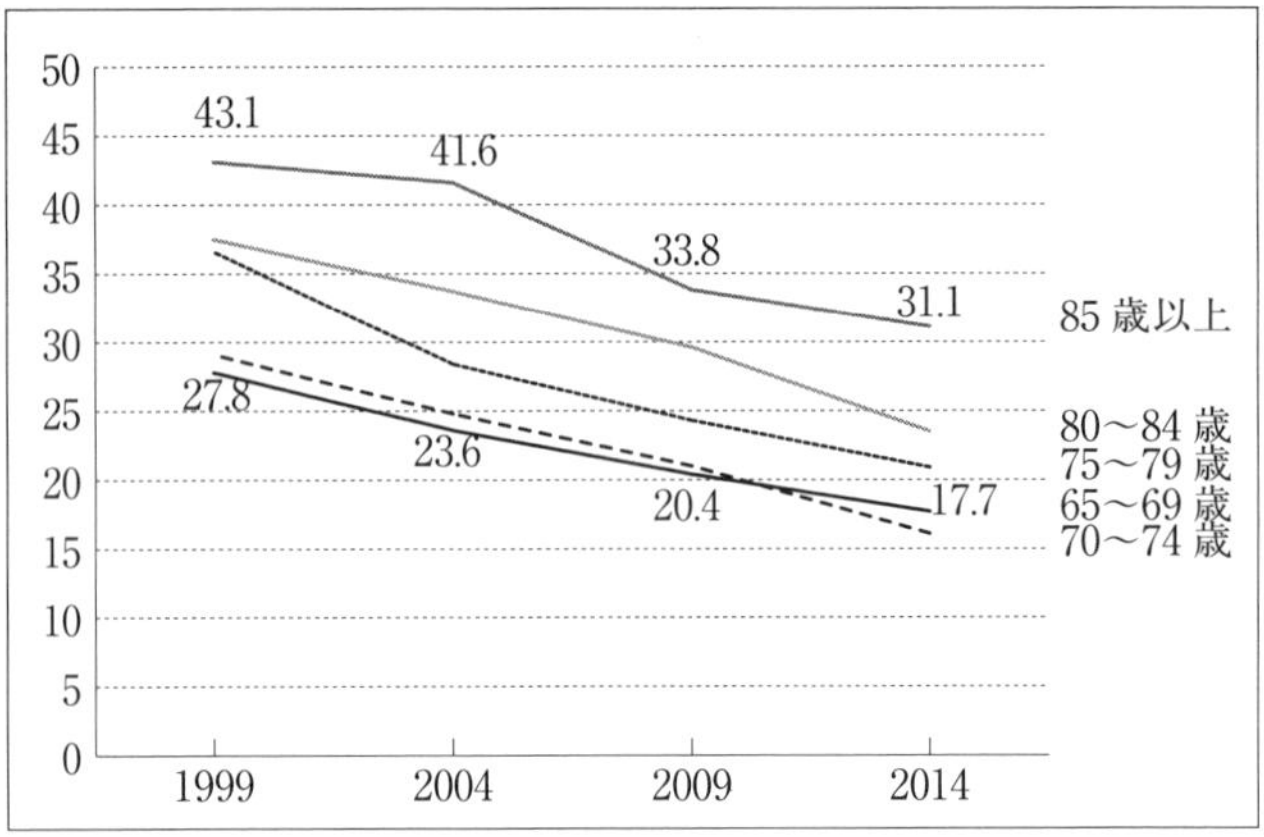

厚生労働省　社会保障・人口問題研究所　世帯動態調査　第4回1999から2014年　18歳以上の子がいる世帯

図7　親と長男の同居率（未婚含）

「自然」とはすっかり家意識が内面化されているという意味にとれる。そこで、家意識の中心をなす「家は先祖から子孫まで世代を超えて継承されていくもの」という考え方と、それゆえに、先祖を尊ぶという意識についてのデータを年齢層別に検討したのが図6である。まず、「先祖を尊ぶ」の時系列データ（統計数理研究所）の六〇歳代と七〇歳以上の変化をみると、図の上部に見られるように、一九七三年には九割が「尊ぶ方」と答えていて、その後時代とともに減少はしているが、二〇一三年でも「尊ぶ」の比率は高い。また年齢層が高いほど「尊ぶ」の比率は高い。ついで同じ図の下の方で「他人の子を養子に取ってでも家を継がせる」の回答を見ると「先祖を尊ぶ」より急激に減少している。一九五三年の第一次調査では六〇歳代、七〇歳以上とも80％以上が「継がせる」と答えたのが、時代とともにその比率が減少し、一九七八年頃に六〇歳代は五割を割る。二〇一三年には六〇歳代で22％、七〇歳以上で25％まで減った。なお年齢層別にみると七〇歳以上の方が六〇歳代より、どの時点でも「継がせる」が高率であるがその差は大きくはない。

家を継承するという意識と不可分である長男夫婦と同居すると

いう規範はどのように変化してきたのか？　長男（未婚含）との同居が実態としてどのように変化してきたかについては、五年ごとの時系列データが世帯動態調査（社会保障・人口問題研究所）から計算できる（図7）。対象は一八歳以上の子がいる世帯であるが、四時点でまたいずれの年齢層でも長男との同居率は低下してきた。ただし、八五歳以上はその下の年齢層に比較して長男同居率が格段に高いが、六五～六九歳と七〇～七四歳の差異は明白でなく、しかも近年さらに差異が減り逆転さえしている。この二つのコホートは戦後教育を受けており、家意識を内面化している程度に違いはなくなっていると思われる。

五、まとめ、家意識の衰退とそのなごり

1　同居率低下に関する議論の整理と課題

さて、これまで高齢者と子どもとの同居率が低下してきたという解釈への異議を三つ、低下を肯定した上での説明を三つあげた。これらを整理して同居率の低下をどう解釈したらよいのかを考察し、また今後研究を進めるべき課題を指摘する。

最も明解な異議は、無子高齢者を除くと二〇〇一年から二〇一〇年までは老親と子どもとの同居率は低下しなかったという説である。今後の課題としては、これ以前は無子高齢者を除いても同居率は低下してきたのかを追究することである。ついで途中同居説は、継続同居が減り途中同居が増えた結果、子どもの結婚後一五年時の同居率はあまり低下していないことをデータで示したが、これは異議というよりは、むしろ五年おきの同居率の低下の説明の一つであろう。また同居規定への異議は、住居が共同でも生計が別な親子を同居に含めなかった為に同居率が低く算定され

た可能性があるという問題提起だが、まだそれを証明するデータはない。データを得ることが今後の課題である。まとめると、これ等の異議は二〇〇〇年以前について同居率は低下してきたという解釈を書きかえるほど強力ではないといえよう。

同居率が低下してきた説明として本稿であげた三つの説が妥当だといえる。これをまとめれば、家意識（家の継承や同居を当然とする意識など）がコホート間で非常に異なり、古いコホートの退場と、新しいコホートの参入で高齢者全体の同居率が低下していったという説明である。少子化によって息子がいない高齢者が増えたことや未婚化などもこれを促進させただろう。ただし、共に戦後に義務教育を受けた七〇〜七四歳の人々と六五〜六九歳の人々の家意識の差異は小さく、そろそろコホートの違いによる変化は打ち止めになっていくかもしれない。今後も無子高齢者の影響は続き、コホートの入れ替わりの影響は減って、老親との同居率の低下が続くのかどうかを注視していきたい。

2　家意識のなごり1　要支援期の同居

ここまではもっぱら家意識の衰退による同居率の低下を説明してきたが、それでは家意識はすっかり消えてしまったのか、何らかのなごりが残っているのか、をみていきたい。

図4や図5で同居希望が減ってきたことを見たが、それでは配偶者を亡くしたり、身体が不自由になったりと支援が必要になった時（以下ではこれを一括して要支援期と呼ぶ）でも高齢者は同居を希望しないのだろうか。この点について総務庁は同じ設問で六〇歳代を対象に三回要支援期の同居について尋ねた調査を行った（総務庁a、1981, 1987, 1992）。選択肢は「息子夫婦と同居するのがよい」「娘夫婦と同居するのがよい」「子ども夫婦とは別居するのがよい」「わからない」の四つである。図8で「息子夫婦と同居」「娘夫婦と同居」の合計、つまり子ども夫婦と同居

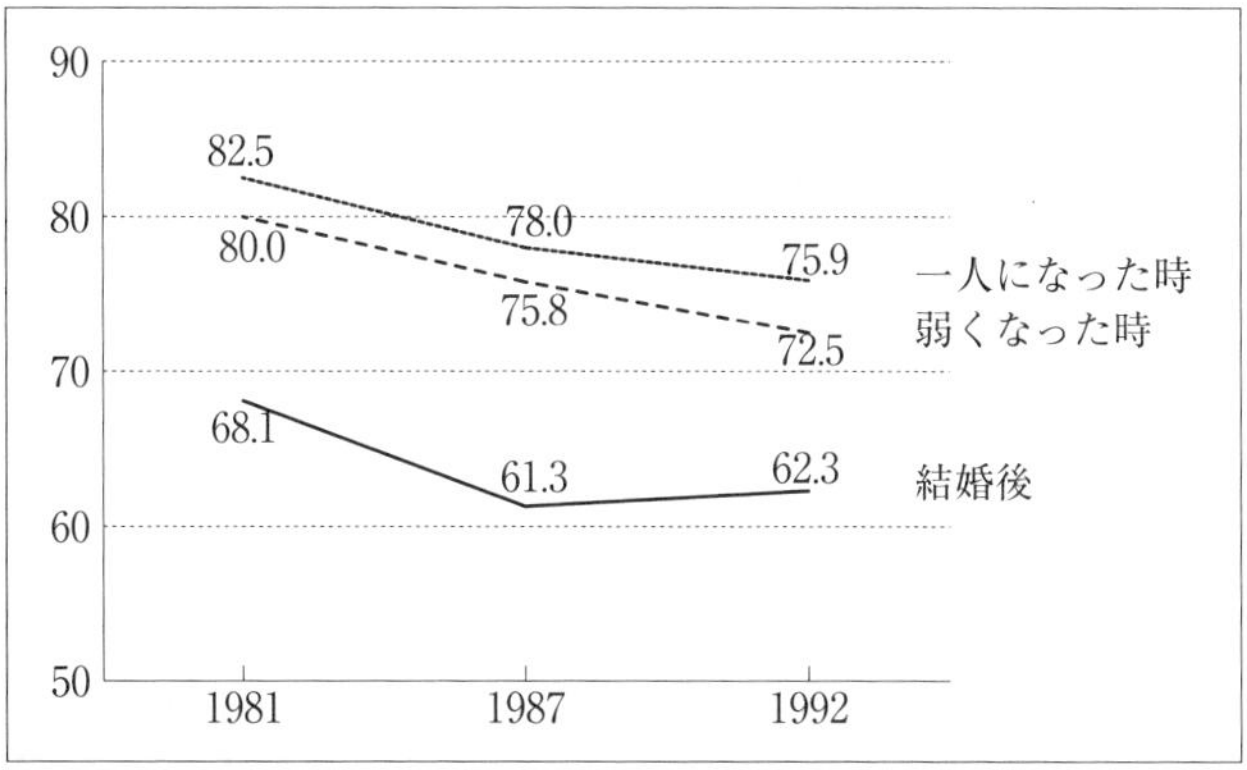

子どもとの同居希望は息子夫婦との同居希望と娘夫婦との同居希望の合計
老後の生活と介護に関する調査　総務庁 a、1981、1987、1992

図 8　要支援を想定した場合の子どもとの同居希望の推移（60 歳代）

することを選択した比率の三時点での推移を示した。図8から、要支援期の同居期待は図5に引用された同居希望よりかなり高率で、70% 以上が子どもと同居するのがよいと思っていたことがあきらかになった。なお、一人になった時の既婚息子同居だけの比率は一九八一年から順に 66.2, 60.9, 57.3% で、既婚娘同居よりずっと高率であり、「弱くなった時」もその点は同様であった。さて、このあと、要支援期の同居期待はどうなったのか？ 実はこれに続く時期において要支援期の同居期待に関する質問をした調査は見いだせなかった。介護保険制度の発足前後で「社会による介護」が謳われていたからだと思われる。ただし、介護だけについてならばその後も質問がなされている（内閣府 c、1995, 2003）。それまでとの比較は難しいが、同居期待に近い質問として「介護を受けたい場所」や「家族の中では誰に介護を望むか」（以下希望介護者と略）がある。希望介護者を二回の調査で較べると、配偶者が 50.9% から 57.3% に増え、「嫁」が 7.6% から 5.1% に減ったことが目立つ。さらに二〇〇〇年代についても二〇〇二、二〇〇七、二〇一二年実施の調査で介護だけに焦点を絞った質問の答え（内閣府 d、2013）が参考になる。介護を受けたい場所はどの調査でも「自宅」が最も高率だが、二〇〇二年から順に43.3, 43.0, 36.3%で少しずつ減っている。どの時点でも、自宅の次に医療機関や各種の介護関連施設が高率で、「子どもの家」は5%未満である。自宅や子ども、兄弟の家を選んだ人には希望介護者を三人まで聞いているが、配偶者と子ども、それにヘルパーの比率が高く、子どもの配偶者は10%ほどにとどまった。時系列的には「子ども」は52.8%から56.8%まで増えたが、「子どもの配偶者」は25.3%から半減している。まとめると、介護に関して場所は自宅、希望介護者は配偶者・子どもという高齢者が二〇一二年でも三割以上いたことが示された。そして現実に要介護高齢者が介護されている状況を見ると、同居の子と子の配偶者を合わせて36.1%が要介護高齢者の主介護者であり、配偶者より高率である（厚生労働省a、2010）。介護の詳細についてはこれ以上立ち入らないが、要支援期は要介護期より長いとみられ、同居期待は三割より高率になる可能性がある。国際比較では西欧の多くは娘からの介護を期待したり、ヘルパーへの期待が高かったりすることと比較すると（内閣府a）、この同居期待は長く続いた家意識のなごりと考えてもよいのではないだろうか。他方、嫁への期待が急速に減少したことは家意識が消えていった側面だといえよう。

3　家意識のなごり2　娘同居への抵抗感

これまで長男同居の趨勢や要支援期の同居相手に息子夫婦が多く期待されていることをみてきたが、これがその後どうなったのかをみておきたい。この問題については単に同居のみならず支援や交際面も含めて「家族は双系化したか」という問題として早くから論じられてきた。双系化とは、一般的には直系家族制が解体し長男との同居パタンが消失すると同時に、親子間の交際・支援における長男と他の子どもとの差異、息子と娘の差異がなくなり、夫方と妻方との関係、兄弟間の関係も対称化するという仮説である。これについて本稿では全面的な議論はせず、息子との同

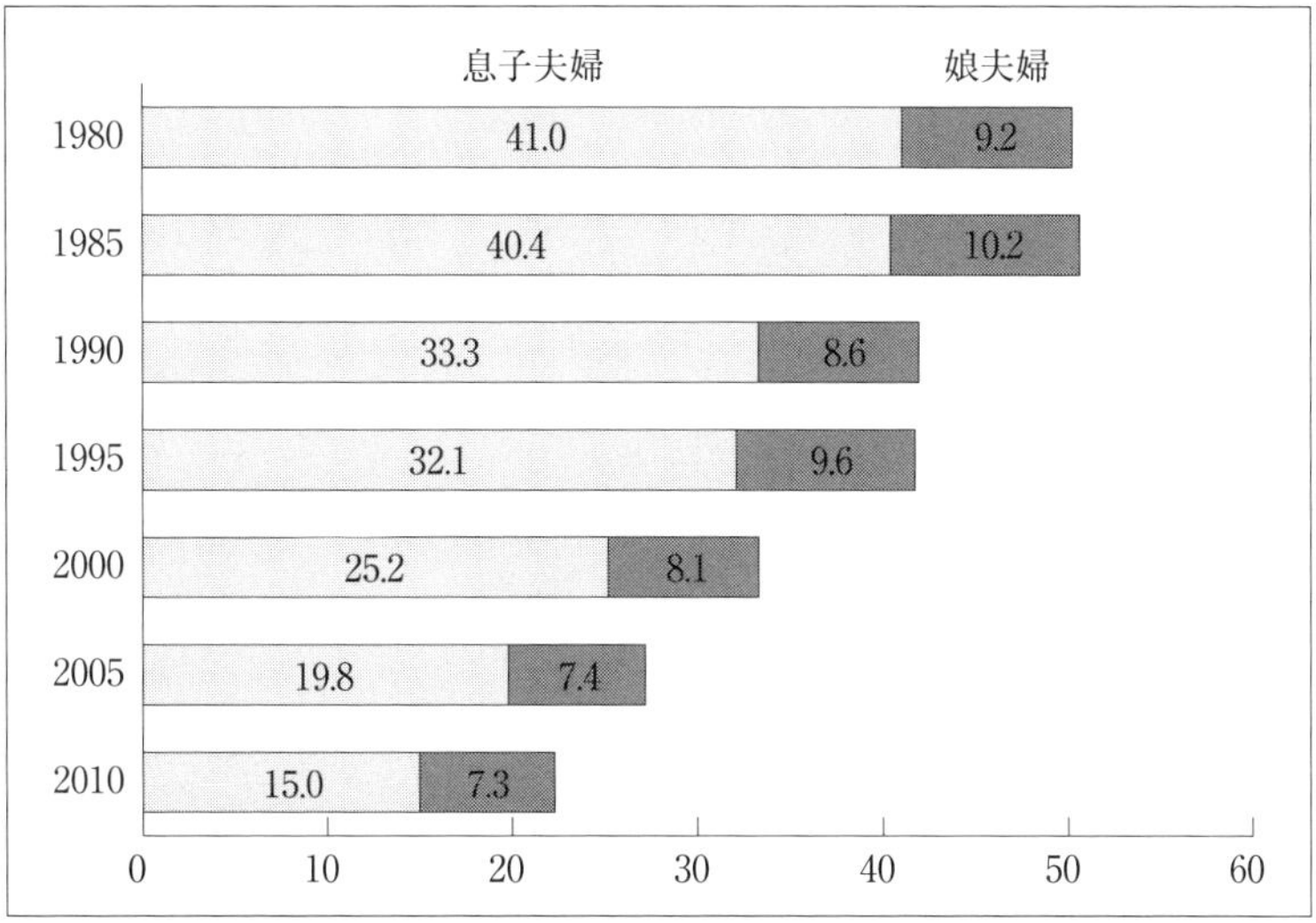

図9　同居子（既婚）の続き柄　高齢者の生活と意識　内閣府 a

居が娘との同居に優先してなされている、または期待されているか、についてのみ着目する。

　図9は同居しているのが既婚（離死別を含む、以下略）の息子か娘かというデータである。既婚の息子との同居は一九八〇年の40%以上から二〇一三年の15%まで一貫して低下している。既婚娘同居は一九八〇年から一九九五年まで8から10%の間で変動しているが、二〇〇〇年からは確実に減って二〇一三年には7.3%となった。既婚息子同居は既婚娘同居の四倍から二倍くらいまで低下したのだから、双系化は進んだとみてよいだろう。世帯動態調査を利用した鈴木も二〇〇四年から〇九年まで双系化は進んだが依然息子同居が優位で今後も完全な双系化は進まないとした（鈴木、2012）。さらに、この変化の背景にある少子化による「息子がいない」「子がいない」高齢者の増大によって説明される部分は20%程度だとした。結論的にいえば、同居相手の子どもの性別という意味では双系化の傾向はあるものの、まだ娘との同居には抵抗感があるということである。要支援期の同居には娘の方が適合的な面もあるとも思えるが、それが進まないのは家

意識のなごりなのであろう。

以上を通して、家意識のなごりは要支援期末に子と同居するとか、息子と同居するとかに見られるが、あと五年から一〇年で戦前の教育を受けた高齢者が退場するか、少なくとも発言権は小さくなる。それでもしばらくは影響が残るだろうが、家意識についてはそろそろ転換期の入り口に来ていると考えられる。

おわりに

戦後、老親と子どもとの同居率、それを支える家意識がどのように変化してきたのかを見てきたが、大きく変化した要素と変容しながらも残っている要素とがあることに気づく。大きく変化した要素の一つとしては、長男は結婚した直後からそのまま生まれ育ったうちで親と同居を継続する一貫同居が少なくなったことが挙げられる。その結果、子どもの結婚後は親とは全く同居しなくなったのか、というと、そうではなくて途中同居という形に変容したのであり、同居する時期はだんだんに遅くなっているようだ。少なくとも老親の期待としては要支援期には家で配偶者と子どもに介護してほしいという気持ちは少なからず残っているらしい。数年おきに見た同居率が年々減少しているように見えるのは、一つには一貫同居が途中同居になったこと、子どもを持たない高齢者が増えたこと、息子を持たない老親の中には娘と同居する高齢者も増えたが、家意識の名残もあってそれに踏み切れない（あるいは現実に難しい）場合も多いことなどによるのだろう。

もうひとつ同居率が減っていく大きな要因として、家意識を持つ人がしだいに減ってきたことが挙げられる。その結果、息子がいない場合は養子をとってでも家を継承させるという考え方や、子どもと同居したいという意識は、高齢であるほど、昔生まれ育ったコホートほど高い比率で支持されている。時代が進むにつれ、このような家意識を内面化した高齢のコホートは社会から退場（死亡）し、戦後教育を受けた層が新しく高齢者の仲間入りをするのだから、高齢者全体の意識も変化し、次第に同居率が低下するのも当然である。ただし、現在では戦後に小学校教育を受けた人々が八〇歳を超えてきており、六五歳～七四歳の人々との差異は小さくなった。今後、この要因によって同居率が低下していくことは減り、同居率の低下は下げ止まる（横ばいになる）のではないだろうか？

その場合、最終的な同居率はどのくらいで止まるのであろうか？　0%に近いところまで低下するのだろうか？　一つの答えは「人口問題研究」に発表された推定（鈴木ほか、2017）で、二〇三五年でさえ、六五歳以上人口の39.6%が子（含未婚）と同居していると推定している。私はこの数値がどれほど確からしいかについては何も言及できない。むしろ、以下のように同居の質が変わるのではないか、と考えている。一つは「家意識に基づかない、便宜的同居」とでも呼べるような同居がかなり残るのではないかということだ。家賃が倹約できるとか、子夫婦の共働きの支援などで老親と子ども夫婦が協力して暮らすことには一定の合理性もあり、むしろ家意識が低下した方がお互いに気持ち良く支えあえるだろう。もう一つはこれと関連して、すでに「同居規定」のところでも述べたことだが、老親と子どもも夫婦との間に一定の距離を置いた暮らし方、同居と別居の中間のような暮らし方が増えるのではないか、ということである。まとめれば、当然のこととして同居するのではなく双方の利益になる関係で、生活全般の共同ではなく、一定の距離を置いて付き合う準同居的な暮らし方が求められるのではないか。

いずれにせよ、家族というのは一般的には急に変わるものではなく、昨日のように明日も続くという「慣性の法則」が支配する世界である。現在の九〇歳、一〇〇歳の高齢者たちが子どもと同居し始めたのは半世紀近く前かもしれず、それが「慣性の法則」で続いているとすれば、変化は新しく高齢者になる人たちによってしかもたらされない。今後の変化を注意深く見守っていきたい。

参考文献1　時系列データ

統計数理研究所　第5日本人の国民性　出光書店　1993
内閣府ａ　高齢者の生活と意識　第1回国際比較調査報告書 1980 から五年ごとに 第8回 2015 まで
厚生（労働）省ａ　国民生活基礎調査（各回）大規模調査は三年ごと、中間に簡易調査
厚生（労働）省社会保障・人口問題研究所　現代日本の世帯変動　第3回世帯動態調査（1994年）から五年おき7回（2014）まで
総務庁ａ　老後の生活と介護に関する調査　1981, 1987, 1992

参考文献2　参照文献（省庁で時代により名称が変更した期間を渡るものは（　）書き）

加藤彰彦　直系家族の現在　社会学雑誌26（神戸大学社会学研究会）pp.3-18　2009
川島武宜　イデオロギーとしての家族制度　岩波書店　1957
厚生省ａ　昭和47年国民生活白書　1974
厚生省ｂ　厚生白書　2000
施　利平　戦後日本の親族関係　勁草書房　2012
鈴木　透　直系家族世帯の動向　人口問題研究　68－2　pp.3-17　2012
鈴木透・小山泰代・菅桂太　高齢者の居住状態の将来推計（2017年3月推計）　人口問題研究73－2　pp. 138-144　2017
千年よしみ　近年における世代間居住関係の変化　人口問題研究69－4　pp.4-24　2013

総務省　国勢調査

総理府ａ　老後の生活に関する世論調査　1969

総理府ｂ　老人問題に関する世論調査　1973

内閣総理大臣官房　老親扶養に関する調査　1975

内閣府ｂ　老後の生活に関する意識調査　平成18年版国民生活白書　2006

内閣府ｃ　高齢者介護に関する世論調査　1995, 2003

内閣府ｄ　高齢者の健康に関する意識調査結果報告　2009, 2013

内閣府ｅ　高齢者の地域社会への参加に関する意識調査結果報告　2009

直井道子・岩下清子・染谷俶子　社会老年学　創刊号　1975　pp.103-121

直井道子ａ　三世代家族における生活の共同度と分離度を把握するこころみ　社会老年学　No19. pp.32-42　1984

直井道子ｂ　高齢者と家族　サイエンス社　1993

直井道子ｃ　高齢期における世帯構成の変化とその関連要因　東京都健康長寿医療センター研究所編　高齢者の健康と生活に関する縦断研究（2012年調査報告書）2015

中村二朗・菅原慎矢　同居率減少という誤解　―チャイルドレス高齢者の増加と介護問題 CIRJE（Center for International Research on the Japanese Economy）discussion paper　2014

西岡八郎　日本における成人子と親との関係　人口問題研究　56－3 pp.34-55　2000

森岡清美　現代家族変動論　ミネルヴァ書房　1993

米村千代　家の存続戦略　勁草書房　1999

総務庁ｂ　ホームページ Q&A　http://www.stat.go.jp/data/kokusei/qa.htm#e0

厚生労働省ｃ　ホームページ Q&A　http://www.mhlw.go.jp/toukei/list/dl/20-21a-03.pdf

《インタビュー》芸能の伝統を継ぐ

落語家　柳家花緑氏に聞く

聞き手　今関　敏子

――お忙しいところ、お時間を戴きましてありがとうございます。今、落語ってブームでしょう?

花緑　そう言われてますね。テレビが取り上げ雑誌が取り上げという循環になったり、また落語をカバーしたアニメがあったりして、そこから入って来る人がいると、そのアニメの落語会をやろうということが落語協会に上がってきて、末広亭でも今年（二〇一七年）やりましたよ、一月三十一日に。寄席というのは、十日間ずつのプログラムになっていて三十一日目は一日余るので、「余一会」と呼んで特別興行するんですよ。雲田はるこさんが描いた『昭和元禄落語心中』というアニメが流行って、主人公が悩みながら落語家やって名人になっていくというフィクションなんですけれども、『落語心中寄席』というのを取り上げました。『落語心中』の中で語られている古典落語を噺家がやるという。僕が雲田さんと対談してトリをとるんですけど、『野ざらし』という演目があって、これが『落語心中』の中でキャッチーになってるのに、なぜか誰もやらないんですよ、だから僕が別の演目をやる予定だったのを自ら変更して『野ざらし』をやったら、客席からうわーって。そういうコラボレーションもあって、いまちょっとブームですね。

――ほかのジャンルとの影響では、今月歌舞伎座で『らくだ』がかかってますが、歌舞伎も落語のネタを演じてきましたね。

花緑 三遊亭円朝の『文七元結』がたぶん同時に歌舞伎で上演されていますね。あと、『芝浜』、『真景累ヶ淵』……。近年、落語が歌舞伎になったパターンていうと、笑福亭鶴瓶師匠の新作落語で、花魁と侍の人情噺『山名屋浦里』が、去年の夏、勘九郎さんと七之助さんの出演で『廓噺山名屋浦里』として歌舞伎座にかかったんですよ。円朝以来の快挙ですね。好評だったので、これからもかかるんじゃないでしょうか。

――ところで、落語家というのは、必ずしも世襲ではないんですね。

花緑 はい。まず、そこから話を始めなければならないんですが。伝統芸能の中でも「家を継ぐ」というのが、当てはまらないんですよ。僕は祖父と叔父が落語家なので、九歳から落語を始めていますが、珍しいですね。世襲ではないということを数でわかりやすく示しますと――あまり正確ではないんですけど――今、東京に落語家五五〇人位、大阪に二五〇人位、合わせて八〇〇人位プロがいるって言われてるんですよ。江戸時代から始まった落語が未だかつてない人数を迎えているんですが、いわゆる二世の落語家が、――亡くなられた方で親を継いだという方はもっと多かったでしょうが――、東西合わせて現在だいたい二五人位だと思うんですよね。子どもの頃から始めたとなるとたいへん数が少ないですね。

――そんなに少ないんですか。習い始めたときにプロになろうと思われたんですか。

花緑 小学校六年生の三学期に将来を決めたということになりますね。中学に入ったら部活をし出すだろう、部活に夢中になったら落語家にならないかも知れないと母が懸念したんですね。「部活をやりたいのであれば将来落語家にならない、落語家になるのであれば部活はしない、どっち?」って。図工は出来たんだけど勉強が出来なかったので、自分の成功体験は、図工か落語しかないんですよ(笑)。十五分くらいの落語をお客さん笑ってくれる、褒めてくれる。何だかわからない、やっちゃいけない部活と、成功体験のある落語なので「落語家になる」と即答したんですね。

——いわゆるサラリーマン家庭とは違いますね。

花緑 祖父が有名人だったので、テレビつけてるとしょっちゅう祖父が出ていますし、落語家さんが遊びに来たり、テレビに出ている芸能人が訪れてくるという家ですね。

それから家にはお弟子さんがいるんですよ。今でも川村学園の裏に母が一人で住んでいる実家があるんですけど、そこにお弟子さんが寝泊まりしてましたね。本来落語家の修業というのは、見習い、前座のうちは師匠の家に住み込むんです。今、住宅事情や人間関係も変わってきて余裕がないので、そういうことはしてないですけど、昔は一緒に住んだんですよね。そこで覚えていくっていう。だから、大変だったと思いますねえ。

——学校ではどんなお子さんだったんですか。

花緑 僕は発達障害と学習障害の二つを持っていて、学習障害の中の識字障害なので小学校一年生から何も積み重ならないですね。ゼロが積み重なってもね(笑)。実は、識字障害ってわかったのはわずか四年前にそういう子をもつお母さんに指摘をされてわかったんですね。

——今は、障害っていろいろ言いますからね。知らなければ、知らぬが仏で過ぎてしまう。

花緑 昔と今と違いますからね。当時の学校の先生と今も会うことがあるんですが、「僕は実はそうだったんですよ」って言いましたら、昔はそういうことないから、「ああ、そうだったの。知らなくって悪かったわねえ」「いえいえ、先生を責めてるんじゃありません」（笑）って。そういう発達障害は、軽減はされるけれど治らないっていいますね。僕なんかも最近そう思うんですけども。落語家なんて人と一緒に何かをやってないのでわからないだけで、今また用意ドンで学校に行き始めたら、あ、ここが発達障害だなというのがわかるかも知れないです。だから、昔そうだったという言い方をするとネットでも責められますよ。「治る病気みたいな言い方をしないで下さい。それが困るんです」みたいなことをね。発達障害は、個性ですよね、かなりね。突出したものがそこにあるみたいなね。

――完全発達なんてあり得ないですよね。日本の学校って皆いっせいに同じことをして優劣を競うでしょう、そこで落ちこぼれたらダメみたいになってしまう。花緑さんはそういう学校教育の弊害というか害毒というものを浴びないで来られたんですね。

花緑　競うことが出来なかったので、自然に離脱するかたちで来たんですけど（笑）、でもそういうことが、おかげさまで今の自分を作っていると確かに思いますね。

――小学校六年生で落語家になるという線路を敷かれてから後、やっぱり間違っていたんじゃないか、やめようか、向いてないんじゃないかと思ったことはなかったんですか。

花緑　あります。僕の本（『花緑の幸せ入門　笑う門には福来たるのか？スピリチュアル風味』竹書房新書 2017）にも書きましたが。自殺しようというところまで追い込まれました。そう、最初に来たのが――中学出て十五、六歳で一応プロってことになるんですが、下働きで楽屋に通ってたのが、十八歳ぐらいで二つ目になって身分が上がって、自分の仕事のある時だけ仕事場に行けばいいという立場になったので、妙に時間が出来るんですよね。そこで初めて悩み出す。最初の悩みが来て、あ風邪だと思ったのが、風邪じゃなかった、初めて知恵熱ってのが（笑）出て。勉強もしない、本も読まなかった自分が本を読み始めるんですね。でも漢字が読めないんで、飛ばし飛ばし読んだり、辞書の引き方を覚えたり。そこから二十五、六歳までの間、知恵熱出しながら、死にたい病じゃないですけども辛かったですね。

その間に二十二歳で真打にもなるんですよ。「戦後最年少の真打」って言われる。「小さんの孫」と言われ、良いにつけ悪いにつけ色眼鏡で見られる。そういうプレッシャーを抱えながら、「真打になりたくないです」と断るほどの前向きな意志もない。じゃ生きるか死ぬかひとつしかないみたいな状態で悶々として。でも高座に行かなきゃいけないんで、仮面を被ってにこにこしてるんですけども、躁鬱っぽいというか――電話に出られないんですよ。怖いんですよね、出るのがね。後輩にも「花緑兄さん連絡来るって言って全然来ない」って怒鳴られたり。そういうので震えたり。

三十歳までにはすっかり立ち直るんですけども。知的好奇心ですよね、読めない字を一生懸命読みながら、自己開発の本とかスピリチュアルの本に書かれてることとかが、面白くって面白くって、そういうのに没頭していくんですね。それによって、ものの見方、視点が変る体験をだいぶして、立ち直るんですね。小さんの孫、小さんの孫って紹介されるんで芸名は「柳家小さんの孫」でいいんじゃないか（笑）って。小さんの孫っていう見方が、すごくネガティブだったのが、前向きにポジティブに捉えられるようになって、どう言われてもくさらないし、死のうとも思わないというふうに、三十歳ですっかりモードが切り替わるんですね。

──お稽古の時には、おじい様であろうと、先生？師匠？なんですね。

花緑　師匠です、はい。先生と師匠の違いは何かってことなんですよ。僕が思うに人間関係で一番面倒くさいというか大変なのは、師弟関係で、身内のような絆になりながら、他人の距離感、礼儀がなくちゃいけないんですよね。それともう一つ。師匠の立場は弟子に奇跡を見せなければいけない。弟子が出来ないことを師匠はやれなければいけない。どこかでヒーローでなくてはいけない。そうでないと関係性が作れないんですよ。説得力がないんですよ。親以外の人間に生涯の全部を託すので、教えないこと、見せられない面はないんですね。師匠も弟子を信頼しなければならない、最後は渡すかも知れないんですよ、この子に。家の鍵を持たせるんですよ。だから、大変ディープな濃い関係であり、弟子もまた師匠が法律なので、破天荒な師匠だと大変苦労するわけですよ。

──学校教育の先生とは違いますね。

花緑　違いますね。先生替えればいいとか、学校替えればいいという問題じゃないんですよ。最近はやめて他の師匠のところに行くということがないことはないんですけども、ちょっと嫌な感じですね。出来れば生涯の仲なんですよ。そのつもりで僕も弟子をとる、まったく赤の他人を息子と思ってこれからやっていく、ということなんです。だから大変な覚悟もいりますけども。

──二十二歳で真打になられて一門を統率してらっしゃるわけでしょう？

花緑　ちょっと待ってください、統率はしてないです（笑）、それはやくざの世界です（笑）。うちの祖父は弟子が四十人ほどいたんです。その間に祖父より先に亡くなる人がいたり、自ら辞めていく人もいたり。で、その弟子の弟子っていうのは、祖父からは孫弟子ということになるんですね。これを含め、「小さん一門」といって、何人いたんですかねえ、百人いたかどうかですけども。一月は元旦と、二日が祖父の誕生日なので一門が黒紋付き袴で目白の祖父の家に行って年始の会をやるんです。祖父は剣道が好きで自宅に三十畳くらいの道場があるんですが、そこに目白二丁目町会からテーブルを借りてきて座布団を天井裏から引っ張り出して並べて、後ろ幕張って二日間、居酒屋みたいになって、母含め知り合いが手伝っていろいろ料理を運んで振る舞うんですね。祖父が亡くなって十五年経ちますけど、母は未だに正月がトラウマになってます（笑）。

祖父が亡くなっても祖父の一門を僕がまとめるわけじゃないんです。真打になれば一国一城の主なので、それぞれの星が光っているがごとく、皆ばらばらです。だから、そういう正月はやってないです。それぞれが家で正月を迎えているだけで。叔父が、祖父が亡くなった数年後に六代目柳家小さんを継ぎましたが、祖父の弟子が叔父のところにつくということはないんです。ただひとつイベントとしてやってるのは、五月の十六日が祖父の命日で、墓参りをしてお蕎麦屋さんで食事をするというのを毎年叔父がまとめています。

――どのように入門するのでしょうか。

花緑　落語家全員が弟子を持っているわけではないんです。お弟子さんというのは、門なき門を叩いて来るんです。募集をかけてないんです。弟子が欲しいと思っても人気がなければ来ないということです。

――向こうから転がり込んで来るというか……？

花緑　そうなんです。祖父は大成功例なわけです。弟子が四十人というのは多いですし、人気と実力を兼ね備えて人間国宝になりましたから。

——芸としてとても高いものですよね、落語って。

花緑　というふうに国から認められたのが、祖父が最初だったということなんです。それまでは全然。歌舞伎は千両役者ということばがあって、昔から地位が高かったんですよ。ところが落語は銭湯と同じ料金で見られたもので、一番多かった時に東京に百軒くらい小屋があったっていうんですよ。どういうことかというと、お蕎麦屋の二階でも寄席と言って、ほんとに狭い、何十人のところで見せる芸だったんです。落語家は人力車で各寄席を移動する。「十軒ばね」ということばがあって、十軒掛け持ちして最後十軒目にトリをとってその日を終える、それがステイタスだった時代が昭和の前だったらしいんですよ。下町の日本橋、神田、浅草、秋葉原の界隈を中心に町内に一軒ずつ寄席があって。昔の映像で、力道山のプロレスが一台のテレビに映っているのを町内の人が集まってみているような、あんな感じだったんじゃないかと想像してるんですけど。町内に寄席がある、そこに芸人を呼びたい、で、人気者は掛け持ちをするんです。雪駄を懐に入れておいて、楽屋口からではなく、お客さんの出口からそのまま出ていく、劇場が土足みたいなところだと、客席にパーンと雪駄を投げてお客さんの間を通って表に出ると人力車が待っている、次の寄席に行く。うちの祖父が前座の頃—、だから昭和の時代もまだそうだったんですね。昭和の二、三十年ごろまで目白駅にも人力車があったって祖父が言ってました。

——落語のお稽古とは具体的にどのようなものなんでしょう。

花緑　本来は三べん稽古と言って、まあ、三回稽古をしてもらうということなんです。数え方はいろいろあるんでしょうが、まず一回は対面で師匠に一席やってもらうのを聞いている、二回目は自分が覚えて師匠に聞いてもらって師匠から注意を受けますよね、さらに直になおしてもらったものを聞いてもらうと、一応これで三べんですね。

――たった三べんなんですか。

花緑　師匠の小さん曰く、一回目の稽古の時は実はもう七、八割がたしゃべれるんだと。というのは、いつも高座を聞いてるから。ただし、先輩の芸を客席に座って聞くのはご法度なんです。舞台の袖から、楽屋から聞くというのがルールで。察するところ、寄席って、映画や演劇と違って客席が明るくて、お客様の顔を見ながら進めていくのが落語なので、そこにプロがいたらやりづらいんですよ。演劇は役者同士が観るんですよね、客席が真っ暗だからそれが可能なのかなと思いますね。

落語は正面から観てないから確認のためにしぐさも含めて師匠にやってもらう、あ、こういうふうにやるのかとわかって、自分で覚え直してきて、自分でも確認しきれないことが当然あるので、客観的に師匠から注意を受けてそれを直してやる。これが基本ですけど、お察しのように、三回では済まないわけですよ。まあ、伝統芸能は真似から入る、問答無用ですよね。「真似ぶ」が「学ぶ」の語源ということのようで。落語も三べん稽古が基本ですね。ただ、当時、祖父も忙しくて、一日に三軒とか掛け持ちをずっと続けてますから弟子の稽古ができないんですよ。それで、自分のビデオテープを渡してそれを観て覚えてから稽古が始まるんです。

――時代に合わせて変わっていくんですね。

花緑　そうですね。昔は昔のルールが出来上がっていて、師匠がしゃべってくれるのを録音することを嫌う人が多かったんですよ、当然、そのまた昔はそんなものなかったから。上がルールを持ってますから、上の師匠方が不快なものには立ち入ることが出来ないですよ。それが、だんだん録音とって当たり前、とらなきゃだめというふうになっていくわけです。僕もとらせますよ。こちらがするダメ出しとか注意もまず録音させる。そういうふうに変化してきてますね。

——十一人のお弟子さんにお稽古するって、大変ですね。

花緑　そうですね。十一人並べて稽古するんじゃなく、一人一人なんで、弟子を待たせたりしますね。前座の子は必ず僕が教えますので、聞いてあげるんですけども、今日は休みだなっていう日に稽古したりして忙しいです。で、二つ目以降になると、出稽古と言って他の師匠のところへも行けるので、習いに行ったりしてます。

そのうちに稽古を師匠から受けるのをだんだんお弟子さん嫌がる傾向があるんですよ。なぜかって、弟子師匠の間柄なので、アドバイスではなく小言になっちゃうんですよ、「だからお前はだめなんだ」みたいな。それ自体が落語みたいですけど（笑）。ところが、僕は演劇が好きでずっと二十代からやって来たのですが、演出家ってほんとにすごいなあと感心しました。演出家が小言を言って役者をくさらせてもしょうがないじゃないですか。何とかその気にさせて、いい舞台を千秋楽まで作らなきゃいけない。やさしいというか、丁寧と言うか、理論でちゃんとわかりやすく説明していくんですね。そしてまた、生き生きと舞台に立たせるために自由に泳がせるんですよ。役者の適性を観るんですよ。この子はこうすればわかるというので早めに道をつけてあげたりとか。

——西洋的ですね。

花緑　そうだと思います。さすがに、落語界にはこんな人あまりいないと思って、僕はそれを真似させてもらってるんです。演出をしてディスカッションして考えさせるんです。「このシーンのこの科白、どう思う?」「こう思います」「でもこの前にこういう科白があるってことはそれだとおかしいよね。ってことはこっちの気持ちなんじゃないの?それでこういう科白があると繋がるよね」っていうと、「ああ」って納得してくれて、次元が違う稽古になるんで弟子が生き生きしてくるんですよ。一対一なので、弟子の適性を早く見つけて的確にアドバイスできればいいなあと思ってるんです。

それから、外から来たお弟子さんだったんですけども、もう二つ目さんになってるのに、基礎的なことが出来てなくて、それを何とかしなければと思って、iPadを録画モードにして撮って一緒に映像を見ながら指摘することがありました。そうすると一目でわかる。あとはいい落語を聞いているかどうか。まず、正解がわからないとどこへ向かって行けばいいかわからないから、この人とこの人とを聞いたら影響を受けるからってアドバイスしたり。今まで他の子にはしなかったけれど、その子と向かい合った時に僕は思いついてそれが必要だろうと思って。稽古も改革があれば落語が変ります。

——iPadを使うなんていうのは

花緑　うちの祖父の時代ではあり得ない(笑)。だから僕は僭越ながら、もしかしたら落語の稽古の革命かも知れないと思っています。

——伝統を守りつつ新しさを追求していらっしゃいますね。

花緑　自分がかなり異端児だなと思うのは、洋服に椅子で新作をやるということをしてることです。落語家のスタイルとして着物に座布団、外せないんですよ、師匠のそういう姿に憧れて入ってきて修業しますし。洋服でやることは落語家にとって不快だと思います。まず、足の処理。正座してれば膝の前に扇子が置ける、手もつける、それが出来ない。洋服で椅子というのをイベントとしてやってもそれを続けた人はまずゼロである。

いわゆる新作をやる人はいっぱいいるんですよ。三枝師匠―今、文枝師匠ですが―は、もう何百席も面白い新作を作っていて、縫ぐるみみたいなものを出したり、『すき焼き』という落語をすき焼きを食べながらやったり、とんでもない突飛なことをやるのに、着物に座布団をスタイルとして守っています、過去にも洋服を着る人はたくさんいたんだけれど、皆、座布団に座ったり、亡くなった談志師匠もスーツ着て立ってということがありましたが、洋服で椅子に腰かけてやる人は一人もいなかったんです。僕は演劇とかダンスをやって来たので抵抗がないんです。

藤井青銅さんが「同時代落語」という名前を付けてくれたんです。古典落語も最初は同時代だった、という発想なんですよ。お客さんもこちらも着物を着てともに正座をしていた江戸時代には江戸時代の長屋の話をしているわけで、安土桃山時代の話じゃないんですよ（笑）。現代は、ともに洋服を着て椅子に腰かけ、同じ生活の話というスタイルが奇をてらわず自然なんじゃないか。はじめ僕がスーツを着てたんで朝日新聞の記者が「スーツ落語」ってつけちゃったんですよ（笑）。おかしいじゃないですか、「着物落語」とは言わないし。

まあ、新しいことには疑問があるので、きょう、なぜその洋服でやったんですかって質問が来るんですよ。さらっと言われてるけど否定を感じるんですよ（笑）。野球の話の時にはユニフォームをお医者さんの場合には白衣を着て来ないのかという意味ですよね。じゃあなぜ、着物の時には質問が来ないんですか、落語の登場人物と同じ格好してないですよって逆に聞くんです。そこではじめて僕の言いたいことがわかりますね。新作をやるにしても説明はしないんです。大事なのは話の中身を想像することであると。小三治師匠がテレビの「プロフェッショナル」で面白いこと言ったんです。黒紋付きを着るのは、自分が消えてそこに人物が浮かび上がるからだって。

僕は二足の草鞋を履こうと思っています。新作の時は洋服を着る、古典落語の時は着物に座布団。様式美だと思うんですね。

――「同時代落語」にはどのような展望をお持ちですか。

花緑　「同時代落語」が未来につながる理由は二つあります。ひとつは年取って来るとみんな膝が痛いんです。椅子に座る市民権を得られたら、どれほど落語家が楽になるか。落語家の方に抵抗があって、我慢して正座してるんですが。お客様が慣れて下されば、古典落語だって着物に椅子で出来る。祖父は亡くなる半年前に実はそうしてました。マネージャーが気を利かせてテーブルみたいな長い釈台作って膝隠しにして。

もうひとつの理由は、落語がグローバル化するんじゃないかと思います。着物に座布団では海外の人が手が出せない。洋服に椅子であればひとつの演劇形態になるんじゃないかと思ったんです。その昔、エディー・マーフィーが映画の中で四役やってましたが、あれは僕に言わせると落語なんです。落語には上《かみ》下《しも》の約束事があって、顔を上手《かみて》（右）と下手《しもて》（左）に向けて登場人物の身分や位置関係を表現します。これを守れば世界中の人が落語のスタイルで表現が出来るかもしれない。

桂枝雀師匠の始めた「英語落語」というのがありますが、僕の場合はそうではなくて、その国の人がその国のボキャブラリーで落語の手法だけ習ってむこうでやっていたら、面白いんじゃないかと思っています。文化はことばが出来たってなかなか難しいじゃないですか、そこに住んでいなければ。その文化のユーモアもありますよね。そういうので、ストーリーやら日常にあるものを落語的解釈で世界中の人が語れるのは、洋服と椅子のスタイルじゃないかと思ってるんです。はじめて地球レベルになるのでは、と思っています。

弟子師匠という徒弟制度はあったほうがいいと思うんですよ。教わっていくところにわざが受け継がれていく。師匠を通して新しいものを弟子が作っていくのはご法度ではない、小さんから談志という弟子が生まれたわけですから。落語の未来は、弟子師匠の関係は変わらずに、落語のスタイルが変化をしていくというところにあると思います。

（二〇一七年一二月）

個人と家——西洋・日本・アメリカ

安井　信子

はじめに

個人主義、個人の自由という考え方は、現在当然の前提とされている。しかし第二次世界大戦までは、日本には周知のごとく強固な「家」制度があった。この家と呼ばれる、家父長を頭とする生活共同体の存続は、何にもまして重要であり、従って家は個人に優先した。家は永続すべきものとされ、その目的のために個々のメンバーを護りかつ束縛した。このように家が個人を強く規制する社会には、個人という観念は生じない。だから近代日本文学において「個」の自覚、目覚めが起こったとき、それは例外なく「家」との闘いという形を取った。高村光太郎の『暗愚小伝』にその好例を見ることができる。パリで自我の覚醒を体験した彼は、帰国して「私は一個の人間として生きようとする。……この国ではそれは反逆に外ならない」と書き、反逆者として「日本の事物国柄一切」を否定せざるをえなかった。

ところが太平洋戦争が勃発するやいなや、彼は突如国のために戦争協力を決意する。「遠い昔が今となった。……父が母がそこに居た。少年の日の家の雲霧が部屋一ぱいに立ちこめた。私の耳は祖先の声でみたされ……」、「本能のやうにその力は強かった。」この決断は彼の思想や主義によるものではない。その中で生まれ育った「家」の雲霧、祖先の声、つまり自己の思考や論理的判断以前のもの、「本能のやう」な力に圧倒されたのだ。日本の家では、その情緒的融合感の中で、初めから自己の「個」と「家」との境界が曖昧のまま人間形成がなされる。そのため「個」は不意を打たれたときや危機に直面したとき、主体的に決断するよりも、子が思わず母にしがみつくように「家」に回帰する。①

「しかしそれは昔の話で、今は個人尊重の時代だ」と大抵の人は思うかもしれない。だが日本の「家」は本当に過去のものになったのだろうか。例えば平成二十八年十月十九日の『朝日新聞』には、海外の映画祭で、「そして父になる」や「淵に立つ」など、日本の家族の物語を描く作品が高い評価を受けていることが報じられている。後者を手掛けた深田監督は、欧州の記者から「日本映画に家族の話が多いのはなぜか」と聞かれてハッとする。氏は「欧州では家族である前にまずカップルの話になると言うんです。確かに日本では、どんな大恋愛で結婚しても、夫は父親、妻は母親という役割に収まろうとする。良くも悪くも今も家族という制度に縛られている」と言い、さらに「日本で個人を描こうとすると、土壌として存在する家族を取り上げざるを得ない」と述べている。ここでいうカップルとは「個」と「個」のペアであり、一方、日本の家族つまり「家」は、個の集合ではなく「土壌」、いわば個の根底にある「場」である。

このように、「個」を基本的単位とする個人主義が行き渡っている西洋に比べると、日本では個人といってもどこか「家」の影を帯びている。では西洋の個人と日本の個人はどう違うのか。そもそも「個人」とは何なのか。家は住む人の生活と在り方を表すものであるから、家を考察することは同時に個人の在り方を探究することでもある。まず西洋の家と日本の家を比較し、次にさらに個人主義が強化されたアメリカの家を、その文学の中で見て行こう。

一、西洋と日本の家

西洋の家と日本の家の家屋構造の違いは、多くの人によって指摘されている。最近日本でも和式建築は減り、洋風一戸建てやマンションが多くなって、居住区はかなり西洋風の外見を呈してきた。しかし家の中での暮らし方、つまり実質的な生活空間は、やはり日本式住居のままである。日本と西洋では、家屋の構造と機能が依然として基本的に異なっている。西洋では、一つの家の中に各個人にそれぞれの部屋（個室）があり、それが個人にとって住居の中で最も重要な部分となっている。木村敏の言葉を借りれば、それは「個人に存在の根拠を与える場所」である。[②] 個室は鍵のかかるドアで密閉でき、それぞれの個室が独立した私的空間となっており、人は自分の個室で最も自由に行動し、無防備にくつろぐことができる。他の家族成員とは居間・食堂など共通のスペースで接触する。西洋の家では、家の中といえども「それぞれの個室の戸口に至るまでの通路（廊下）は、いわば屋外の道路の延長」として公共性を有する。だから公的な外部に対する私的な個室の防御は強い。

これに対して日本では、家を個室の集まりとしてではなく一つのまとまりとして考える。西洋では家の大きさを「個室（ベッドルームと呼ばれる）がいくつあるか」で表し、日本では家全体が「何坪か」で表現する。私的空間と公的空間を区別するのは個室のドアではなく、家の玄関である。玄関で靴を脱ぐ習慣は、そこで明白に内と外が区切られることを物語る。したがって家全体の防御は堅く、外に対して開放的ではない。家の中の部屋は個々の家族成員によってではなく、台所、居間、座敷、納戸など生活の機能によって分けられる。個室に類した部屋は、初めは主人の書斎とか子供部屋という形で日本に取り入れられて、今ではいわゆる個室のある家が多い。だが日本では個室のドアに鍵をかけないのが普通である。だからドア、襖、障子などで部屋が仕切られ閉ざされていても、それは成員同士の暗黙の了解の上に成り立つ閉鎖にすぎない。次の図1は、中根千枝がイギリスと日本の「社会における実体としての家を単純化し」、象徴的に表したものである。③

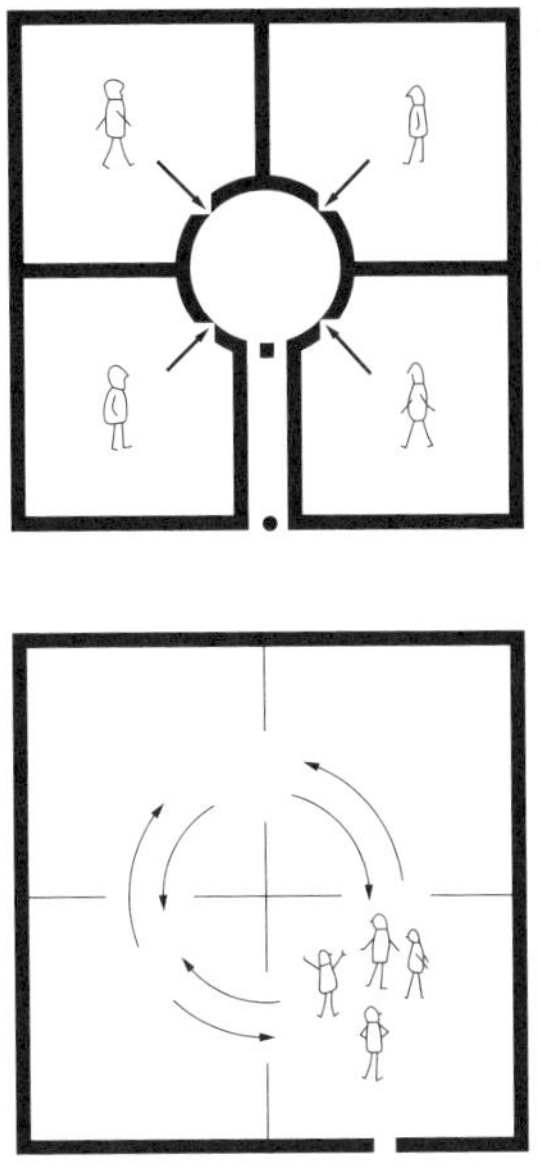

図1

西洋の家においては個室が一単位であり、日本では家が一単位となっていることが見て取れる。中根が言うように、「家族の住居における行動様式の違いは、個人のパーソナリティの形成、ならびに人間関係のあり方に大きな影響を及ぼす」ので、西洋では個人の権利を尊重し、個人が強く自己主張できる個人主義が発達する。一方、個人の砦がない日本の家では、家という囲いの中で他の成員といかにして順応し合うか、或いは庇護し庇護されるかという、協調、察し、馴れ合いの関係が発達する。また西洋式では、家の中に常に個室以外の共通の場（外から人を迎え入れる公共性を帯びたスペース）があり、そこを通して外に通じている。しかし日本式では、囲いの中は原則として私的スペースであるから、客を迎えるには座敷や応接室など特別の公共的空間を備えたり、一部屋を片付けて臨時の接客室を用意したりする。したがって、西洋では外部の人との交流に慣れた社交的な人間が形成されやすく、日本では外部の人に対して心理的敷居が高くなる。このように西洋と日本では、「家」の構造と同じく「個」の構造も大きく異なっているのである。

では次に、西洋の中でもとりわけ「個」が強いとされるアメリカの家に目を向けてみよう。

二、ソロー（Thoreau）の家

アメリカの個人主義が際立っていると言われるのは、この国の成立事情によるところが大きい。一六二〇年にイギリスからプリマスに入植したピルグリム・ファーザーズ（信仰の自由を求めて移住した人々）を初めとして、WASP（白人・アングロサクソン・プロテスタント）を中心に、アメリカは未開の荒野に築かれ拡大していった。大抵国というものは、そこに住む人間と自然とが長い歴史を通して相互に働きかけながら発達、形成されていく。しかしこの国では、白人の手が触れたことのない全くの原生自然、無辺の荒野と森に、突然西洋文明を携えた人間が聖書（神・ロゴス）による建国を始めたのである。最初の冬に百余人の入植者のうち半分が命を落としたほどの苛酷な環境では、まず集団が生き延びることが先決で、個々人の自由など問題外だった。共同体の拘束は厳格極まりなく、神の掟とされたピューリタンのルールに背くものは厳罰、追放、死刑によって排斥された。しかし十九世紀になると、社会が発展し国力が増すにつれ、人々は新しい可能性を求めて怒涛のように広大な西部に進んで行く。建国期にこうした国土全体を巻き込む西進運動が続いたということは、アメリカ人の精神に深い影響を残さずにはおかなかった。西部の圧倒的な大自然は、「世界は無限の可能性を持つ」、「人間はそれを追求できる」という世界観をもたらし、「無限性をもつ個人」（エマソン）というイメージを普及させた。

個人の無限性を徹底して実践、追究したのはH・D・ソローである。彼はのちに著書『ウォルデン』と彼が建てた家で世に知られることになった。④一八四五年二十七歳の時、彼はコンコードの近く、ウォルデンの森の中に独力で木造の小さな家を建て、二年ほど一人で暮らした。彼がそうしたのは、家、農地、家畜、労役に忙殺されて「自らの道具の道具となってしまった」世間の人々の奴隷状態を拒否し、「生活の本質的な事実だけに向き合って」生きようとしたからだ。「生きるとはそれほどに貴いことだ」った。彼はその実験として、余分なものはすべて除去し、簡素そのものの家を建てた。それは十フィート×十五フィート（約四坪）のワンルームで、家具は小さいベッド、ごく小さい机とテーブル、三脚の椅子だけ。必要最小限をそのまま家屋化したといった家だった。周りの自然に親しみ、植物や小動物をも仲間とした彼は、「庭などない。囲いのない『自然』がこちらの敷居まで続いている。窓のすぐそばで若い木々が成長する」と書く。その暮らしを見れば、彼は小屋のみならず自然界をそのまま住処としていた感がある。彼の家はいわば自己と自然でできているといってよい。そこで執筆を続け、畑で豆を育て、一年に六週間働けば食べていけることを実証したと彼は述べている。

とはいえ彼は別に世捨て人とか隠遁者だったわけではない。コンコードの生家の家族には濃やかな愛情を抱いていたし、技術を改良して父の鉛筆製造業の仕事を助けたり、父亡きあとは仕事を引き継いだり、家族の一員として立派に役を果たしている。社会的政治的関心も高く、奴隷制等の不正には決然として抗議した。コンコードの村に深い愛着を持っていて、彼の人生はその共同体の中にしっかりと根付いていた。だからこそ実験のために、過激なまでにきっぱりと単身森に出向いて一人で暮らす必要があったのだ。人間は無意識に馴染んだ周りのものを判断の基準としてしまう。「僕らは迷ってからでないと、つまり世界を失ってからでないと、自分自身が見えてこないし、自分の居場所も、自分と関わる世界の無限の広がりも皆目わからない。」こうして彼は人里離れた森の中で、共同体の因襲や社会の固定観念に侵犯されることなく自己の拠点を探究した。それはまさしく究極的な「個人の家」といえる。筆者がウォルデンを訪れたとき、原寸大の模造の彼の家に入ってみると、それは思いの外小さく、家というより庵であり、女子供を容れる住まいではなかった。野田研一も、それはどこまでも「一人で生きる家」であり、「この徹底した個人主義は、共感するにせよしないにせよ読者をたじろがせる」と述べている。[5] これは文明を備えた共同体と野性的な自然とが共存する中で、人間の可能性を極限まで追求しようとした十九世紀アメリカでなければありえない家だった。しかしソローのいう「個人」は、単なる個我を超え、偏狭な人間中心主義を抜けた、大自然の巨視的な生命観に結びついていたので、彼は現代のエコロジーの思想に大きな影響を与えたのである。

三、大草原の小さな家

次に、実際に西部を開拓した人々の家を見ておかねばならない。植民地社会が飽和状態に達して人々が不満を抱くようになると、新しい自由の土地への希望が高まり、西へ西へと未曽有の大移住が始まった。領土の拡大、金鉱発見、欧州からの移民の波も弾みをつけ、その勢いは止まることを知らず、十九世紀を通じて大規模な西への移住は続いた。本やテレビでよく知られている『大草原の小さな家』シリーズはその典型的な一例である。[6] 著者ローラ・インガルス・ワイルダーは一八六七年に生まれ、まさにフロンティア開拓時代の真っただ中に育ち、六十五歳のとき子供時代を回想して「小さな家」の連作を書き始めた。ローラの家族は数回も移動し、その都度新たな家に住んだ。まず彼女が生まれた「森の中の小さな家」は、父、母、ローラ、妹の四人家族で、「周りには大きな森の大木が立ち並び……北に向かって一か月歩き続けても家もなければ道もなく……家の東側と西側にも何キロも何キロも森が続き、遠く離れた森の縁に小さな丸太の家がぽつんと建っているだけ」という環境にあった。家は簡素な二階建てで、階下には大きな部屋と小さな寝室があり、二階は屋根裏部屋となっていて、食糧の一部を収納し、子供たちの遊び場だった。子供にとってその家は「暖かくてこざっぱりとして居心地が良かった。」町はそこから日の出前に出て大急ぎで歩いて日暮れに帰れる距離にあった。遠くにいる親戚や隣人と助け合うこともあるが、基本はみな自給自足で、食糧も日用品もすべて自家製であり、その労働量は想像を超えるものだった。

やがてそこにも移住して来る人が増え、「たくさん人が近くに住み、混み合っている」気がしてくると、父親は「野生の生き物たちがびくびくしないで住めるような」土地を求めて移住する。しかしそれは容易なことではなかった。直線距離で九百キロの幌馬車の長旅、危険な河を渡り、父親はほぼ独力で丸太を切って「大草原の小さな家」を建て、命がけで井戸を掘る。次に移った「プラム川の土手」の家は、何と河岸に掘った穴の住家で、さすがに母親は落胆した。彼らの困難はまだまだ続く。危険な熊や狼の群れに遭遇し、苦労して育てた農場をイナゴに襲われる。マラリアにやられて一家全滅になるところを危うく助かり、恐ろしいインディアンと出会い、草原の火事では危機一髪で助かった。生き延びたのは余程運がよかったと思われるような、苛酷な出来事が次々に生じるが、彼らは実にタフである。そしてそこも人口が増えて開けてくると、一家はさらに広々とした空や風、果てしない大地に惹かれて西部に向かう。

大自然の中の小さな家で、四人家族で助け合って伸び伸びと暮らす、仲のよい開拓者一家の物語は、アメリカ人の国民的夢や神話の一部となり、世界中の子供ばかりか大人も魅了した。フロンティアの生活では一家全員が食糧獲得や生産作業に携わる。家族成員それぞれになすべき仕事があり、すべては手作りで、直に自然と関わりながら、厳しいながらも実に楽しい生き生きとした暮らしをしている。これが作品の魅力の大きな要素となっていることは間違いない。しかし作者が六十五歳を過ぎて子供時代の思い出を書いたものであるから、当然過去は美化され純化され、描かれているのは開拓者家族の現実というより理想像である。うるわしい夫婦愛や羨ましいほどの親子の愛情は、子供から見た家族の記憶なのだ。それでも確かに作品からは、父と母の間に微妙な不一致があることがうかがえる。父は未開の自然に新しい可能性を見る開拓者型の人間で、一方母はある程度の文明の恩恵を望む定住型の人間である。仲睦まじい夫婦であるが、母は相当の忍耐をもって父に譲歩している。事実、強者のみ生存可能な辺境では、父がいなければ家族は生き延びることができない。したがって理想的な親和家族といっても、強い父が優しい母と子供たちを護り主導するという基本構造をもち、決定権が父にあること、つまり家族の中で確固とした「個人」は父だということは明らかである。

四、女性開拓者と家

アメリカ文学において、西部、辺境、荒野で活躍するのは専ら男性である。開拓時代、男性は荒野に赴くことを自由とみなし、女性は不自由とみなすのが常だった。開拓という荒仕事では、身体的に強い男性が有利であることは言うまでもない。その上女性は出産の選択も許されず、育児と家事の負担は大きく、辺境では必要な共同体の助力も得にくい。どうしても家に縛られ、遠くに行くことも危険な荒野は、女性にとっては厭うべき所だった。野生生物生態学者アン・ラバスティィールによれば、十九世紀半ばを過ぎても「自分自身の選択と欲求によって野性の地に踏み込み、家庭を築いた女性はごく少なく」、ほとんどは妻としてあるいは娘として、辺境に生きることを強いられた。しかしその状況を自己決定によって選び取り、自らパイオニアとなり、自分の家を築いた女性を描いた作品もいくつかある。

女性が自ら農場主として荒野を拓く、最初の作品を描いたウィラ・キャザー（Willa Cather）は、一八七三年、アメリカでは最も伝統的とされるヴァージニアの古い村に生まれ、九歳の時ネブラスカの辺境に移住した。その急激な変化と広大な自然が与えた影響は、彼女の心から生涯消えることはなかった。辺りには欧州からの移民も多く、彼女は隣人たちの様々な異国文化に魅了される。しかし開拓生活は移民たちには厳しく、彼らの多くは芝土の家や壕に住んだ。その中でキャザーの家は唯一しっくい塗りの地下室まで備えた木造の家であり、荒野においてはそのまま文明の象徴であったという。しかし彼女自身は開拓に関わったのではなかった。二年後近辺の田舎町（スモール・タウン）に移ると、彼女はそこの因襲的、偏狭な考え方に激しく反撥し、大学卒業後都会に移って作家となった。そのとき初めて自分が持つ貴重な素材がフロンティアだと気付き、その自然と人々の魅力を書き始めたのである。

『おお開拓者たちよ！』（一九一三年）の主人公アレグザンドラの一家は、スウェーデンから移住し、父母と彼女と弟三人の六人家族で丸太小屋に住んでいる。⑦父親は開拓の労苦で病み、小さな農場を残して後のことを長女のアレグザンドラに託し、四十六歳の若さで世を去る。三年後その一帯は旱魃による連続の不作に襲われ、多くの開拓者たちは農場を捨てて他所に移っていった。アレグザンドラは弟たちを説得し、大胆にも自分の土地を抵当にして、去って行った人々の土地を次々に購入する。彼女はこの土地が素晴らしい可能性を秘めていることを直感し、土地の本質を見抜いて十年先まで見通していた。新しい農耕技術を積極的に取り入れた結果、荒れ地は十六年後には豊かな大農場に変貌した。かつての野性の大平原は、今では四角い耕地に区切られ、整然とした田園風景となっている。彼女は立派な家を建てたが、それはどこか未完成という印象を与え、人々は、「彼女の住家はむしろ彼女が愛する大地だ」と感じるのだった。

四十近くになった独身のアレグザンドラは、農業経営に打ち込み充実した生活を送っていたが、末の弟エミールと隣人の人妻マリーが恋に陥っていることに気付かなかった。ある日二人がマリーの夫に射殺されるという悲劇が起こり、彼女は愛する二人を失って悲嘆にくれる。その時新聞で事件を知ってアラスカから駆け付けたのは、幼馴染のカールだった。二人は結婚に同意するが、そこにはエミールとマリーのような劇的な恋の情熱はなく、「友達同士」の「安全な」結婚である。彼女はカールに「人間は来てはまた去っていく。でも大地はいつも変わらない。土地を愛し理解する者だけが土地の所有者になる——ほんの僅かの間だけど」と語る。西洋の物語では大抵めでたくカップルができて終わるのだが、このエンディングはどうもおさまりが悪い。大地の女神のように力強いアレグザンドラと柔和なカールとでは、カップルとして釣り合わず、明らかに彼女が主導者でありカールはサポートする立場にいる。彼女の家の実質的な主がやはりアレグザンドラであることは、疑問の余地がない。

それから四年後、『私のアントニア』（一九一七年）では実り豊かな家を築く女性が描かれた。⑧これはキャザーの分身とも見られる語り手ジムが、幼馴染のアントニアを語るという設定になっている。アントニアの父親はボヘミアから移住してきたが、開拓の苦境に耐えきれず、厳寒の最中に猟銃で自殺する。利発で美しい少女アントニアは、一家の重荷を分担して働くが、汽車の車掌をする男と婚約して間もなく捨てられ、私生児を生む。しかし彼女は不運に挫けず、自分が馴染んだこの土地で暮らし、わが子が幸せになるように育てようと決意する。都会で暮らすようになったジムは、その後彼女が同じボヘミア移民のクーザックと結婚し、子沢山で貧乏な生活をしていると聞く。二十年後、老いた敗残の彼女を見ることを恐れながらジムが訪ねて行ってみると、彼女は年を取ってやつれてはいたけれど、その目は生気に溢れ、彼女本来の個性は輝いている。可愛い十一人の子供と穏和な夫の暮らす彼女の家には、豊かな人間関係がある。農場には丹精込めて作った果樹園もあり、畑の重労働の後に「一本一本植えて、水を運んでやった」、「わが子のように思える」果樹がたわわに実をつける。これはキャザーの作品の家の中で、最も肯定的な幸福な家である。

ところが完璧に見えるこの家にも実は問題が潜んでいた。アントニアの夫はもともと町の人間で、劇場や音楽や街路の騒めきが好きである。彼のシティ風の気質のためにアントニアの家には、通常の農家にはない文化的な垢抜けた雰囲気が漂う。だが彼はジムに、「この土地にいてときどきおっそろしくいやになって、やめたくなるときがあるけど、かみさんがいつも頑張りぬく方がいいっていうんで……かみさんのいうことが正しかったと思う」と話すのだ。それを聞いてジムは「クーザックはアントニアの特別の使命の道具にされたように僕には思われた。確かに素敵な生活だけど……一人にとってぴったりの生活がいったい二人にとってぴったりなのだろうか……」と疑問に思う。クーザックは人々をちらりと横目で見る癖があるが、「ちょうどくびきに繋がれた馬が横目で相棒を見るように」妻を見ながら補佐役を勤めているのだ。ここにもアレグザンドラとカールのカップルに見られるのと同じ関係がある。

これは一つには当時、土地の法的所有権も種々の決定権も男性にしか認められなかったという事情が関係している。男性の場合は成功と家族の両方を持てるが、女性はたとえ独力で成功しても、家族を持てば主導権は必然的に男性に移る。女性が自主的に開拓の道を進もうとすれば、独身でいるか、妻の自主性を認める例外的な夫を持つしかなかった。しかしリーダーが男女のいずれだとしても、『大草原の小さな家』、『おお開拓者たちよ！』、『私のアントニア』、その他の開拓物語を見ると、パイオニアの作る家庭では、通常男と女が対等、平等に生きるのではなくて、どちらか一人が主導者になるというパターンがあるように思われる。例えばキャザーは時代も下った一九二五年、その名もずばり『教授の家』という円熟した作品を発表した。⑨ それはフロンティアもとっくに消失した物質主義の台頭する時代であり、主人公ゴッドフリー・セント・ピーターは無論開拓者ではなく、スペイン史の権威とされる大学教授である。彼の長年の研究成果がオクスフォード賞を受賞し、彼は妻の希望通りにその賞金で立派な家を建てた。その新築の家をキャザーは「アメリカ的資産、衣服、毛皮、つまらない野心、嫉妬がぎっしり詰め込まれて息がつまるような家」に描き、一方教授の思い出の中で、対照的に清々しい自然児トム・アウトランドという学生の物語を挿入した。トムもセント・ピーターもいわゆる開拓者ではないが、間違いなく研究、探求という面で意気投合できる精神的パイオニアである。しかし時代と共に功利的、物質主義的になった妻や娘たちとは理解も共感もできない。彼らの好む俗悪な新しい家には教授の居場所はない。アントニアのように幸福な家庭であろうと、教授のように不幸な家庭であろうと、それぞれの道を行く二人のパイオニアが友情を結ぶことはできても、一つの家に二人のパイオニアが家族となることはできない。それがアメリカのパイオニアの定理のようである。

五、ハックルベリー・フィン（Huckleberry Finn）と筏の家

アメリカ文学といえば、マーク・トウェイン（Mark Twain）の『ハックルベリー・フィンの冒険』（一八八五年）を見過ごすことはできない。[⑩] トウェインは一八三五年に生まれ、開拓地を題材として世界的な名声を得、アメリカ国民文学の父とさえ言われている。彼のこの代表作は『大草原の小さな家』と同様、今も世界中で読み続けられているが、これは「小さな家」とは対照的に家のない孤児の物語である。十九世紀は英米文学において子供が主人公の物語が急増した時代であるが、イギリスに比べアメリカには孤児の物語が圧倒的に多い。孤児でないとしても、親が一人であったり保護者としての資格がない親であったり、子供が安心できる家庭がないのが常である。『オズの魔法使

い』、『類人猿ターザン』、『秘密の花園』などの古典的な児童文学もしかり。様々なパターンの中で、アメリカ文学がなぜこれほど孤児を主人公とするのかは、しばしば問われてきた。アメリカ人のアイデンティティが子供の発達、成長と深くかかわることを指摘する論者は多い。祖国イギリスから離れて新大陸に入植したアメリカ人は、いわば親の庇護を失った孤児であり、苦難を乗り越えイギリスに独立宣言をして青年となり、旧世界の因襲を捨てて理想的な国を作っていく――確かにこういうセルフ・イメージは孤児物語にぴたりと適合する。

さて、ハック少年にはまともな家がない。母はなく、父親は行方不明という浮浪児で、お説教、勉強、きちんとした家が大の苦手で、ミシシッピー川に逃げ出して森や島や筏で自由気ままに暮らすのが好きな腕白小僧である。厳格な躾を強要する抑圧的なダグラス未亡人も、戻って来た暴力的な父親も、頼れる保護者ではなくて逃げ出すべき牢獄であり、彼は何度も川に逃亡する。ここでは大河ミシシッピーがフロンティアとして重要な役を果たしている。ハックと逃亡奴隷の黒人ジムは「結局筏よりいい家はない。ほかのところは窮屈で息が詰まりそうだが……筏の上はとても自由で気楽でのんびりする」と話し合う。ハックは大人の悪、社会の醜さ、数々の死、自然の暴力に遭遇したあげく、最後にめでたく人々に迎え入れられる。だが彼は、「おらはみんなより先にインディアン地区に向かって飛び出さなけりゃならねえみたいだ。サリーおばさんはおらを養子にして教育しようと思っているらしいけど、それはしんぼうできねえからな」と言って、再び逃げ出そうとするところで物語は終わっている。同じ孤児といっても、イギリス文学の『オリヴァー・トゥイスト』の主人公は、逆境の苦難を経た後で裕福な家、つまり社会共同体の中の幸福な場所に収まる。しかし筏だけを「家」と感じるハックは、社会の枠内に帰属することなく、規律に縛られた家の生活から逃げ続ける。

社会の窮屈な慣習を嫌って自由の領域に憧れる、或いは彼方を思う、彼方の地へ移動するという傾向は、ハック少年に見られるだけではない。「小さな家」のローラの父も荒野が好きで、居住地が人で混み合ってくるとそこから移動するし、ローラ自身も「落ち着いてしまうのは嫌だった。先へ先へ、どこでもいいから道の果てまで行ってみたかった」と述べている。成功した開拓者アレグザンドラも、自分の大農場を愛しながらも同時に昔の荒野、永遠を思わせた野性の地に惹かれ、弟エミールには土地に縛られない自由を与えたいと願う。一世紀にわたって続いた西部開拓時代の強烈な体験は、北米大陸の広大な荒野、自由の地への憧れと、身軽に移住する高いモビリティをアメリカ人の心に植え付け、当然その家の在り方にも影響を与えた。フロンティアが事実上十九世紀末に消滅した後も、それは様々に形を変えて現在も存続している。

六、家なき男たち

第一次世界大戦後の「失われた世代」の代表的な作家といわれるヘミングウェイ（Hemingway）は、すべての現代アメリカ文学は『ハックルベリー・フィンの冒険』に由来しており、それは「我々が持った最高の本」だと書いている。彼の作品も明らかに、自由を求めて移動するハックたちの系列に連なる。ヘミングウェイは極めてアメリカ的な作家とされているが、意外にも作品の舞台は殆ど外国で、自分の生家や故郷は全く描かれておらず、どの作品にも「わが家」のイメージは薄い。ハックと同様に、苦難と暴力に満ちた世界から逃げ続ける彼の主人公たちには「家」がないのだ。例えば最初の短編集『われらの時代に』には十五の短編があるが、そこに描かれているのは失恋、うまくいかない夫婦、家に帰りたくない青年など、居心地の悪い家の言及ばかりであって、安心できるわが家は一軒もない。[11] ベストセラーになった『武器よさらば』では、主人公は恋人とともにイタリア駐在の軍隊から脱走し、スイスの山荘を借りて二人きりで暮らす。[12] 二人にとって「素敵な家」のはずなのに、その幸せな生活のただ中に、外界と切り離されたどうしようもない虚ろさが漂っている。やがて恋人は出産で死亡、赤ん坊も死産、主人公一人が取り残されるという、救いのない結末を迎える。

傑作『キリマンジャロの雪』の主人公は作家で、アフリカでサファリを楽しんでいたが、不注意な怪我から壊疽を起こし、今死に瀕している。[13] 彼は自分の才能を売って「安全、快適、いい女と引き換えにした」自分の人生を痛切に悔いる。金持ちの妻が提供した豪華な家と生活は、彼にとって虚飾であり実は無意味であった事実を、今否応なく突きつけられる。真の意味での「わが家」は、彼の人生にはなかったのだ。死んでいく彼が見た最後の幻想は、「大きく、高く、陽光に輝く信じがたいほどに白い」キリマンジャロだった。作品の冒頭に、その山頂はマサイ語では「神の家」と呼ばれていると説明がある。彼は魂の奥底で、安逸の「家」ではなく、不朽の名作を書いて不滅の「家」に至ることを求めていたのではないか。さらに、映画化もされた大作、『誰がために鐘はなる』の舞台はスペイン内乱の戦場。激烈な戦闘と恋の三日間を描くこの作品には、完全に「家」が欠落している。

ヘミングウェイはその生涯であちこちに住んだが、彼が愛したハバナに今も残る立派な白い家は、世界から訪ねて来る人々の観光スポットになっている。彼の死後出版された『海流の中の島々』の冒頭には、その家を思わせるような「わが家」が描かれる。[14]「船のように堅牢に建てられ」、冬は暖かく風通しがよく、快適で幸福な家。動き回るのをやめ身を落ち着けて、自分の家を持つ主人公ハドソンがここに初めて登場する。ところが彼は画家として仕事に励みながら、そこにたった一人で暮らしている。二度の離婚の結果、三人の息子たちはそれぞれの母親と住み、休暇にここを訪れるだけ。ほんの束の間のその時の幸福感と対照的に、子供が去った後の寂寥感は長く深い。だからこそハドソンは厳しく仕事に打ち込み、「自己防御のために築き上げた殻（carapace）」を保持する。「わが家」といっても家族のいない、殻や甲羅である彼の家は、一個体の住処であり、孤独な男の「個人の家」であった。

『老人と海』は、ヘミングウェイのノーベル賞受賞のきっかけとなった晩年の傑作とされている⑮。老いてはいるが優れた漁師である老人は、大分前に妻に先立たれ、質素な小屋に一人で暮らしている。ベッド、テーブル、椅子が一つずつ、それに炊事の場所があるのみという最小限の住まいは、ソローの森の家を思わせる。三ケ月も不漁が続いた後、彼は一人で遠く沖に出て行き、巨大なマカジキと勇敢に戦ってついに仕留めるが、帰りにサメに襲われ獲物は食い尽くされてしまう。このように、洋上の奮戦と勝利を彼は決して家に持ち帰ることができない。彼にとって「海」こそ男の誇りと生き甲斐の場であり、「家」は単に休息して海に行くために身を置く場所であって、両者は対極的な関係にある。骨だけになった大魚を船と共に波止場に残し、「何のせいでもない、わしが遠出し過ぎただけだ」と毅然とした姿勢を失わず、小屋に戻ると彼は眠りに落ちる。作品は「老人はライオンの夢を見ていた」という文で結ばれており、「挫けない強い個人」を思わせる。しかしこの作品には、彼を慕う少年や親切な町の人々がいて、老人の周りには温かい情のようなものが感じられる。思わぬ遠出となって帰りが遅れたとき、老人が「みんな心配しているだろう、わしはいい町に住んでいる」とつぶやくほどの、さりげない思いやりが周りにある。それが彼の粗末な家を寒々しいものにしていない。

ヘミングウェイは自らのサファリ体験を描いた『アフリカの緑の丘』で、「私たちはまだアフリカを去っていなかったが、夜目が覚めた時など……すでにアフリカにホームシックな感情を懐いたものだ」、「今アフリカにいて、私はさらにアフリカを渇望した」と書いている。なぜアフリカにいながらアフリカにホームシックになるのか。それはいかに「くつろげる（at home）」としてもそこはいずれ去る所で、「わが家」ではなかったからだ。また、『老人と海』出版の一、二年後、久々に海上に出たとき、彼は「海だけが最後の自由な場所だね。アフリカだってもうじきおしまいだから」と語ったという。闘う男、挫けない男にフォーカスした彼の心は、老いや定住の中に落ち着くことなく、常に「自由な場所」にホームシックであり続けた。

それからほぼ一世代後のＪ・Ｄ・サリンジャー（J. D. Salinger）は、ヘミングウェイの「ハードボイルド」スタイルに対抗して、短編「やさしい（ソフトボイルド）軍曹」を書き、あの有名な『ライ麦畑でつかまえて』（一九五一年）の中で『武器よさらば』をインチキと一蹴し、徹底的にヘミングウェイを嫌った。⑯にもかかわらず、彼が「自由への逃走」というアメリカの神話をしっかりと受け継いでいるのは一目瞭然である。作品の主人公ホールデンは十六歳の少年で、三度目の名門校を退学になり、ニューヨークをさまよい、西部への空想的逃亡を企てるが、雨に濡れ肺炎になって、療養所でそれまでのことを手記に書くという筋書きである。この一見落ちこぼれの少年は、自分の弱さ、へま、虚言癖を正直に認める。だが感受性の鋭い彼の精神内部には、無垢の心の美しさという揺るがぬ価値体系があって、それが社会に対する痛烈な批判を可能にしている。名門校に何度も行けるのだから家は裕福なのだが、彼の家族の中で彼が愛着を覚えるのは、利発で愛らしい妹と天才的だった亡き弟だけであり、退学になっても父母と兄には知らせない。彼にとって妹と弟は美しい理想世界を表し、父母と兄は圧迫する現実世界に属していて、両者は隔絶したままである。未熟な子供が大人の現実社会へと成熟していくべき容器となる家庭がないため、ホールデンは一人で現実に直面し、傷つけられると美化された無垢の世界である妹や弟を思い出して自分を立て直す。だが彼を支えるものは結局そのずば抜けた感受性だけであって、現実世界に入って行く手立てのない彼はいるべき所を失い、家でもなく現実社会でもない療養所に身を置くことになる。開拓時代に比べれば、彼の動きはいかにも弱く脆く野性味に欠けるが、それでも自由を求めて動き続けるという特徴は変わっていない。

七、メイ・サートン（May Sarton）の家と庭

一九九六年に日本に紹介された『夢見つつ深く植えよ』（一九六八年）で、日本でも多くの愛読者を得たメイ・サートンの家について語っておかねばならない。[17]彼女は一九一二年にベルギーで生まれ、四歳の時にアメリカに渡った。ベルギー人の父は高名な科学史の学者、母は英国人で絵を描き家具をデザインする芸術家で、詩人・作家となったサートン自身もヨーロッパ的感性を失っていなかった。しかし詩の朗読や講演をしつつ、アメリカの方々を巡って「私のアメリカ発見の旅」を経ると、「私はこの大陸の住民になった」と書いている。それは特定の場所に所属しない、家を持たない移動の生活だったが、一人っ子の彼女は両親の家に「いつでも帰ってゆくことができた。」ところが両親の死によってその家が売られたとき、彼女は家族と共に歴史を経てきたベルギーの美しい家具を放棄することができず、その置き場所を求めて、四十六歳にして初めて自分の家を持つことに決めた。

「四十代の女には間違った家と結婚するゆとりはない」と、彼女は心配におののきながら売家を見て回る。五軒目の古い農家を訪れたとき、近くの楓の木の梢から高麗鶯の声が降って来て、彼女は「その歌に織り込まれたかのように、沈黙を聞いた。」その沈黙が彼女にその家を選ばせる。そこはニューハンプシャーのネルソンという辺鄙な村で、教会とほんの一握りの家があるだけで、周りは広々とした野性的な自然だった。十八世紀に建てられたその家は、敷地が三十六エーカー（約四万四千坪）もあり、森、小川、牧場まであったから、静かなのも当然である。しかし彼女のいう「沈黙」とは物理的な静けさだけではなく、世間や周囲からの邪魔がないこと、自分でゼロから始められることを意味した。それはつまり、詩人としての彼女が真の自分であることができる、「個人の家」の不可欠の要素で

あった。この沈黙にこそ詩神は降臨する。人生は「沈黙の中で極めて強烈に生きられる。」「そのためにこそ私は来たのだ。沈黙こそ私が求めていた糧、沈黙と田舎――木々、牧場、丘、広い空。」

彼女の「沈黙」は常に広々とした自然を伴っていた。時には森から獣の声が聞こえ、近所には熊やヘラジカも出没し、「未開の原野（wilderness）は静かな村の共同緑地に近接して」いた。無論ウィルダネスといっても、西部開拓時代の荒野のような手つかずの自然ではなく、「ボストンからほんの二時間内の所」の「人里離れた、俗化していない世界」である。それでもその自然は馴化されたヨーロッパの自然とは異なり、アメリカの土地に特有の野性味があった。古い家を改築すると彼女は庭づくりに熱中した。「ニューハンプシャー州全体を巨大な日本の石庭として、野性味、さりげなさを保存しよう」と努め、「この庭の最も喜ばしいところは周りが荒野だということ。広大な自然の中に秩序ある小世界があるということだ」と述べる。事実、ヨーロッパから訪れる友人たちが最も魅了されるのは、その土地の「野性的な自然」、「ヨーロッパ人にとっては依然としてフロンティアである荒々しい風景」であった。やがて世界中の読者から手紙が送られてきて、彼女は返事を書くのに忙殺された。こうして荒野の中の美しいタペストリーのようにわが家を作り上げた彼女は、しかしながら十五年後、広々とした海辺に近い、メイン州ヨークの家にさっさと移ってしまう。彼女にとって重要なのは一か所に所属する定住性ではなく、創作と執筆ができて本然の自己でいられる、よりよい「個人の家」だったのである。

八、荒野の家

自然に深く親しむ人々は、アメリカのみならずヨーロッパにも日本にも、世界中の文明国にもいる。彼らは身近な自然を愛で、あるいは遠隔の地に旅をする。しかしアメリカでは自然に向かう姿勢にこの国特有の際立った特徴がある。北アメリカ大陸以外には、文明国の人間があのように広大な野性的な自然に触れて生活できる所はないのだ。とはいえ現在では、アメリカの原生の自然が残っているのは2％と言われるほど、国土は荒らされ開発され、都会化も進んでいる。それでも今なお人々の心には、「どこかに救いとなる大自然がある」という半ば無意識の思いが根深く残存している。

懐かしい灰色の荒野に戻って行きたい
泡立ち流れる、あの川のほとりへ
（中略）
ああ、耳をすませば聞こえてくる
大いなる荒野の呼び声が
（中略）
さらば街よ、心安らぐ山へと俺は向かう
（ローリング・ストーンの詩）

アイオワ州出身のリチャード・プローンネク（Richard Proenneke）は、この詩の通りを実行した。一九六八年、五十一歳のとき単身アラスカ山脈のツイン・レイクスに赴くと、可能な限りその土地の材料で小屋を建て、一人きりで暮らしたのだ。彼は優れた腕を持っていたので、厳寒に耐える見事な丸太小屋を築いただけでなく、素晴らしい出来栄えの家具、棚、道具を作り、釣り、狩猟、食糧貯蔵を巧みに工夫した。そこは水上着陸ができる飛行機でなければ行けない、文字通りの辺鄙な場所だったから、必要物資や手紙は何ヶ月かに一度飛行機が運んでくれた。彼は文学者でも哲学者でもなく、技術者であり普通人だが、次のように日記に書いている。「自然の真っただ中に戻って来た……再び私は自由……単なる夢にとどめておかず、実際にやって来た。自分を試すためにここに来たのだ。私自身の中に何があるのか？自分の限界はどこにあるのか？……この無垢の自然と立派に対峙して行けるだろうか。孤独と、骨も凍り付くような寒さと、この世のものとは思えない静寂とを愛することができるだろうか？」これはまさしくソローやサートンを思い出させる言葉である。プローンネクは生活のための作業に打ち込み、野性の自然美に打たれ、「心の中まで清々しい気分に満たされ」、手作りのわが家に満足し、「何とも言えない幸福感」に満たされた。環境に溶け込みながら、食べるのに必要なものだけ狩猟し、周りの自然や動植物を先住者として尊重した。

時には彼は「ただじっと立って、いつまでも飽きずに湖や山々を見て」いると、「もし人々が教会の中で感じるのがこんな気持ちであるならば、彼らが教会に出かけていく理由がよくわかる」と感じた。オーロラの輝く天を見つめ、「自然の力にただ圧倒された。」ここは「神と自分だけがいる」場所だと感じる時もあった。「この土地に暮らしていれば……少しも年齢を取らないような気がする」と書く。ツイン・レイクスの大自然には、人間の取るに足りない小ささを、人間を超えた永遠を感じさせるものがあったのだ。この荒野の超時間性は、ソローやキャザーを惹き付けてやまないものでもあった。プローンネクは「人間は他の人間に依存して生きている。この土地で暮らしてみて、それは身にしみてよくわかった」と言い、その上でここの暮らしを選んだ。もし荒野の中で事故にあったら――と考えて彼はこう結論する。「山に棲む大型の動物たちがするように私もすればいいのだ。即ち運命を甘受すること。……死の時が来て、神の姿を目にすることが本当にできるものなら、このウィルダネスの中こそ最もふさわしい場所ではないか。」

二年後、老いた父親の世話のために彼は一度ここを去る。小屋のテーブルにはメッセージを残した。後ろ髪を引かれる思いで留守にすること、八ミリ映画と写真に風景や動物を記録したこと、解禁期のハンターが捨てていったゴミの山を地中に埋めたことを告げ、「こういったウィルダネスの中に立つ小屋は、避難の場として必要とする者がいつでも使えるようにオープンであるべき」だから開けておく、使う人は「立ち去る時に訪れたときと同じ状態にして行ってほしい」、美しい土地に敬愛の念を持ってほしい、と書いた。後に彼は再び戻ってきて、亡くなる少し前まで計三十年ほどその小屋で暮らした。雄大さ、清々しさ、微笑ましさが、読者の心に静かに伝わってくる、幸福な「荒野の家」だと言えよう。彼の最初の二年間の日記は編集されて『一人だけのウィルダネス』(一九七三年)[18]として出版された。

九、個人たちの家

ソロー、サートン、プローンネクはとりわけ顕著な例と言えるだろうが、こういう人たちが出現してくるのがアメリカである。この国にはウィルダネスに憧れる詩や歌が継続的に多い。プローンネクがネブラスカからアラスカに向かうときも、自分の車の後ろに「行く先――峰の彼方、遥かな果てへ」と書きつけると、「他の車が次々に後ろに来て一、二分間ピタリとついて走り、抜いていくとき微笑んだり、手を振ったり」して合図をしたという国柄である。遥かなる自由の地に惹かれる何かが今もアメリカ人の心情の奥底に息づいており、それは当然家や家族の在り方に現れる。中根千枝によるイギリスの家の象徴的な図を以前に引用したが(〜頁)、それに比べるとアメリカでは家族成員の個室を一つの家にまとめる外枠が弱く、個室の枠が強いといえる。個室が分離すればそのまま個人の家になりうる図式である。旧世界の圧迫から逃れ、自由と独立を求めた若い国アメリカでは、歴史を経て厚くなる家の束縛や社会の抑圧がまだ強固でなく、その上フロンティアが個人の自由に対する願望を掻き立てる時代を全国民が経験している。アメリカの平均的家族は四年に一回引っ越しをすると言われるが、彼らの家が一つの地域共同体に根を下ろすより、容易く移動する傾向があるのは、あくまでも自由を求めるためである。大都会に住もうとどこに住もうとその傾向は変わらない。

このようにfreedom（自由）、self-esteem（自尊心）という言葉が高く評価されるアメリカでは、他者に依存することなく、自立して生きることが求められる。しかし元来それは容易なことではなく、特に現代のような変動期の社会においては、強い緊張感、孤独感、挫折感が生じるのは当然だ。だから良きパートナーを求め、カップルを社会の単位とすることで安定を得ようとするファミリー願望は強い。だが同時に、個人の自由への希求は強く、パートナーへの期待は大きく、それに加え歴史や社会共同体からのカップルに対する規制は稀薄で、二人は容易く離婚し、新しいパートナーを求めるという過程を繰り返すことになる。岡田光世はその著書『アメリカの家族』（二〇〇〇年）の中で、アメリカの家族には「人間の欲望を極限まで追い求めた姿がある。プライバシーを尊重するこの国では、とくに家族について政府があれこれ口出しするのを、人々はよしとしない。自由をほしいままにし、権利を主張し、アメリカ人はどこに行き着いたのか」と問いかける⑲。伝統や因襲の束縛を拒み、個人の自由を求めてやまないアメリカの家族は、非婚カップル、養子縁組、ゲイやレスビアンのカップル、離婚再婚による拡大家族、シングル親子、精子や卵子の提供、代理母による出産と、ますます変化し複雑化し、「定義するのが不可能なほど」多様化している。それにつれて社会の安定感と一体感は失われる。すべては個人の自由と幸福のためのはずだが、子供時代にそういう家族の激変に晒されてきた人々は、岡田のインタビューに答えてみな異口同音に、「居場所がなかった」、「疎外感を感じた」

と語っている。岡田は「そこには何か共通のものが存在する」と強く感じたと言う。

「個人の家」の傾向が著しいといっても、それは決してアメリカ人が家族を軽視するという意味ではない。自分の「個」を貫いて離婚すると、その後ほとんどの場合再婚するし、別居している親とも連絡を取り定期的に訪問する努力をするなど、家族という形の人間関係を求める心情は依然として強い。『家族という神話』を著したステファニー・クーンツは、アメリカ人は強い個を持っているので、政府、地域共同体、家族から制約を受けることを嫌うが、一方で家族に対する強いノスタルジアがある、と述べた。⑳ ロバート・ベラーも『心の習慣』の中で、アメリカの個人主義が主観の罠に落ちこんでいて、人々は帰属する場所を求めつつも、家族集団や公共的連帯にアクセスする術をもたないという現状を指摘している。㉑ 個人の自由と家族と、この両方を求めてやまないアメリカでは、今も個人と個人が家族として共存できる「家」を求めて、果敢な試行錯誤が続けられている。一体、個人であることと家や公共的連帯とは、どうしても両立しないものなのであろうか。

一〇、個人と家と共同体

ここで、前述の中根千枝の家の図を参考にして、アメリカと日本における個人と共同体の在り方を図式化すると次のようになる。

小さい○は個人、大きい丸は家共同体や地域共同体、□は（例えば自由を最重要とするなどの）信念、主義、イデオロギー、心の拠り所、宗教を表す。アメリカでは個人の○が強く、それを繋ぐ大きい丸が弱い（破線で表す）。個人は□を支えとし、それが個人を強固にしているので、共同体から離れても個人の○は守りが固い。日本では、共同体の丸が強固で、その中に包含される個人の殻は薄い（破線で表す）。だから個人が共同体から外部に出ると防御が弱い。日本では□は共同体の中で情緒的に育成され、ロゴス化された□として表出しないので、あたかも共同体そのもののように見られやすい。これはどちらが優れているとか劣っているとかいう話ではなく、ちょうど家の構造のように、個人の構造が根本的に異なっているのである。だからあたかも同じ個人であるかのように、同レベルで日本人とアメリカ人の「個」を論じることは適切ではない。

今「弱い、薄い」を破線で表すと述べたが、それは必ずしもネガティブな意味ではない。現在アメリカの家や地域

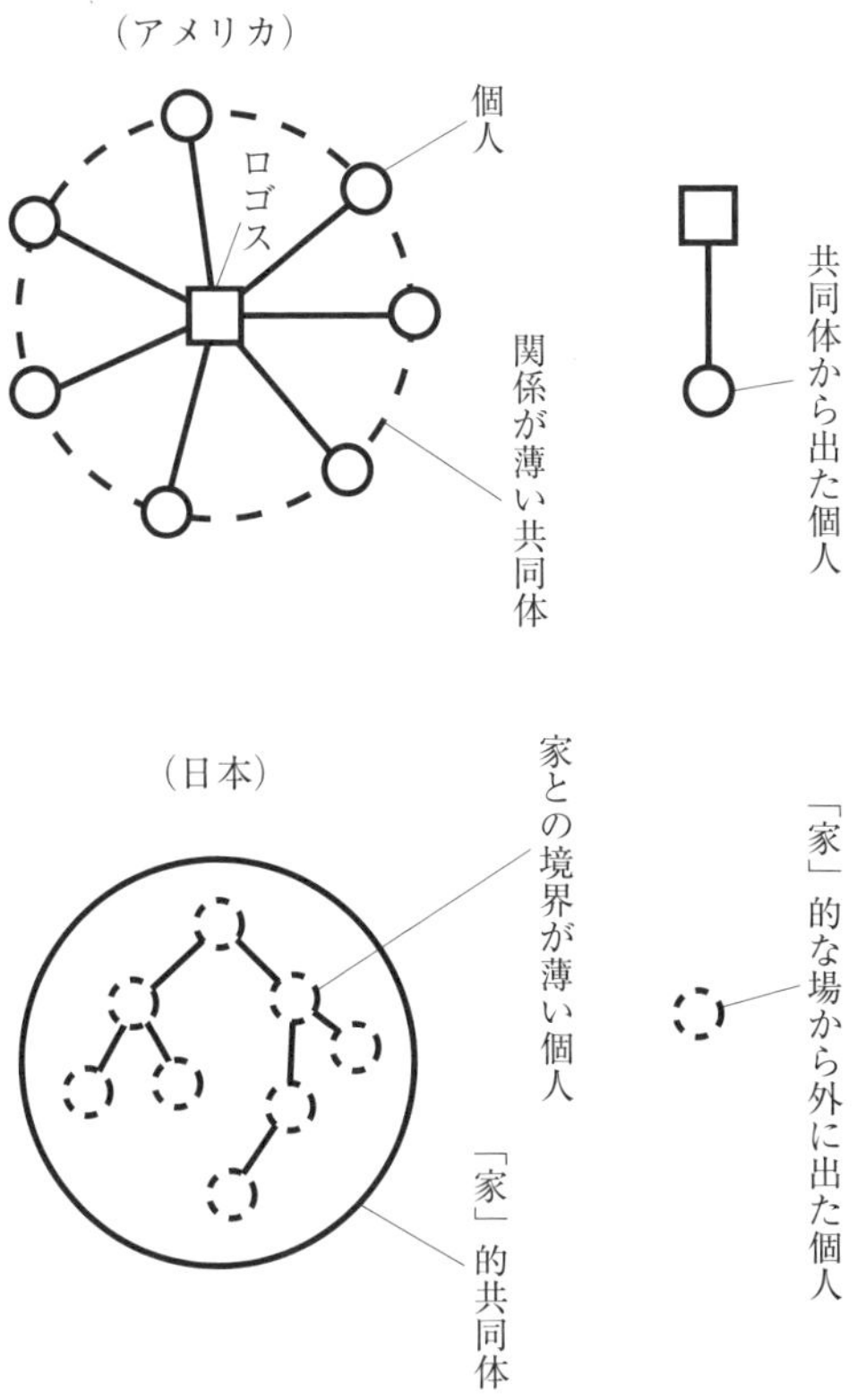

図 2

の共同体の枠が「弱い」ということは、マイナス面でもありうると同時に、硬化していないこと、つまり伝統的慣習や固定観念に縛られず、変革しやすいというプラス面でもある。従来のものとは異なる、新しい形と性質の共同体を探求して行きやすいということだ。また日本の個人の殻が「薄い」ということは、自主的になりにくいという短所になりうるが、一方、頑迷な個人主義に陥らず、自分の外部に耳を傾け、心を開きやすく、他と調和協調の道を見出そうとしやすいという長所でもある。「他」とは、人ならば他者、共同体、社会であり、人以外なら天地万物、大自然である。これはグローバルな国際問題、環境問題が切迫している現代世界にとって、まことに貴重な資質といえる。

さて、ソロー、サートン、プローンネクらがウィルダネスに接して感じたこと、それは自然に対する畏敬の念、人間を超えた大自然の美、永遠性、無限性だった。人間は自然を探究することはできても、その知識はまだわずかであり、どうあっても自然に逆らい自然を支配することはできない。できるのは大自然を前にして感嘆し、頭を垂れ、人間とは何かを問い、そして自然と調和して生きようとすることだけだ。極限の地に足を踏み入れる現代の登山家、冒険家たちがそうであるように、フロンティアの自然に魅了された人々が学んだのはそのことである。ソローを始め北米のウィルダネスに触れた人たちの□（信念、心の支え、自己を規定するもの）は、大自然の永遠なるものへとつながっている。必然的に、たとえ一人で暮らしていても、彼らは世界——人々や社会とのつながりを重視する。もしアメリカの個人の□が単なるドグマ、思い込み、自我欲望であれば、その個人はいずれ閉塞し破綻することになる。しかし□が自然、宇宙、無限性に繋がっていれば、個人も社会も広がり向上して行く。同様に日本の個人も、その殻が無闇に厚くないのは美点といえるが、悪くすれば付和雷同となることは歴史の証明するところである。また日本の□は、もし村、地域、組織、世間などの共同体のみによって閉鎖的に形成されるとすれば、恣意的、排他的なものになる。そして共同体内部の個人（破線の○）にはそれを阻止、修正することができない。そのような共同体はいずれ閉塞と自滅に向かうことになる。

アメリカにおいて共同体の縛りが弱くなり、個人主義が独走し、個人の自由を突き詰めていった結果、却って個とは何かという問いが生じることになった。通常、自分という個人は一個体、つまりこの肉体の中にあるもの——アラン・ワッツのいう「皮膚に閉じ込められた自己」——と思われているが、実はそうではない。グレゴリー・ベイトソンの言葉を借りると、それは「西洋文化の認識論的誤謬」である。それは人間だけではなく生物にも言えることであり、「そもそも個体は完結した存在ではなく、それを包む生物の表皮は……殻というより繊細な相互浸透の場」である。個体とその環境は互いに浸透しあっている。個人も個体も独立、孤立した一点なのではないということに、人々は気付くようになった。「個」とは大自然の生命の網の結び目であり、大いなる「生命の見事なつづれ織りの糸の一本」なのである。[22]そういう意味でこそ個人の中に無限性があるといえるのだ。その気付きを促したのが、他ならぬアメリカのウィルダネス、野性的な自然だった。それを鋭く感じ取ったソローやサートンたちは、従来の家族や共同体の制度では真の個人として生きられないゆえに、自らの「個人の家」を建てたのである。多くの人がそのことに気付き、「個」の在り方が変わってくれれば、それにふさわしい「家」が現れるだろう。現在、「自分さえよければいい」という個人主義迷走の現象がまだ目に余る状況であるけれども、その奥に、こういう「エゴ・セルフからエコ・セルフへ」——開かれた個へ——という動きが静かに高まりつつある。

個人も家も共同体も、閉鎖系になれば滅亡するのは自明の理である。日本に昔、「お天道様が見ている」という表現があったように、共同体も個々人も、存続するためには自然の摂理に対して開いていなければならない。文明は大自然の叡智を受けてこそ栄え、それを無視すれば滅びて来た。ソローが「野性（wildness。ウィルダネス＝荒野ではない）の中で世界は保存される」と述べたのは、自然の最奥をよく見抜いていたといえよう。野性的自然が豊かだったアメリカで、自然を深く見つめようとする「脱人間中心主義」が叫ばれ始めたのは、当然の成り行きだった。それはおのずから「脱エゴイズム」を伴う。現在日本もアメリカも個人や家の大変動期を経過中である。各々の個人が開かれた十全な「個」でありえる、新しい形の「家」と共同体を、それぞれの風土に合わせて探求することがいよいよ必要な時代に、世界は既に入っている。

注

①　丸山真男『日本の思想』岩波新書　一九六一年
②　木村敏『人と人との間』弘文堂　一九七二年
③　中根千枝『適応の条件』講談社現代新書　一九七二年（一〇〇‐一〇一頁）
④　Henry D. Thoreau : Walden Princeton University Press　1973
⑤　久守和子、高田賢一、中村邦生編著『英米文学に見る家族像』ミネルヴァ書房　一九九七年　野田研一「ソローの家――第二の自然としての〈住〉」
⑥　ローラ・インガルス・ワイルダー『大草原の小さな家シリーズ』1～7　講談社　一九八八年　こだまともこ、渡辺南都子訳
⑦　Willa Cather : O Pioneers! Houghton Mifflin　1913
⑧　Willa Cather : My Antonia Hamish Hamilton　1917
⑨　Willa Cather : The Professor's House Alfred A. Knopf　1925
⑩　マーク・トウェイン『ハックルベリー・フィンの冒険』偕成社　一九八五年　吉田甲子太郎訳
⑪⑬　Ernest Hemingway : The First Forty-Nine Stories Arrow Books　1993

⑫ Ernest Hemingway : A Farewell to Arms Arrow Books 1994
⑭ Ernest Hemingway : Islands in the Stream Simon & Schuster 1997
⑮ Ernest Hemingway : The Old Man and the Sea Penguin Books 1966
⑯ D. J. Salinger : The Catcher in the Rye Bantam Books 1951
⑰ May Sarton : Plant Dreaming Deep W. W. Norton & Company 1996
⑱ リチャード・プローンネク『独りだけのウィルダーネス』（One Man's Wilderness――An Alaskan Odyssey）東京創元社　一九八八年　吉川峻二訳
⑲ 岡田光世『アメリカの家族』岩波新書　二〇〇〇年
⑳ ステファニー・クーンツ『家族という神話』筑摩書房　一九九八年　岡村ひとみ訳
㉑ ロバート・N・ベラー『心の習慣』みすず書房　一九九一年　島薗進、中村圭志訳
㉒ ジョアンナ・メイシー『世界は恋人　世界は私』筑摩書房　一九九三年　星川淳訳

あとがきにかえて ——《対談》余滴

今関 現代の家は揺れている、という認識が出発点でした。家のかたちとそこに住む人、家族のあり方の変化、それを支える制度と現実の齟齬など、今、家というものは深刻な問題を孕んでいるなあと思いました。建物の構造は住む人の精神、生活形態を投影していますし、家は文化の象徴でもありますね。あらためて、「家」と「人」を見据えたいと思ったのです。

安井 家の問題って、結局、自分とは何か、自立とか自由って何なのか、つまりは「個人とは何か」、そもそも「人間とは何なのか」という、おそろしく根底的な問題そのものですね。

今関 そう、そこなんですよね。共感します。まさに終わらないテーマですね。

本書は、日本の家と文化を通史的に辿る試みです。戦後日本が最も大きな影響を受けたと考えられるアメリカを主たる比較の視野に入れて構成しました。

安井 個人に焦点を当てることにも勿論意味がありますが、家という視点から広く深く考えるといっそうよく見えてくる、理解できるものがあると思いますね。

今関 発見と同時に、新たな問題提起になればいいですね。

この度は、家を切り口に多彩な視座から、様々な分野の方に御執筆いただきました。インタビューにはお二人の方が爽やかに応じて下さいました。みなさま、ありがとうございました。

この企画をご快諾くださいました大貫祥子さんには、前回の『涙の文化学』(二〇〇九年刊)同様、細やかなお心づかいで支えられてきました。あらためて感謝申し上げます。

多くの方がお読みくださいますように。

二〇一八年二月　岡山にて

執筆者紹介（掲載順）

安井 信子（やすい のぶこ）
〔専門領域〕アメリカ文学、比較文化学
〔現職〕岡山大学非常勤講師
〔主要著書〕『個を超えて―現代アメリカ文学を読む』（和泉書院、一九九四年）、『成熟と老い』（共著、世界思想社一九九八年）、『荒野と家―アメリカ文学と自然』（青簡舍、二〇一一年）

岩佐 美代子
〔専門領域〕中世和歌文学、日記文学
〔現職〕鶴見大学名誉教授、文学博士
〔主要著書〕『京極派和歌の研究』（笠間書院、一九八七年）、『宮廷女流文学読解考 総論中古編・中世編』（笠間書院、一九九九年）、『藤原為家勅撰集詠・詠歌一躰新注』（青簡舍、二〇一〇年）

別府 節子（べっぷ せつこ）
〔専門領域〕仮名古筆、特に中世の和歌古筆
〔現職〕元出光美術館学芸員、実践女子大学研究推進機構研究員 文学博士
〔主要編著書〕「開館50周年記念 時代を映す仮名のかたち」（出光美術館、二〇一六年）、『和歌と仮名のかたち―中世古筆の内容と書様』（笠間書院 二〇一四年）

藤岡 道子（ふじおか みちこ）
〔専門領域〕日本文学、日本古典芸能、能狂言
〔現職〕京都聖母女学院短期大学名誉教授、京都造形芸術大学非常勤講師
〔主要著書〕『美女のイメージ』（世界思想社、一九九六年）、『伏見学ことはじめ』（思文閣出版、一九九九年）、『涙の文化学』（青簡舍、二〇〇九年）、『カラー百科狂言七十番』（勉誠出版、二〇一四年）ほか、以上共著。『岡家本江戸初期能型付』（和泉書院、二〇〇七年）。

福島 理子（ふくしま りこ）
〔専門領域〕日本近世文学、日本漢文学
〔現職〕帝塚山学院大学リベラルアーツ学部教授
〔主要著書〕『女流』（江戸漢詩選3 岩波書店、一九九五年）、『梁川星巌』（共著、研文出版、二〇〇八年）

山本 志乃（やまもと しの）
〔専門領域〕民俗学
〔現職〕旅の文化研究所研究主幹、博士（文学）
〔主要著書〕『行商列車―〈カンカン部隊〉を追いかけて』（創元社、二〇一五年）、『女の旅―幕末維新から明治期の11人』（中公新書、二〇一二年）、『日本の民俗3 物と人の交流』（共著、吉川弘文館、二〇〇八年）など。

池川 玲子（いけがわ れいこ）
〔専門領域〕日本近現代女性史、表象文化論
〔現職〕大阪経済法科大学客員研究員、東京女子大学他非常勤講師
〔主要著書〕『「帝国」の映画監督 坂根田鶴子―『開拓の花嫁』・一九四三年・満映』（吉川弘文館、二〇一一年）、『ヌードと愛国』（講談社現代新書、二〇一四年）

若山 滋（わかやま しげる）
〔専門領域〕建築学、建築からの文化論
〔現職〕名古屋工業大学名誉教授、中京大学・放送大学客員教授、工学博士、一級建築士
〔主な建築作品〕ミャンマー中央農業開発センター、筑波科学万博・政府出展歴史館など。
〔主要著書〕『「家」と「やど」―建築からの文化論』（朝日新聞社、一九九五年）、『建築家と小説家』（彰国社、二〇一三年）

身崎 とめこ（みさき とめこ）
〔専門領域〕社会学、ジェンダー、表象分野
〔現職〕千葉大学大学院特別研究員、他
〔主要著書〕『着衣する身体と女性の周縁化』（共著、思文閣、二〇一二年）、『占領する眼・占領する声　CIE／USIS映画とVOAラジオ』（共著、東京大学出版会、二〇一二年）

清水 新二（しみず しんじ）
〔専門領域〕家族社会学、社会病理学
〔現職〕放送大学客員教授、奈良女子大学名誉教授、日本社会病理学会会長
〔主要著書〕『アルコール関連問題の社会病理学的研究―文化・臨床・政策』（ミネルヴァ書房、二〇〇三年）、『臨床家族社会学』（放送大学教育振興会、二〇一四年）

直井 道子（なおい みちこ）
〔専門領域〕社会学、老年学
〔現職〕東京学芸大学名誉教授
〔主要著書等〕『幸福に老いるために―家族と福祉のサポート』（勁草書房、二〇〇一年）、「家族の歴史的変化を調査結果からどう読み取るか」（現代法学34号　東京経済大学「現代法学」57‐82 二〇一八年）

今関敏子（いまぜき　としこ）

日本文学研究者
川村学園女子大学名誉教授、放送大学非常勤講師

［単著書］
『中世女流日記文学論考』（和泉書院 1987）
『校注弁内侍日記』（和泉書院 1989）
『〈色好み〉の系譜―女たちのゆくえ』（世界思想社 1996）
『『金槐和歌集』の時空―定家所伝本の配列構成』（和泉書院 2000）
『信生法師集新訳註（風間書房 2002）
『旅する女たち―超越と逸脱の王朝文学』（笠間書院 2004）
『実朝の歌―金槐和歌集訳注』（青簡舎 2013）
『仮名日記文学論―王朝女性たちの時空と自我・その表象』（笠間書院 2013）
『金槐和歌集論―定家所伝本と実朝』（青簡舎 2016）
［共著書］
『中世文学研究』（双文社出版 1997）
『成熟と老い』（世界思想社 1998）
［単編著書］
『中生日記・随筆（日本文学研究論文集成 13）』（若草書房 1999）
『涙の文化学―人はなぜ泣くのか』（青簡舎 2009）
［共編著奮］
『はじめて学ぶ日本女性文学史［古典編］』（ミネルヴァ書房 2003）
その他、共著書、論文多数

家の文化学

二〇一八年一二月一〇日　初版第一刷発行
編　者　今関敏子
発行者　大貫祥子
発行所　株式会社青簡舎
〒一〇一-〇〇五一
東京都千代田区神田神保町二-一四
電　話　〇三-五二一三-四八八一
振　替　〇〇一七〇-九-四六五四五二
装　丁　鈴木優子
印刷・製本　モリモト印刷株式会社

ISBN978-4-909181-12-1 C3039